10
18

12, AVENUE D'ITALIE. PARIS XIIIe

Sur l'auteur

Tom Sharpe, le bien nommé (*sharp* signifie « futé » en anglais), est né en 1928 en Angleterre. Après des études à Cambridge, il sert dans les Marines avant de s'intaller en 1951 en Afrique du Sud. Travailleur social puis professeur, il dirige également un studio de photographie. Dix ans plus tard, Tom Sharpe est expulsé pour avoir écrit et représenté une pièce contre le régime de l'apartheid. De 1963 à 1972, il enseigne l'histoire au College of Art and Technology de Cambridge. Reconnu depuis *Wilt 1* comme l'un des plus grands humoristes anglais contemporains, Tom Sharpe a reçu, en 1986, le Grand Prix de l'humour noir pour l'ensemble de son œuvre. Son dernier roman, *Comment échapper à sa femme et ses quadruplées en épousant une théorie marxiste* est la quatrième aventure de Wilt. Tom Sharpe s'est aujourd'hui installé en Catalogne, pour fuir le système de santé britannique, comme il se plaît à le dire.

TOM SHARPE

MÊLÉE OUVERTE AU ZOULOULAND

Traduit de l'anglais
par LAURENCE

10/18

« Domaine étranger »

dirigé par Jean-Claude Zylberstein

Du même auteur
aux Éditions 10/18

PORTERHOUSE, n° 1911
WILT 1, n° 1912
WILT 2, n° 1913
WILT 3, n° 2524
WILT 4, n° 3950
▶ MÊLÉE OUVERTE AU ZOULOULAND, n° 2074
OUTRAGE PUBLIC À LA PUDEUR, n° 2075
LE CRU DE LA COMTESSE, n° 2414
LE BÂTARD RÉCALCITRANT, n° 2704
FUMIERS ET CIE, n° 3088
PANIQUE À PORTERHOUSE, n° 3158
QUELLE FAMILLE !, n° 3342

Titre original :
Riotous Assembly

ISBN 2-264-04430-6

A tous les membres de la police sud-africaine qui consacrent leur vie à la préservation de la civilisation occidentale en Afrique australe.

1

Piemburg est une ville trompeuse. Rien n'y est exactement ce qu'il paraît. Ramassée au pied des montagnes du Drakensberg et blottie contre l'escarpement d'un haut plateau, elle n'a rien d'une capitale. Pour les voyageurs dont le train daigne s'arrêter sous le pain d'épices de tôles rouillées du toit de la gare, ou pour ceux qui la dépassent en coup de vent sur l'autoroute, elle laisse une impression de petite ville morte et embaumée. Piemburg est d'ailleurs considérée comme une ville tout à fait morte par l'opinion publique. On l'appelle « Le Trou Endormi » et on va même jusqu'à raconter qu'un jour un touriste américain a dit après l'avoir vue : « La moitié du cimetière de New York, mais deux fois plus morte. » Il est vrai qu'au premier abord, la ville semble manquer totalement d'animation. Pelotonnée sous le soleil africain, au creux de la vallée, elle dort. Ses toits de cuivre rouge et ses balcons de fer forgé sont le témoignage d'une époque d'activité depuis longtemps révolue et oubliée. Les rues y sont bordées de jacarandas, et les jardins agrémentés de vérandas ombragées par des fleurs. Tout y pousse en un instant pour s'interrompre tout aussitôt. Le temps et le climat participent tous deux à cette croissance et à son arrêt brutal.

Piemburg avait pris son essor avec la garnison anglaise ; elle était morte avec son départ. Tout au moins s'était-elle assoupie. Capitale du Zoulouland, elle avait connu un grand développement après la conquête de cette région par l'Empire britannique. Dans l'ivresse de cette victoire retentissante, Piemburg — alors minuscule établissement de colons afrikanders abandonné depuis des lustres — devint une capitale. Les bâtiments publics s'étaient multipliés dans une orgie de colonnes et de briques rouges de style victorien. Le palais du gouverneur resplendissait de marbres de Carrare, cristaux de Venise et autres marques du faste impérial. La gare était un parangon d'entrelacs de métal et de mosaïques, répondant aux exigences de l'étape qu'y faisaient les trains des vice-rois lorsqu'ils se rendaient dans l'arrière-pays visiter les dominions de l'Empire les plus éloignés et les moins hospitaliers. Et tandis que les grosses locomotives à vapeur grimpaient avec fracas la pente tortueuse de l'Empire View qui surplombait Piemburg, emportant leurs augustes fardeaux vers une mort prématurée par piqûre de mouche tsé-tsé ou de moustique de la malaria, des hommes arborant moustache et monocle observaient paisiblement la capitale du Zoulouland et murmuraient : « Un joyau, un joyau serti dans une bague vert et or », avant de se remettre à l'étude des cartes totalement fausses de leurs nouveaux territoires.

Piemburg les accueillait au passage par un discours de bienvenue du gouverneur sur le quai de la gare, suivi d'un échange rituel d'exhortations à la manière des chefs d'État. Le concert de la fanfare militaire, sous le toit de métal, rendait le tout inaudible. Puis, quelques mois plus tard, Piemburg rendait les derniers hommages au vice-roi dont le cercueil, dressé sur une voiture drapée de noir, était tiré par une locomotive décorée de couronnes mortuaires ; la fanfare jouait la marche funèbre avec un tel entrain qu'un jour on ne put entendre les condoléances du gouverneur à l'aide de camp royal. Et dans l'intervalle, entre une progression et un recul de l'Empire, la capitale du Zoulouland se parait de quelques kiosques à musique, jardins botaniques et autres lieux de détente seyant à une petite métropole. A Fort Rapier, le grand terrain de parade résonnait sous les ordres des sergents-majors. Des milliers de jambes bandées de molletières martelaient le sol, et les baïonnettes rutilantes tournoyaient sur la place étincelante.

Dans la ville proprement dite, les rues étaient toutes piquetées de moustaches cirées. Blanc d'Espagne et peau de chamois tenaient le haut de la liste des produits de première nécessité. A l'hôtel *Imperial*, les matinées et les après-midi se déroulaient, limpides, au milieu de plantes en pot et de fauteuils de rotin, avec, en sourdine, la musique sucrée de l'orchestre maison. Baudriers et corsets contenaient les officiers et leurs femmes, qui écoutaient la plainte des violons et se remémoraient les comtés et les paroisses d'Angleterre avec une mélancolique reconnaissance. Nombre d'entre eux n'y retournèrent jamais, qui n'étaient pas tous enterrés à Fort Rapier (quelques-uns avaient fait construire leur maison aussi près du palais du gouverneur que le leur permettaient leur ancienneté et leur découvert bancaire).

Tout le temps que la garnison était restée, Piemburg avait prospéré. En fait, ç'avait même été une ville gaie. Le théâtre de la garnison était devenu célèbre pour avoir présenté des pièces et des revues où s'était produit un acteur-auteur dramatique anglais connu qui avait eu l'heur de plaire au gouverneur et à sa femme. Les ventes de charité et les garden-parties s'égayaient des ombrelles et des tournures des jupes d'épouses passées de l'uniformité de leurs maisons des faubourgs, ou de leurs pavillons jumelés du sud de Londres, à la magnificence des pelouses et des plantations de Piemburg parce qu'elles avaient eu la bonne fortune d'épouser des hommes dont la médiocrité leur avait assuré un détachement dans cette lointaine contrée de l'Empire. Le goût de la petite bourgeoisie victorienne a marqué Piemburg de manière indélébile : de nos jours encore, on en sent les effets. Et, avec le goût, s'était installé le sens de la hiérarchie. Vice-rois, gouverneurs, généraux, vice-gouverneurs, colonels, sous-officiers évoluaient, de plus en plus imbus d'eux-mêmes, dans un univers aux nuances bien trop subtiles pour être codées, mais où les études ou la profession d'un beau-père, un « h » aspiré négligé, un « g » manquant pouvaient en un instant promouvoir un major à un grade plus élevé que celui de lieutenant-colonel. Au bas de l'échelle on trouvait les mercenaires du contingent. Plus bas que ces parias, il n'y avait rien. Les Zoulous faisaient bien concurrence aux Pondos, les Noirs aux Indiens. Mais à ce niveau, ce qui pouvait bien se passer n'avait tout simplement aucun intérêt. Il suffisait de savoir qu'en deçà des loyaux Zoulous et des traîtres Pondos se trouvaient les Boers. Et il en fut ainsi jusqu'à la guerre. Les Boers étaient sales. Les Boers étaient lâches. Les Boers étaient bêtes. Les Boers étaient une excroissance qui empêchait d'accéder au Caire. Tout Piemburg ignorait les Boers.

Et puis ce fut la guerre des Boers, et ces derniers se mirent à faire sauter les monocles des officiers de Fort Rapier, attendant délibérément qu'un reflet sémaphorique du soleil leur signale la cible appropriée : le monocle. On se mit alors à respecter les Boers. Les Boers savaient tirer. Les Boers étaient adroits. Les Boers étaient l'ENNEMI.

Mais ils ne le furent pas longtemps. Quand l'accès au Caire et aux mines d'or fut dégagé, Piemburg entama son rapide déclin. Et quand la garnison s'en alla et que la fanfare joua pour la dernière fois *Goodbye Dolly Gray*, Piemburg s'endormit. Telle une vipère rassasiée, elle se lova et s'enfla sous le soleil africain, et se mit à rêver à sa brève période de gloire. Seul le sentiment de sa préséance continua de se développer dans la luxuriante atmosphère de sa propre médiocrité. Les maisons étaient toujours là, tournées vers les chaînes de montagnes, mais sur leurs vérandas les enfants et les petits-enfants des sergents-majors, maréchaux des logis et autres adjudants-chefs revendiquaient une grandeur que leurs ancêtres n'avaient jamais connue. A Piemburg le temps s'était arrêté, marqué par les seules accumulations de la poussière sur les têtes de lion empaillées qui s'effritaient à l'Alexandra Club, et la distillation du snobisme. La médiocrité de Piemburg était venimeuse, et elle survivait à tout.

2

Le kommandant van Heerden n'avait que peu d'illusions sur lui-même et beaucoup sur tout le reste. Ce furent ces illusions qui l'amenèrent à la tête du commissariat de Piemburg. C'était une sinécure. La médiocrité de Piemburg n'incitait qu'à de menus délits, aussi avait-on pensé au haut commandement, à Pretoria, que s'il y avait un risque d'y voir augmenter le taux de criminalité à la suite de l'affectation du kommandant van Heerden, on aurait au moins la satisfaction de voir s'apaiser la vague de violence et de vols qu'avait déclenchée sa présence dans des villes plus actives.

Par ailleurs, Piemburg méritait bien le kommandant. Étant la seule cité de la République sud-africaine à hisser encore le drapeau britannique sur l'hôtel de ville, elle devait apprendre qu'on ne défiait pas le gouvernement sans encourir de représailles.

Le kommandant van Heerden savait qu'il ne devait pas son affectation à la réussite de ses enquêtes criminelles. Il se plaisait à croire qu'on l'avait nommé là parce qu'il comprenait les Anglais. En fait, il ne devait ce poste qu'à la renommée de son grand-père, Klaasie van Heerden, qui, lors de la bataille de Paardeberg, s'était fait fusiller par les Britanniques pour avoir refusé de se rendre comme le lui avait ordonné son commandant, le général Gronje. Tapi dans une tranchée sur les bords du Modder, il avait abattu, quelque quarante-huit heures après que le dernier coup de feu eut été tiré, douze soldats du régiment d'Essex venus se soulager là. Le fait qu'il ait dormi pendant toute la bataille et qu'il n'ait donc pas pu entendre le cessez-le-feu ne fut pris en compte ni par les Britanniques, lors de son procès, ni par les historiens afrikanders. On en fit un martyr de la cause des Boers, et il fut révéré en héros par les nationalistes afrikanders de toute l'Afrique du Sud.

C'était cette légende qui avait hissé le kommandant van Heerden à son rang actuel. Il avait fallu beaucoup de temps pour que son incompétence fasse oublier la réputation d'adresse que lui avait léguée son grand-père, et même alors, il était trop tard pour que le haut commandement puisse lui refuser le commandement de Piemburg.

Le kommandant pensait, lui, qu'il avait été muté à Piemburg parce que c'était une ville anglaise : exactement ce qu'il désirait ! Il croyait être l'un des rares Afrikanders à comprendre l'esprit anglais. Malgré le sort que les Britanniques avaient fait subir à son grand-père, malgré les brutalités qu'ils avaient infligées aux femmes et aux enfants boers dans leurs camps de concentration, malgré la sentimentalité qu'ils gaspillaient pour leurs serviteurs de couleur, malgré tout cela le kommandant les admirait.

Il y avait un je-ne-sais-quoi dans leur stupidité brouillonne qui lui plaisait. Elle éveillait quelque chose au plus profond de son être. Il ne savait pas ce que c'était, mais de quête intérieure en quête intérieure, s'il avait pu choisir le lieu, la date de sa naissance et sa nationalité, il aurait opté pour Piemburg, 1890, et le cœur d'un gentleman anglais.

Il regrettait seulement que sa médiocrité n'ait jamais pu s'exprimer avec ce brio qui avait été l'apanage de la médiocrité et de la confusion d'esprit des dirigeants de l'Empire britannique. S'il avait eu la chance de naître anglais dans l'Angleterre victorienne, il aurait pu atteindre le grade de maréchal. Son inaptitude militaire avait, certes, été récompensée par une promotion régulière et rapide, mais il était certain qu'il aurait pu faire aussi bien que lord Chelmsford, dont l'armée avait été massacrée par les Zoulous à Isandhlwana. Les batailles de Stormberg, Spion Kop et Margersfontein auraient pu être des désastres plus consternants encore, eût-il été au commandement. Mais il n'était pas né dans le bon pays, au bon moment, ni au bon endroit.

Il n'en était pas de même de son second, le lieutenant Verkramp. Ni du konstable Els. Souvent, le kommandant van Heerden se prenait à regretter de tout son cœur qu'ils aient jamais vu le jour, et à tout le moins, puisque avortement il n'y avait pas eu, qu'ils ne fussent pas nés dans un pays, à un moment et dans un lieu aussi éloignés que possible.

Le lieutenant haïssait les Anglais. Son grand-père était loin d'avoir autant souffert pour la cause des Boers que celui du kommandant. Au contraire, il avait préconisé la paix et l'amitié avec l'Empire britannique du haut de sa chaire de l'église du Cap et s'était fait une petite fortune en approvisionnant l'armée britannique en poneys *basutos* dont elle avait besoin pour sa cavalerie. L'enfance de Verkramp s'était déroulée à l'ombre de cette chaire et le jeune homme qu'il était devenu avait hérité à la fois les dispositions scatologiques prononcées de son grand-père et la haine pour tout ce qui était anglais de son père qui, lui, avait passé sa vie à essayer d'effacer l'appellation de « traître » qui était restée collée au nom des Verkramp bien longtemps après la guerre des Boers. Maintenant le lieutenant devait assumer ce double héritage dans son travail. Il put allier ses penchants d'inquisiteur à son antipathie pour les Anglais en devenant chef de la Sécurité à Piemburg, poste qui lui permettait d'envoyer à ses supérieurs du BOSS (*Bureau of State Security*) à Pretoria, des rapports circonstanciés sur la fiabilité politique des citoyens de Piemburg. Jusqu'au kommandant van Heerden qui faisait l'objet de sa suspicion. Aussi ce dernier lisait-il toujours avec la plus grande attention les rapports le concernant, lorsque le lieutenant les lui soumettait. Dans l'un d'entre eux, il avait détecté une allusion à l'insuffisance des moyens mis en œuvre dans la chasse aux cellules communistes.

La semaine suivante, le kommandant avait cherché à réfuter l'accusation en organisant une série d'opérations coup de poing dans les milieux supposés communistes. La lecture d'une pièce de Bernard Shaw à la Société des amis du théâtre de Piemburg avait été interrompue par l'irruption du kommandant et de ses hommes qui avaient confisqué tous les exemplaires de la pièce et enregistré le nom de chacun des participants. Le livre avait sur son ordre été retiré des rayons de la bibliothèque municipale. La projection d'*African Queen* au cinéma local s'était vue frappée d'interdiction, ainsi qu'un article météorologique du *Piemburg News* dont le titre annonçait : « Ce soir, lune rouge. »

Dans l'ensemble, le kommandant était satisfait d'avoir mené ces actions décisives contre l'expansion du marxisme à Piemburg, et, à son avis, le tollé général qu'elles avaient provoqué devait convaincre le BOSS qu'il n'était pas aussi mou avec les communistes que le laissaient entendre les rapports du lieutenant Verkramp. D'ailleurs, il pourrait toujours se rabattre sur le rapport du lieutenant concernant le konstable Els.

Car le gouffre qui séparait la réalité de la fiction dans tous les rapports du lieutenant sur la vie politique à Piemburg devenait abîme cosmique dans celui qu'il avait rédigé sur le konstable Els, et dont le kommandant avait pris connaissance. Els y était décrit comme un membre pratiquant de l'Église réformée, un adhérent actif du parti nationaliste, et un adversaire acharné des libéraux et des communistes qui tendaient à polluer la race pure par leurs méthodes économiques et politiques d'intégration. Étant donné que Els n'allait pas à l'église, n'était pas adhérent du parti nationaliste et pratiquait activement les rapports sexuels interraciaux, il pouvait mettre en défaut la réputation d'exactitude du lieutenant Verkramp.

Pour ce qui était du konstable Els, les choses étaient assez différentes. D'abord, il ne présentait pas un danger pour le kommandant, bien qu'il fût un danger public pour presque tout le reste de Piemburg. Son aptitude innée à la violence, et tout particulièrement à tirer sur les Noirs, n'avait d'égale que son attrait pour le cognac et sa prédilection pour forcer un passage aux parties les moins attirantes de son corps dans celles des femmes africaines, légalement réservées aux membres mâles de leur race. Le kommandant van Heerden avait dû le sermonner à plusieurs reprises sur l'illégalité de ce penchant, mais il avait attribué l'attirance de Els pour les femmes de couleur au fait que ce dernier était probablement métis.

Non, le konstable avait ses qualités. Il était consciencieux, c'était un excellent tireur, et il savait s'y prendre avec la gégène, si efficace pour extirper des confessions aux suspects. Le lieutenant Verkramp l'avait rapportée d'une de ses visites à Pretoria, et Els avait rapidement montré de grandes capacités dans son utilisation. A l'origine, elle n'était prévue que pour les seuls suspects politiques, mais comme le lieutenant Verkramp avait misérablement échoué dans son effort pour trouver à Piemburg les saboteurs ou les communistes nécessaires pour tester le gadget, Els avait dû arrêter un indigène qu'il avait ramassé au petit matin, une bouteille de lait à la main. Il savait pertinemment qu'il s'agissait du laitier, mais cela ne l'avait pas empêché d'essayer l'efficacité de la gégène. Après cinq minutes de traitement, le garçon avait volontiers confessé que le lait était volé ; après dix minutes, il admettait qu'il distribuait ce matin-là du lait empoisonné à cinquante familles européennes ; quand Els avait suggéré de faire passer les pinces de la machine des doigts de pied du garçon à son pénis, le suspect avait avoué qu'il était membre du parti communiste et reconnu qu'il avait suivi à Pékin un entraînement au sabotage du lait. Alors seulement le lieutenant Verkramp s'estima-t-il satisfait de l'expérimentation. Le garçon laitier fut accusé d'être sorti sans permis, d'avoir contrevenu à la loi et d'avoir résisté lors de son arrestation, charges qui lui valurent six mois de travaux forcés et donnèrent bonne conscience au juge puisqu'elles expliquaient ses blessures, à moins qu'il ne se les fût infligées lui-même. Oui, Els avait bien des qualités, et sa dévotion envers le kommandant n'était pas la moindre. Non que le kommandant van Heerden fût le moins du monde intéressé par cette estime, mais cela le changeait de l'aversion permanente que lui témoignait le lieutenant Verkramp.

L'un dans l'autre, le kommandant était plutôt satisfait de sa vie à Piemburg. Les choses continueraient comme par le passé, et il aurait tout le temps de se consacrer à son jardin secret : l'énigmatique dilemme de ses efforts pour comprendre les Anglais, dilemme impossible à résoudre, mais, pour cette raison même, éternellement fascinant.

Si Piemburg était le jardin secret du kommandant, où il pouvait évoluer avec bonheur en rêvant aux grands hommes et à leurs grandes actions, miss Hazelstone, de la résidence Jacaranda, était la maîtresse plante, la pierre angulaire de cette contrée intérieure. Non qu'elle fût jeune ou belle, adorable ou charmante en quelque manière. Rien de tout ça. Elle était vieille, laide, loquace, et brutale dans ses propos jusqu'à en être grossière, qualités difficilement séduisantes mais qui présentaient pour le kommandant un attrait extraordinaire : elles étaient typiquement anglaises. Entendre la voix haut perchée, criarde et sans distinction aucune de miss Hazelstone, c'était entendre la voix même de l'Empire britannique. Se faire réprimander, contester, semoncer par miss Hazelstone pour avoir outrepassé ses prérogatives en menaçant de poursuites son chauffeur qui conduisait une Hudson Terraplane de 1936 dépourvue de freins à cent dix à l'heure en zone urbaine, était un bonheur presque trop grand pour être vrai. Il adorait qu'elle lui refusât son titre. « Van Heerden », grognait-elle de l'arrière de la conduite intérieure, « c'est un abus de pouvoir. Chauffeur, allons-y ! ». Et la voiture démarrait, laissant le kommandant tout à l'émerveillement de son *savoir-faire*[1].

---

1. En français dans le texte.

Et puis, les rares fois où il trouvait une excuse pour lui rendre visite à Jacaranda, miss Hazelstone le recevait — quand elle daignait le voir — sur le pas de la porte de service et le congédiait avec une telle économie de civilité et un tel dédain qu'il en restait béat d'admiration.

Avec le lieutenant Verkramp, elle se comportait de manière plus rude encore. Aussi, quand le kommandant ne pouvait plus souffrir l'insolence de l'homme de la Sécurité, imaginait-il de bonnes raisons de l'envoyer à Jacaranda. Le lieutenant avait commis l'erreur de parler afrikaan à miss Hazelstone lors de sa première visite. Depuis elle ne s'adressait plus à lui qu'en cafre de cuisine, petit-nègre anglo-ouest-africain qui n'était employé que par les plus serviles et les plus débiles des domestiques noirs. Le lieutenant revenait de ces expéditions punitives blanc de rage et sans voix. Il déchargeait sa bile dans des rapports sur la famille Hazelstone, où il accusait la vieille dame de subversion et de fomentation de désordres civils. Il envoyait ces mémos à Pretoria, accompagnés d'une lettre dans laquelle il recommandait que les activités de miss Hazelstone soient portées à l'attention du procureur de la République.

Le kommandant van Heerden pensait que ces rapports ne porteraient pas au pinacle la réputation de perspicacité ou de fiabilité de Verkramp. Il n'avait donc pas jugé utile de prévenir son second que miss Hazelstone était la fille unique de feu le juge Hazelstone de la Cour suprême, plus connu dans le monde juridique sous le nom de « Bill le Casseur de Cous ». Le juge avait préconisé, dans un rapport de la minorité à la Commission de la circulation, que la flagellation devienne obligatoire pour toute infraction à la réglementation du stationnement. Le kommandant ne croyait guère possible que le BOSS remette en question le patriotisme de miss Hazelstone devant de tels antécédents : pour être anglaise, elle n'en devenait pas nécessairement subversive ou criminelle.

Aussi éprouva-t-il le choc de sa vie quand il entendit Els répondre au téléphone dans la salle d'accueil, et comprit que les cris stridents qui vibraient dans le récepteur étaient ceux de miss Hazelstone. Curieux de voir comment Els s'en sortirait, il prit l'écouteur pour suivre la conversation.

Miss Hazelstone appelait pour annoncer qu'elle venait de tuer son cuisinier zoulou. Le konstable était parfaitement capable de s'occuper de l'affaire. Du temps où il était simple flic, il avait descendu quantité de cuisiniers zoulous. D'ailleurs, c'était une affaire de routine. Els appliqua la procédure habituelle.

— Vous désirez donc signaler la mort d'un Cafre, commença-t-il.

— Je viens de tuer mon cuisinier zoulou, trancha-t-elle.

Els ne perdit pas son calme.

— C'est bien ce que je dis. Vous signalez la mort d'un nègre.

— Ce n'est certainement pas ce que j'ai dit. Je vous ai dit que je venais d'assassiner mon Fivepence[1].

Els fit un nouvel essai.

— La perte de quelques sous n'a rien à voir avec un meurtre.

— Fivepence était mon cuisinier.

— Tuer un cuisinier n'a rien à voir non plus avec un meurtre.

---

1. « Cent sous. »

— Et de quoi s'agit-il alors ? fit miss Hazelstone.

La certitude de sa propre culpabilité commençait à s'ébranler devant l'attitude bienveillante de Els.

— Tuer un cuisinier blanc peut être considéré comme un meurtre. C'est peu probable, mais c'est possible. Tuer un cuisinier noir relève de la légitime défense, de l'homicide justifié, ou de la destruction d'ordures.

Il s'accorda un petit sourire sardonique.

— Avez-vous essayé d'appeler le ministère de l'Hygiène ? s'enquit-il.

Il parut alors évident au kommandant que Els avait perdu le peu de déférence qu'il avait jamais eue. Il le repoussa et prit lui-même l'appel.

— Kommandant van Heerden à l'appareil, fit-il. J'ai cru comprendre que votre cuisinier avait eu un léger accident.

Miss Hazelstone se montra inflexible.

— Je viens de tuer mon cuisinier zoulou.

Le kommandant ignora cette autocritique.

— Le corps est-il dans la maison ?

— Sur la pelouse.

Le kommandant soupira. C'était toujours la même chose. Pourquoi les gens ne tiraient-ils pas sur leurs Noirs à l'intérieur de leur maison comme ils se devaient de le faire ?

— Je serai à Jacaranda dans quarante minutes, dit-il. A mon arrivée, je veux trouver le corps dans la maison.

— Non, persista miss Hazelstone. Vous le trouverez sur la pelouse de derrière.

Le kommandant fit une nouvelle tentative.

— A mon arrivée, le corps sera à l'intérieur, fit-il très lentement cette fois.

Miss Hazelstone ne se laissa pas impressionner.

— Seriez-vous en train de suggérer que je déplace le corps ? demanda-t-elle avec colère.

Cette idée épouvanta le kommandant.

— Absolument pas ! Il n'est pas dans mes intentions de vous causer le moindre dérangement, et en plus, vous pourriez laisser des empreintes. Demandez à vos domestiques de le faire pour vous.

— Il me semble que vous me conseillez de maquiller un crime, fit-elle lentement, menaçante. Si je ne me trompe, vous me demandez d'entraver le cours de la justice.

— Miss Hazelstone, l'interrompit le kommandant, je ne fais qu'essayer de vous aider à rentrer dans la légalité.

Il s'arrêta pour chercher ses mots.

— La loi dit qu'il est criminel de tuer des Cafres hors de chez soi. Mais la loi dit aussi qu'il est tout à fait admis et correct de les tuer à l'intérieur s'ils y pénètrent illégalement.

— Fivepence était mon cuisinier. Il avait donc le droit d'entrer chez moi.

— J'ai bien peur que vous ne soyez dans l'erreur, poursuivit le kommandant. Votre demeure est une zone blanche, et aucun Cafre n'a le droit d'y entrer sans votre autorisation. Tuer votre cuisinier était une manière de lui interdire l'accès à votre maison. Je pense qu'il est préférable de s'en tenir à cette version.

Il y eut un silence à l'autre bout de la ligne. Manifestement, il avait convaincu miss Hazelstone.

— Je serai chez vous dans quarante minutes, continua-t-il, ajoutant en toute confiance, et j'espère que le corps...

— Je vous conseille d'être ici dans cinq minutes. Quant à Fivepence, il restera sur la pelouse, là où je l'ai abattu, gronda-t-elle avant de raccrocher brutalement.

Le kommandant regarda son récepteur et poussa un soupir. Il le reposa d'un air las, puis se tourna vers Els pour lui demander sa voiture.

Tandis qu'ils grimpaient la colline pour se rendre à Jacaranda, le kommandant, qui comprenait qu'il avait sur les bras une affaire délicate, observa la tête de Els dont la forme et la couleur lui apportèrent un peu de réconfort.

Si le pire devait arriver, il pourrait toujours mettre à profit la fantastique incompétence de Els. Au cas où, malgré tous ses efforts pour l'en empêcher, miss Hazelstone persisterait à se faire arrêter pour homicide, son principal témoin à charge serait cet abruti, ce crétin intégral de konstable. Et même si elle plaidait coupable devant la cour, signait et contresignait des aveux complets, au premier contre-interrogatoire de n'importe quel avocat de la défense — aussi benêt fût-il —, Els convaincrait le jury le plus partial, le juge le plus implacable que miss Hazelstone était l'innocente victime de l'incompétence des services de police et d'un parjure effréné. On racontait que le procureur général avait traité Els, lors d'un de ses témoignages, d'« alibi ambulant ».

3

C'est en roulant dans sa tête ces sombres pensées que le kommandant van Heerden s'engagea dans l'allée qui menait à Jacaranda. Il n'en goûta pas moins le plaisir esthétique qu'il éprouvait chaque fois qu'il se trouvait en présence de reliques de l'Empire britannique. Et Jacaranda était du pur Cecil Rhodes. Avec ses décrochements décousus, ses stucs, c'était un énorme édifice de carton-pâte, mais construit pour durer. Son style trouvait le moyen d'allier Orient et Occident. A première vue, la bâtisse ressemblait à un château de Windsor ayant artificiellement inséminé le pavillon de Brighton, et de ses pignons crénelés à ses vérandas à mosaïques et à colonnes, ce n'était qu'une succession d'éléments éclectiques, typique de ces Anglais qui ne pouvaient s'empêcher d'ajouter mille fioritures à toute construction, si fonctionnelle fût-elle : des toilettes par exemple. Celui qui avait construit la résidence de Jacaranda ne savait sûrement pas ce qu'il faisait, mais ce devait être un vrai génie pour avoir su le faire.

Quand la voiture s'arrêta, un maître d'hôtel indien en gants blancs et ceinture de soie rouge ouvrit la grande porte gothique. Il fit passer le kommandant et son assistant par un vaste vestibule aux murs patinés, sur lesquels se trouvaient les têtes empaillées d'un phacochère, de seize buffles, de dix lions, et de nombreuses autres espèces de moindre importance. Le juge Hazelstone les avait achetées dans une vente aux enchères pour alimenter une réputation de grand chasseur de fauves. Pour faire plus jungle, il y avait une profusion de plantes en pot, et des fougères étiraient leurs feuilles poussiéreuses jusqu'à la voûte en éventail. Le couloir et le grand salon qu'ils traversèrent étaient pareillement décorés des portraits des ancêtres Hazelstone. Quand ils se retrouvèrent enfin dehors, sur la véranda de derrière, l'estime du kommandant van Heerden pour la Grande-Bretagne impériale avait crû à pas de géant.

Miss Hazelstone avait choisi le lieu du crime avec un à-propos et un sens du cérémonial qui étaient l'apanage d'une époque lointaine et dorée. Le corps de Fivepence se trouvait bien sur la pelouse immaculée, dans une posture révérencielle au pied du buste de sir Theophilius Hazelstone (GCSI, GCIE, DSO)[1], autrefois gouverneur du Zoulouland et vice-roi du Matabeleland. Ledit buste avait été érigé après la rébellion zouloue, pour commémorer la victoire de sir Thoephilius à Bulundi sur dix-sept mille Zoulous désarmés qui avaient cru que le représentant de la Glorieuse Reine Blanche les avait conviés à une Indaba[2]. Le massacre qui s'ensuivit fit date dans l'histoire militaire : pour la première fois on s'était servi de pièces de bord à douze mètres, autant dire à bout portant, et les éclats d'obus déchiquetèrent les

1. GCSI : Grand Commander of the Star of India.
GCIE : Grand Commander of the Indian Empire.
DSO : Distinguished Service Order.
2. Indaba : Grand Conseil des Cafres.

servants. Cette erreur fut rectifiée dans les phases suivantes de la bataille. Les pièces de pont furent reconverties dans le tir à longue portée afin de décimer les Zoulous qui fuyaient, et réussirent à détruire quatre fermes et un blockhaus britanniques qui se trouvaient sur la rivière Tugela, à une dizaine de kilomètres du lieu de la bataille. Ces innovations stratégiques dans l'art militaire valurent à sir Theophilius son anoblissement ainsi qu'une barre à son DSO, sans parler de l'admiration de ses officiers et de ceux de ses hommes qui avaient survécu. Cela accrut aussi sa réputation d'honnêteté scrupuleuse et de loyauté auprès des indigènes qui, estropiés et mutilés, avaient échappé à l'holocauste. Tout le temps de son gouvernement, le Zoulouland avait connu une décennie de paix sans incident. Le jour de sa mort, une génération de veuves zouloues quittèrent le deuil.

C'était sur la renommée de héros tels que sir Theophilius que le kommandant van Heerden avait fondé son admiration pour l'Empire britannique. Tout ce qui restait à présent de sir Theophilius était sa renommée. Son buste avait quitté son piédestal et se trouvait éparpillé sur cinq cents mètres carrés d'impeccable pelouse. Au-delà de la pelouse, les troncs des arbres à caoutchouc présentaient de multiples balafres, et des buissons d'azalées semblaient avoir été l'objet de l'attention soutenue de quelque animal particulièrement gros et affreusement affamé. Branches et feuilles étaient arrachées, déchiquetées, sur une trouée d'une vingtaine de mètres de large.

Pendant un moment, le kommandant caressa le secret espoir que la mort subite de Fivepence n'était pas le fait d'un agent humain, mais d'un cataclysme naturel du style tornade qui, sans l'ombre d'un doute, devait être passé en catastrophe sur Jacaranda, bien que sans effet sur le reste de Piemburg. Cet accès d'optimisme fut de courte durée. Il n'était que trop évident qu'en plus de tout ce qu'elle avait hérité de ses illustres ancêtres impériaux, miss Hazelstone avait reçu de sir Theophilius un goût marqué pour les armes à feu de fort calibre et leur utilisation à bout portant.

La vieille dame, menue, osseuse et presque chétive dans sa robe de mousseline de soie noire avec de la dentelle autour du cou, était assise dans un fauteuil de rotin fatigué et fragile, agrémenté d'une têtière inutile. Sur ses genoux reposait une arme qui surprit le kommandant, et même le konstable Els, et qui n'expliquait que trop bien la scène de dévastation qui s'étalait bien au-delà de la silhouette tordue de Fivepence et du piédestal sans buste. C'était un fusil de gros calibre, de quelque six pieds de long, au diamètre si large qu'il évoquait l'une des armes favorites de sir Theophilius : la pièce de pont de dix pouces. L'œil expérimenté du kommandant lui permit de comprendre dans l'instant qu'il ne s'agissait pas là d'une de ces armes défensives standard pour lesquelles on délivrait un permis.

— L'arme du crime..., fit miss Hazelstone, qui semblait lire dans ses pensées.

Elle tapota le fusil et van Heerden s'aperçut qu'elle était manifestement déterminée à n'en laisser aucune partie exempte d'empreintes. Prudemment, il ne quittait pas le fusil des yeux.

— Qu'est-ce que c'est ? finit-il par demander.

— Un fusil à répétition à quatre canons, pour la chasse aux éléphants. C'est mon père, feu le juge Hazelstone, qui l'a conçu et fait fabriquer selon ses directives. Sa capacité de feu est de quarante balles à la minute, et il peut bousiller à mille mètres un éléphant en train de charger.

Van Heerden ne put s'empêcher de faire observer qu'à mille mètres il ne lui semblait pas nécessaire de tuer un éléphant. Quant au verbe « bousiller », il était bien trop en deçà de la réalité. « Pulvériser » lui paraissait nettement plus approprié.

— Mon père était un tireur minable, poursuivit miss Hazelstone, et le dernier des couards.

— On peut difficilement traiter de couard l'homme qui utilisait un tel fusil, fit le kommandant, à la fois galant et sincère.

L'entretien prenait, lui semblait-il, un tour des plus agréables, le meurtre ayant visiblement apporté une urbanité toute nouvelle aux façons de miss Hazelstone. Celle-ci le traitait de manière fort civile, chose inouïe. Le kommandant décida qu'il était temps de faire le point des arguments en faveur de son innocence.

— Ce fusil est bien trop lourd pour qu'une femme... je vous prie de m'excuser... pour qu'une dame puisse l'utiliser.

Il dut regretter presque aussitôt sa remarque. Miss Hazelstone répondait au quart de tour à toutes les provocations. Elle se leva et pointa le fusil vers le parc.

Le kommandant n'avait pas prévu qu'elle tirerait. Le konstable Els, pour une fois, fit preuve de plus de perspicacité et se jeta à terre. Que l'endroit qu'il choisit fût déjà occupé par un énorme doberman pinscher ; que le chien en question choisît de refuser au konstable le droit de se vautrer sur lui ; que de toute manière les chiens sud-africains fussent dressés à attaquer les personnes d'extraction nègre ; que le konstable Els eût suffisamment de sang mêlé pour justifier une morsure par présomption ; tout cela échappa au kommandant van Heerden quand miss Hazelstone, visant un coup en l'air, puis un coup au sol, appuya sur la détente.

Le kommandant, qui se trouvait à environ vingt centimètres à droite des quatre canons, soit presque au niveau de leur gueule, et qui quelques secondes plus tôt était un être de raison en pleine possession de ses moyens, se retrouva, crut-il, au centre d'un énorme halo de feu en rapide expansion. Le jardin, le ciel, les oiseaux gazouilleurs, jusqu'aux cris de Els attaqué par le doberman, tout disparut. Un silence total régnait à l'épicentre d'une formidable explosion. Il n'y avait plus ni douleur, ni angoisse, ni pensée, mais une certitude : la fin du monde n'était plus proche, elle venait d'avoir lieu. Pendant un bref instant d'illumination, le kommandant van Heerden expérimenta la plus haute forme de compréhension mystique : la dissolution complète du corps. Il lui fallut un bon moment pour revenir au monde des sensations physiques. Trop longtemps, de toute façon, pour qu'il puisse rien entendre du coup de tonnerre qui roula depuis Jacaranda jusqu'aux montagnes du Drakensberg. La moustache roussie, comme il advient à qui serre de trop près les gros fusils à barillets, il balaya les alentours du regard vitreux d'un somnambule réveillé en sursaut. Le spectacle qui s'offrait à lui n'était pas pour rassurer un homme déjà inquiet de sa santé mentale.

L'incident entre Els et le doberman s'était salement envenimé. On était en droit de se demander laquelle des deux bêtes avait été la plus affolée par la détonation. Après avoir mordu jusqu'à l'os la cheville du konstable, le chien avait déplacé son intérêt vers l'aine et avait alors montré les symptômes du trismus. Els, plus conservateur que jamais, n'avait rien d'autre à mordre que la croupe du doberman. Il avait donc appliqué une technique acquise lors d'interrogatoires pratiqués sur des milliers d'Africains, cette science qu'il appelait joyeusement à part lui « la polka des roustons », mais que les rapports d'autopsie de certains de ses patients désignaient par « sévères contusions des testicules ».

Le kommandant van Heerden détourna de ce spectacle déplaisant le peu d'attention dont il était encore capable, et fit un effort pour observer miss Hazelstone. Étourdie mais satisfaite, celle-ci gisait dans le fauteuil de rotin où le recul du fusil l'avait projetée. A travers ses cils roussis, le kommandant pouvait voir qu'elle s'adressait à lui puisque ses lèvres remuaient, mais il lui fallut plusieurs minutes avant de recouvrer suffisamment d'ouïe pour comprendre ce qu'elle disait. Non que son propos fût de nature à arranger les choses. Il trouvait tout à fait gratuit de répéter de la sorte : « Vous voyez, je vous l'avais bien dit que je pouvais me servir de ce fusil. » Le kommandant se demanda alors s'il n'avait pas été injuste envers le lieutenant Verkramp. Miss Hazelstone était vraiment capable de tout.

Son deuxième coup de fusil avait détruit les restes du piédestal du buste de sir Theophilius, et comme elle avait visé le sol il ne restait plus rien du corps, encore récemment obséquieux, de Fivepence. Enfin presque plus rien, car les débris dispersés du cuisinier zoulou avaient rejoint çà et là sur la pelouse les débris dispersés du buste de sir Theophilius. Des morceaux de peau noire s'étaient collés comme des sangsues sur les troncs foudroyés des arbres à caoutchouc bordant une pelouse maintenant rien moins qu'impeccable et le kommandant van Heerden se refusait à fixer la tête ronde et noire qui se balançait tristement au bout d'une des plus hautes branches d'un arbre à caoutchouc bleu ordinairement fort attrayant. Au centre de la pelouse, le coup de fusil avait ouvert une tranchée rectiligne d'environ huit centimètres de profondeur sur quinze mètres de long, dont les bords en dents de scie laissaient échapper ce que le kommandant espérait de tout cœur n'être que de la vapeur.

En raison de l'heure (c'était l'après-midi) et de sa récente expérience transcendantale, il se sentait en droit de faire une entorse aux règles de la politesse qu'il s'était imposées jusqu'alors en présence de miss Hazelstone. Il prit donc sur lui de s'asseoir dans un fauteuil bien à l'écart de la trajectoire des balles, et se mit à observer en connaisseur le combat entre Els et le doberman.

Dans l'ensemble, il les trouvait assez bien appareillés, tant sur le plan physique que dans leur manière d'appréhender la situation. Si Els avait le désavantage d'une mâchoire plus petite et d'une dentition moins fournie, il palliait ce défaut par sa concentration et son expérience de la castration. Mais miss Hazelstone avait pris les devants avec cette rapidité de décision que le kommandant admirait tant chez les gens de sa condition. Elle envoya dare-dare le maître d'hôtel indien chercher dans la maison une bouteille d'ammoniaque et un gros morceau de coton.

— La meilleure façon de séparer les chiens, cria-t-elle par-dessus les grognements et les aboiements, c'est de leur mettre sur le nez un tampon de coton plein d'ammoniaque ! Ils suffoquent et vous les séparez.

Ce disant, elle appuya le tampon sur le visage déjà cramoisi de Els. Le kommandant se demanda pourquoi elle avait choisi de faire lâcher prise à Els le premier. Il mit cela sur le compte de l'amour des Anglais pour les animaux. D'ailleurs, il savait l'affection particulière que miss Hazelstone éprouvait pour son doberman.

La méthode montra immédiatement son efficacité. Avec un cri étouffé et tous les symptômes d'une asphyxie imminente, Els lâcha prise, c'est-à-dire lâcha les organes reproducteurs du chien. Le maître d'hôtel indien l'aida à se retirer de la bagarre en le traînant par les chevilles.

Malheureusement pour Els, le doberman était moins sensible à la menace de mort par suffocation. A moins qu'il n'eût développé une immunité à l'ammoniaque ? Toujours est-il qu'il fallut un certain temps pour persuader l'animal de ne pas profiter d'un avantage qu'il pensait avoir honnêtement gagné, même s'il était dû à l'intervention de sa maîtresse. Peut-être pensait-il que miss Hazelstone l'avait rejoint par terre parce que le konstable Els avait reporté sur elle ses abominables attentions mandibulaires. En dépit de l'âge et du manque d'attraits de la dame, ce n'était pas inimaginable. Quelles que fussent les raisons de l'attachement persistant du doberman pour l'aine de Els, l'intermède avait permis au kommandant de réfléchir, seulement interrompu par les cris d'agonie de son assistant.

Quand le calme et la paix revinrent enfin sur Jacaranda et que miss Hazelstone eut envoyé Oogly, le maître d'hôtel indien, dresser la table à thé dans le fumoir, le kommandant van Heerden avait suffisamment recouvré ses esprits. Auparavant, il avait ordonné à Els de récupérer les restes de Fivepence sur la pelouse et l'arbre à caoutchouc bleu manifestement impossible à escalader. Cet ordre avait fait renâcler le konstable qui estimait mériter une hospitalisation immédiate et prolongée en raison des multiples et profondes morsures du chien, sans parler de sa fatigue due au combat ou de sa commotion.

Le commandant put enfin reprendre son interrogatoire auprès de miss Hazelstone devant une traditionnelle tasse de thé, des sandwiches au saumon fumé, des petits pains au lait et le spectacle presque aussi réjouissant du konstable Els, en plein vertige physiologique, grimpant vers la cime de l'arbre à caoutchouc bleu.

— Bon. Au sujet de votre cuisinier, commença le kommandant. Puis-je considérer que vous étiez mécontente de sa cuisine ?

— Fivepence était le meilleur des cuisiniers, déclara miss Hazelstone avec emphase.

— Je vois, fit le kommandant qui n'y voyait rien, au sens propre comme au sens figuré.

Il avait encore des problèmes d'éblouissement depuis qu'il avait été pris dans cette boule de feu. C'était comme si sa vue allait et venait. Quant à son ouïe, il la trouvait tout aussi fantasque.

— Fivepence était un véritable expert en matière culinaire, continua miss Hazelstone.

— Ah bon ? (Le kommandant reprit espoir.) Et quand vous en êtes-vous rendu compte ?

— Mais tous les jours !

— Et à quel moment avez-vous découvert ce qu'il manigançait ?

— Presque immédiatement.

Le kommandant était éberlué.

— Et vous l'avez laissé faire ?

— Bien sûr, vous ne croyez tout de même pas que j'allais l'en empêcher ? trancha miss Hazelstone.

— Mais votre devoir de citoyenne vous...

— Sornettes ! Pourquoi, au nom du ciel, mon devoir de citoyenne m'obligerait-il à renvoyer un excellent cuisinier ?

Le kommandant chercha à tâtons, au tréfonds de son esprit traumatisé, une réponse appropriée.

— Eh bien... Si c'est pour cette raison que vous l'avez tué..., dit-il.

— Il ne s'agit pas de cela ! lui lança-t-elle d'un air de défi. Le meurtre de Fivepence est le fruit d'une passion.

Le kommandant chercha en vain à se représenter un fruit de la passion en posture d'assassin. La mort de Fivepence avait plutôt eu l'apparence du boudin éclaté : le chien du boucher lui-même aurait eu du mal à s'y retrouver dans les morceaux qu'Els essayait toujours de récupérer sur l'arbre à caoutchouc bleu.

— Un fruit de la passion ? répéta-t-il lentement, dans l'espoir que miss Hazelstone viendrait à son secours en utilisant un terme plus familier.

Ce qu'elle fit.

— Un crime passionnel, crétin, lui dit-elle, cinglante.

Le kommandant acquiesça. Il n'en avait jamais douté. Personne n'aurait pu, à moins d'être fou, infliger de sang-froid des blessures aussi affreuses à Fivepence. En tout cas pas sans un certain degré d'affectivité.

— Oh, je peux imaginer cela, dit-il.

Mais il n'était pas dans les intentions de miss Hazelstone de lui permettre de rester dans sa confortable méprise.

— Je veux que vous compreniez que mes sentiments pour Fivepence n'étaient pas de la nature communément admise entre une maîtresse et son domestique.

Le kommandant avait déjà atteint cette conclusion par lui-même. Il opina du chef en manière d'encouragement. La façon vieillotte avec laquelle elle exprimait ses pensées le transportait. Son propos suivant eut un effet diamétralement opposé.

— Ce que je veux dire, poursuivit-elle, c'est que j'étais amoureuse de lui.

Il fallut un certain temps au kommandant van Heerden pour que toutes les implications de la phrase atteignent son esprit surmené. Par comparaison, son expérience de dissolution du corps à l'embout du fusil n'était que légère brise dans une grasse prairie. Cette fois le souffle était celui d'une bombe. L'horreur de la chose lui ayant ôté la parole, il lança un regard éperdu à miss Hazelstone. Il savait à présent à quoi ressemblait la folie. Celle-ci s'était incarnée dans une lady frêle et âgée, d'une ascendance britannique illustre, assise dans un fauteuil à bascule, tenant entre ses mains délicates une soucoupe de porcelaine de Chine sur laquelle les armoiries des Hazelstone (un marcassin rampant) étaient décalquées à l'or fin et soulignées par la devise familiale « *Baisez-moi* », et confessant sans retenue à un policier afrikander qu'elle était amoureuse de son cuisinier noir.

Miss Hazelstone ignora le silence assommé du kommandant. Elle semblait le prendre pour une marque de respect envers la délicatesse de ses sentiments.

— Fivepence et moi étions amants, continua-t-elle. Nous nous aimions d'un amour profond et immortel.

Le kommandant se sentit mal. C'était bien assez difficile d'essayer de comprendre ce que, grand Dieu, miss Hazelstone pouvait trouver d'attirant dans un cuisinier noir sans parler de l'imagination qu'il fallait pour accepter qu'un cuisinier noir pût être amoureux de miss Hazelstone. Et voilà que, pour couronner le tout, elle se mettait à parler d'« amour immortel » alors que sa passion pour Fivepence avait eu pour résultat de disperser les restes de ce dernier sur plus d'un acre de pelouse et d'arbustes, ou de les accrocher dans un arbre à caoutchouc bleu à soixante pieds du sol... Le commandant sentit que son esprit était sérieusement en danger de dérangement définitif.

— Poursuivez, haleta-t-il malgré lui.

Il avait eu envie de dire « Pour l'amour du ciel, taisez-vous ! », mais la déformation professionnelle avait pris le dessus.

Miss Hazelstone, elle, semblait heureuse de poursuivre.

— Nous sommes devenus amants il y a huit ans et nous avons été merveilleusement heureux dès le premier jour. Fivepence comprenait chacun de mes besoins émotionnels. Bien sûr, nous ne pouvions pas nous marier en raison de cette absurde loi sur l'immoralité.

Elle fit une pause et leva la main comme pour réprimer la protestation indignée du kommandant.

— Nous avons donc dû vivre dans le péché.

Le kommandant van Heerden ressentait bien plus que de l'indignation. Les yeux lui sortaient de la tête.

— Même si nous n'étions pas mari et femme, nous étions heureux. Je dois reconnaître que nous ne voyions pas beaucoup de gens, mais vous savez, à mon âge, une vie calme à la maison c'est vraiment tout ce qu'on peut désirer. Vous ne pensez pas ?

Le kommandant van Heerden ne pensait plus. Il faisait de son mieux pour ne plus entendre. Il se leva de son fauteuil en chancelant pour aller fermer les portes-fenêtres du salon. Ce que cette abominable vieille femme lui racontait ne devait à aucun prix arriver jusqu'aux oreilles de Els. Il fut soulagé de voir que le redoutable konstable avait enfin réussi à atteindre le sommet de l'arbre, et qu'il semblait ne plus pouvoir en descendre.

Tandis que miss Hazelstone continuait en marmottant l'exposé des qualités de Fivepence, le kommandant faisait les cent pas dans la pièce, cherchant frénétiquement un moyen d'étouffer l'affaire. Miss Hazelstone et Jacaranda étaient pratiquement des institutions nationales. Tous les journaux du pays avaient fait paraître sa rubrique de savoir-vivre et d'étiquette, et elle avait signé d'innombrables articles dans la presse féminine. Si l'on venait à savoir que la doyenne de la haute société anglaise du Zoulouland avait assassiné son cuisinier noir, et si l'amour des cuisiniers noirs devait entrer dans les mœurs du grand monde, l'Afrique du Sud se colorerait en un an. Et que dire de la réaction des Zoulous s'ils venaient à apprendre que l'un des leurs avait batifolé avec la petite-fille du grand gouverneur, de sir Theophilius, sur ses propres terres, à Jacaranda, librement, presque légalement puisque c'était sur sa demande à elle ? Le kommandant imagina les conséquences : viol massif de leurs maîtresses par des milliers de cuisiniers zoulous, révolte des indigènes, guerre raciale enfin. Ah, le lieutenant Verkramp avait eu raison dans ses rapports à Pretoria. Quelle perspicacité remarquable ! Miss Hazelstone et son foutu cuisinier zoulou risquaient bien de mettre un terme à trois siècles de suprématie des Blancs en Afrique du Sud. Pis encore c'était lui, le kommandant van Heerden, qu'on tiendrait pour responsable.

Finalement, après avoir longuement et intensément fixé une tête d'hyène mitée qu'il avait prise, tant il avait l'esprit ailleurs, pour celle de sir Theophilius en son jeune âge, le kommandant rassembla ce qui lui restait de facultés mentales et rejoignit le monstre. Il allait faire une dernière tentative pour obtenir de cette sale garce qu'elle retrouve son sens du devoir de lady et de Blanche, et nie avoir jamais rien éprouvé de plus passionnel pour son cuisinier zoulou qu'une légère exaspération.

Miss Hazelstone, une fois achevé l'inventaire des qualités sentimentales et morales de son merveilleux compagnon, entamait la description des attributs du cuisinier en tant qu'amant sensuel ayant partagé son lit et satisfait ses appétits sexuels. Ceux-ci étaient tout à la fois — le kommandant devait le découvrir avec répugnance — prodigieux, et à son avis au plus haut point pervers.

— Évidemment, nous avons eu de petites difficultés au début, disait-elle. Il y avait une légère incompatibilité de comportement, sans parler de celle de nos attributs physiques. Un homme de votre expérience, kommandant, voit bien ce que je veux dire.

Le kommandant, dont l'expérience sexuelle se limitait à une visite annuelle à un bordel de Lourenço Marques lors de ses vacances, mais dont la connaissance de la morphologie des Zoulous était assez grande, comprenait ce qu'elle voulait dire tout en espérant se tromper.

— Pour commencer, poursuivit cliniquement miss Hazelstone, Fivepence souffrait d'*ejaculatio praecox*.

Pendant un bref instant, trop court malheureusement, l'ignorance du latin et le peu de connaissances médicales du kommandant lui évitèrent de mesurer la portée de cette remarque. Miss Hazelstone s'empressa de lui donner quelques éclaircissements.

— Il avait des émissions prématurées.

Quand le kommandant qui ne comprenait toujours pas se risqua à suggérer qu'à son humble avis, Fivepence n'avait pas été envoyé assez tôt en mission, à considérer les sales manies qu'il avait développées sur le tard, miss Hazelstone lui mit les points sur les « i » dans une langue que le kommandant fut bien malgré lui forcé de reconnaître comme étant par trop compréhensible.

— A peine le touchais-je qu'il éjaculait, continua-t-elle sans scrupule.

Se méprenant sur le regard horrifié du kommandant qu'elle prenait pour un manque de compréhension, elle administra le *coup de grâce*[1] à sa sensibilité confondue.

— Il jouissait avant d'avoir pu me pénétrer de son vit, dit-elle.

Et comme elle prononçait ces mots, il parut au kommandant que, comme dans les pires cauchemars, les coins de la bouche de miss Hazelstone remontaient en un léger rictus à l'évocation de ce souvenir bienheureux.

Il avait maintenant la certitude que la vieille dame avait perdu la raison. Il était sur le point de la traiter de tête brûlée, mais l'expression lui parut par trop évocatrice du dernier état de Fivepence. Il la refoula donc dans son subconscient.

— Nous avons fini par régler le problème. Au début je lui faisais mettre trois préservatifs les uns sur les autres, pour désensibiliser le gland. C'était assez satisfaisant pour moi, mais cela avait tendance à restreindre un tout petit peu sa circulation, et il se plaignait de ne pas sentir grand-chose. Au bout d'une heure, je lui en faisais enlever un, ce qui le soulageait

1. En français dans le texte.

un peu, puis il enlevait le second et nous avions un orgasme simultané.

Elle s'interrompit et agita un index malicieux vers le kommandant stupéfait, qui cherchait désespérément à rassembler suffisamment d'énergie pour exiger que cessent ces ignobles révélations.

— Mais ce n'est pas tout. Il faut que vous sachiez que j'ai fini par trouver une solution meilleure encore aux petits ennuis de mon cher Fivepence. Lors de ma visite bisannuelle à mon dentiste, le docteur Levy, il m'a fait une anesthésie locale pour m'éviter de souffrir.

Elle hésita, comme honteuse d'avouer une petite faiblesse.

— Bien sûr, dans le temps, on ne s'embarrassait pas de telles inepties, souffrir un peu n'a jamais tué personne. Mais le docteur Levy a insisté et après coup j'étais bien contente qu'il me l'ait faite. Vous comprenez... je venais de trouver comment aider Fivepence à maîtriser l'intensité de ses sentiments pour moi.

Elle s'interrompit, mais il n'était plus nécessaire de continuer.

L'esprit rapide du kommandant van Heerden avait galopé, et assez fermement saisi où elle voulait en venir. Par ailleurs il commençait à comprendre, bien que seulement par à-coups, l'enchaînement d'idées que miss Hazelstone ne manquerait pas de suivre.

Il imagina la scène quand, en plein tribunal, elle révélerait qu'elle avait pris l'habitude d'injecter de la novocaïne dans le pénis de son cuisinier noir à l'aide d'une seringue hypodermique avant que de lui permettre d'avoir une relation sexuelle avec elle. Il imagina la scène et se jura qu'elle n'aurait jamais lieu, même s'il devait tuer miss Hazelstone.

Désespéré, il balaya du regard l'ensemble des Hazelstone depuis longtemps disparus qui ornaient les murs du salon, et espéra qu'ils appréciaient les sacrifices qu'il envisageait pour sauver leur famille de la honte dont miss Hazelstone semblait s'acharner à l'éclabousser. Les piqûres de novocaïne étaient une innovation tellement sensationnelle que la nouvelle dépasserait les frontières. Les quotidiens du monde entier étaleraient la nouvelle en première page, en caractères d'un pied de haut. Il n'avait pas le temps de réfléchir à la nature précise de leurs formulations, mais il avait toute confiance dans la capacité des éditorialistes. Essayant d'imaginer quelle impression Fivepence avait pu ressentir, il conclut que le cuisinier avait dû recevoir la mort, de cet affreux fusil, comme une douce délivrance en comparaison de ce que miss Hazelstone lui faisait subir régulièrement lorsqu'elle plongeait la seringue dans sa tête de nœud. Le kommandant se demanda, pour rien, si Fivepence était circoncis. Encore une chose qu'on ne pourrait plus vérifier.

A cette pensée, il regarda par la fenêtre où en était le konstable Els. Bien que la confession de miss Hazelstone l'eût blasé, il remarqua avec étonnement que Els avait retrouvé du goût pour les hauteurs, ainsi que la tête de Fivepence, et qu'il avait réussi à regagner la terre ferme où il obligeait avec force coups de pied le maître d'hôtel indien à ramasser les restes dispersés du cuisinier zoulou et à les verser dans une taie d'oreiller. Le kommandant trouva qu'une fois encore Els voyait trop grand. Point besoin d'une taie. Un sac de plage eût aussi bien fait l'affaire.

4

Derrière lui, manifestement épuisée par sa confession, miss Hazelstone, bien calée dans son fauteuil, gardait le silence et passait béatement ses souvenirs en revue. Le kommandant van Heerden se laissa tomber sur une chaise en face d'elle et imagina le futur immédiat avec beaucoup moins de satisfaction, persuadé qu'elle clamerait à la face du monde ce qu'elle venait de lui révéler, s'il lui en laissait l'occasion. Il fallait donc que l'affaire soit à tout prix étouffée dans l'œuf. A l'évidence sa carrière à lui, la réputation de cette grande famille du Zoulouland, l'avenir même de l'Afrique du Sud dépendaient du silence de miss Hazelstone. Son premier devoir consistait donc à s'assurer que pas un mot sur les événements de l'après-midi ne sortirait de Jacaranda. Il n'avait que peu confiance en sa propre capacité à éviter les fuites. Il n'en avait aucune dans celle de Els.

Pour l'avoir chèrement appris, il savait que le konstable était incapable de garder quoi que ce fût par-devers lui : argent, femmes, pénis, prisonniers, encore moins les ragots. Et ce dont miss Hazelstone devait répondre était bien loin d'un simple ragot. C'était dans le domaine politique, racial, social et tout le reste... de la dynamite.

Il en était là de sa méditation quand il aperçut Els qui se dirigeait vers la maison, l'allure d'un bon toutou qui vient de faire son devoir et s'attend à recevoir son susucre. S'il avait eu une queue, il l'aurait sûrement agitée. Mais cet appendice lui faisant défaut, il n'en traînait pas moins derrière lui un substitut atroce qu'il avait la décence — le kommandant van Heerden le nota avec reconnaissance — de ne pas agiter. Personne, pas même Els, n'aurait voulu agiter ce qui subsistait des restes de Fivepence.

Le kommandant agit rapidement. Il sortit sous le porche et referma la porte derrière lui.

— Els, j'ai un ordre à vous donner.

Le konstable lâcha la taie d'oreiller et se mit au garde-à-vous avec empressement. Il se serait volontiers passé de grimper aux arbres ou de récupérer des têtes humaines, mais il adorait qu'on lui donne des ordres. En général, cela équivalait à recevoir la permission de faire du mal.

— Débarrassez-vous de ce... de cette chose, lui ordonna-t-il.

— A vos ordres, fit Els avec reconnaissance.

Fivepence commençait à le fatiguer.

— Rendez-vous à l'entrée principale et montez-y la garde jusqu'à ce qu'on vous remplace. Veillez à ce que personne n'entre ou ne sorte du domaine. Absolument personne. Pas même les Européens. Vous avez bien compris ?

— Oui, mon kommandant.

— Si quelqu'un entre, il ne doit pas ressortir.

— Puis-je utiliser mon arme pour l'en empêcher ? demanda Els.

Le kommandant van Heerden hésita. Il n'avait pas envie de voir un bain de sang à l'entrée principale du domaine de Jacaranda. D'un autre côté, la situation lui paraissait si désespérée (si le moindre bruit parvenait à la presse, on verrait arriver des hordes de journalistes) qu'il était prêt à tout pour l'éviter.

— Oui, dit-il enfin, vous pouvez tirer.

Et se souvenant du chambard qu'avait provoqué un reporter que l'on avait oublié d'achever avant de l'emmener à l'hôpital de Piemburg, il ajouta :

— Visez le cœur, Els, visez le cœur.

Les plaintes en provenance de la morgue étaient plus faciles à réfuter.

Le kommandant rentra dans la maison, et Els détala pour aller garder l'entrée principale. Il n'était pas encore bien loin quand il songea que le gros fusil lui permettrait à coup sûr d'éviter qu'aucun être vivant du calibre supérieur à celui du cafard ne sorte de Jacaranda vivant. Il revint sur ses pas, ramassa le fusil sous le porche, puis récupéra des cartouches pour son revolver dans le véhicule de police. Et c'est d'un cœur léger qu'il se remit en route.

A l'intérieur de la demeure, le kommandant van Heerden était soulagé de voir que miss Hazelstone était encore sous le choc, immobile dans son fauteuil. C'était toujours un problème de réglé : pas un mot des piqûres ne parviendrait aux oreilles de Els. L'idée de ce qui se serait passé si ce dernier avait entendu leur discussion l'avait tracassé. Assez d'habitants, ces derniers temps, s'étaient plaints des hurlements qui sortaient des cellules du commissariat de police de Piemburg sans que Els se mette à pratiquer des injections « pénales » sur les prisonniers. Sans compter qu'il ne se serait sûrement pas contenté d'utiliser de la novocaïne et serait passé à l'acide nitrique avant même qu'on ait eu le temps de prononcer le mot « apartheid »...

Els éloigné, il passa à l'action suivante. Sans déranger miss Hazelstone, il se dirigea vers le téléphone qui se trouvait au milieu de la jungle en pots du vestibule. Il passa deux coups de fil. Le premier au lieutenant Verkramp, au commissariat.

Plus tard, le lieutenant fut amené à se souvenir de cette conversation téléphonique avec les frissons que donne l'évocation des prémices d'un désastre. A ce moment-là, il s'était contenté de se demander ce qui ne tournait pas rond chez le kommandant. Van Heerden lui avait paru au bord de la crise de nerfs.

— Verkramp, c'est vous ?

La voix lui parvenait en un murmure étranglé.

— Bien sûr que c'est moi. Bon Dieu, qui croyez-vous que ce puisse être ?

Verkramp n'avait pas entendu la réponse à sa question, mais il lui avait semblé que le kommandant essayait de ravaler quelque chose de très désagréable.

— Que se passe-t-il ? Ça ne va pas ? demanda-t-il plein d'espoir.

— Cessez de poser des questions idiotes et écoutez-moi, murmura le kommandant avec autorité. Je veux que vous rassembliez tous les officiers de Piemburg devant les baraquements de la police.

Le lieutenant était abasourdi.

— On ne peut pas faire ça ! Le match de rugby bat son plein. Ça ferait un foin du diable, si...

— Ça fera un sacré foin si vous ne vous exécutez pas ! gronda le kommandant. Ça, c'est la première chose. La deuxième, c'est que toutes les permissions, même celles des malades, sont suspendues. Compris ?

Le lieutenant ne savait pas sur quel pied danser. Le kommandant lui paraissait agité.

— Rassemblez-les devant les baraquements, poursuivit le kommandant. Ensuite je veux que chacun de ces pieds nickelés arrive ici au pas de course, armé jusqu'aux dents. Envoyez-moi aussi les automitrailleuses et les chiens, oh... et puis, les projecteurs, tout le fil barbelé que vous trouverez, et apportez les panneaux signalétiques de la rage que nous avons utilisés l'année dernière, pendant l'épidémie.

— La rage ? hurla le lieutenant. Vous voulez les chiens et les panneaux de la rage ?

— Et ceux de la peste bubonique. Apportez-les aussi.

Le lieutenant essaya d'imaginer quel tragique phénomène épidémique s'était donc déclaré à Jacaranda : la rage et la peste bubonique en même temps ! ?

— Vous êtes sûr que ça va ? demanda-t-il.

Le kommandant parut sortir de ses gonds.

— Bien sûr que ça va ! le rembarra-t-il. Pourquoi cela n'irait-il pas ?

— Eh bien, c'est juste que je pensais que...

— Je me fous royalement de ce que vous pensez. On ne vous paie pas pour penser. Vous êtes payé pour obéir à mes ordres. Et je vous donne l'ordre de m'envoyer tous les foutus panneaux que vous avez, tous les foutus policiers et tous les foutus chiens...

Tandis que le kommandant poursuivait l'énumération Verkramp cherchait désespérément les causes possibles d'une telle urgence. Le dernier ordre du kommandant coupa court à ses efforts.

— Prenez des chemins détournés pour venir ici. Je ne veux pas attirer l'attention de la population.

Le kommandant avait raccroché avant même que le lieutenant ait pu réfléchir aux moyens d'éviter d'attirer l'attention de la population avec six automitrailleuses blindées, vingt-cinq camions et dix projecteurs, sans parler des soixante-dix chiens policiers et des douzaines d'énormes panneaux de la rage et de la peste.

Le deuxième coup de téléphone fut pour le haut-commissaire du Zoulouland. Il pouvait entrevoir quelques-unes des difficultés qu'il rencontrerait dès qu'il aurait formulé sa requête des pouvoirs d'exception pour faire face à la situation. L'une de ces difficultés, et non la moindre, serait l'incrédulité qui accueillerait les justifications qu'il en donnerait, à savoir que la fille du juge Hazelstone avait non seulement assassiné son cuisinier zoulou, mais qu'en plus elle forniquait avec lui depuis huit ans, après avoir rendu ses organes génitaux totalement engourdis et insensibles en leur injectant des doses massives de novocaïne. Il savait bien, lui, comment il réagirait si l'un de ses subordonnés l'appelait au beau milieu d'un étouffant après-midi d'été pour lui raconter une histoire pareille ! Il décida d'éviter d'exposer les détails de l'affaire. Il insisterait sur les conséquences probables d'un meurtre impliquant la fille d'un juge éminent qui avait été, en son temps, le chantre de la peine capitale, et il utiliserait le rapport sur les activités subversives de miss Hazelstone que le lieutenant Verkramp avait envoyé à Pretoria pour justifier sa demande des pleins pouvoirs. S'armant de courage, il décrocha le téléphone et passa son appel. Il eut la surprise de voir que le haut-commissaire n'élevait aucune objection.

— Les pouvoirs d'exception, van Heerden ? Mais bien sûr, allez-y. Vous connaissez votre affaire. Je vous laisse carte blanche. Faites ce que bon vous semble.

Le kommandant raccrocha en fronçant les sourcils. Il était perplexe. Il n'aimait pas le haut-commissaire, et il se doutait bien que c'était réciproque.

Le haut-commissaire nourrissait en fait l'ardent espoir qu'un jour le kommandant van Heerden commettrait une erreur si grave qu'on pourrait le ramener dans le rang. Or, il lui avait semblé en entendant le kommandant si hystérique au téléphone que le jour de sa vengeance était proche. Il décommanda aussitôt tous ses rendez-vous du mois et prit son congé annuel qu'il alla passer sur la côte sud après avoir laissé la consigne de n'y être dérangé sous aucun prétexte. Il passa la semaine suivante à se prélasser au soleil avec la certitude qu'il avait laissé à van Heerden assez de corde pour se pendre.

Nanti des pouvoirs d'exception qui lui conféraient le droit de vie et de mort sur les soixante-dix mille habitants de Piemburg ainsi que le droit de censure sur la presse et celui d'arrêter, retenir et torturer à loisir tous ceux qu'il réprouvait, le kommandant n'en était pas plus heureux pour autant. Les événements du jour l'avaient sérieusement ébranlé.

Il chercha un réconfort dans un portrait en pied de sir Theophilius, accroché sous le grand escalier. Sir Theophilius y portait sa panoplie complète de chevalier de l'Ordre de la reine Victoria, et de vice-roi du Matabeleland : cape d'hermine, uniforme écarlate incrusté d'étoiles en métaux précieux, médailles de campagnes désastreuses, chacune d'entre elles représentant la mort, par sa faute, d'au moins dix mille recrues. La main gauche arthritique du vice-roi reposait sur le pommeau d'une épée — il était bien trop pusillanime pour l'avoir jamais tirée de son fourreau —, tandis que sa main droite tenait la laisse de cuir d'un marcassin tout spécialement importé de Bohême pour partager l'honneur de représenter la famille Hazelstone dans cette grande œuvre d'art. Le kommandant van Heerden était particulièrement frappé par le marcassin qui lui rappelait le konstable Els. Mais il ne sut jamais que la pauvre bête avait dû être attachée à un poteau de métal avant que le vice-roi osât entrer dans la pièce où se trouvait l'emblème vivant de la famille, et encore, après moult cajoleries de l'artiste et avoir descendu une demi-bouteille de cognac. Tout cela, le kommandant l'ignorait. Il était donc libre de persister dans sa foi en les grandes qualités de l'homme d'État impérial et de décider de faire échapper sa petite-fille aux conséquences de sa propre folie. Mentalement revigoré à la vue de ce portrait, ainsi que de celui, symétrique, de feu le juge Hazelstone, avec cet air impitoyable qu'il se souvenait de lui avoir vu au Palais le jour où il avait condamné à mort onze hommes de la tribu des Pondos pour avoir volé une chèvre, le kommandant monta lentement les marches de l'escalier à la recherche d'un endroit où se reposer en attendant l'arrivée du lieutenant Verkramp et des renforts.

Dès que le domaine serait isolé du reste du monde, il s'efforcerait de convaincre miss Hazelstone qu'elle n'avait jamais assassiné son cuisinier et qu'elle avait inventé toute l'histoire des piqûres et du grand amour. Il était sûr de ramener la vieille dame à la raison. Sinon, ses pouvoirs d'exception lui conféraient le droit de la séquestrer indéfiniment, sans qu'elle puisse faire appel à un avocat. En cas de besoin, il pouvait même invoquer la loi antiterrorisme et garder la vieille dame au secret tout le restant de jours que l'on pouvait abréger par un traitement approprié. Ce n'était certainement pas la méthode qu'il désirait employer envers une dame de sa condition, mais pour le moment il ne trouvait rien de mieux.

Il s'arrêta en haut des marches pour reprendre son souffle, puis emprunta la galerie qui faisait le tour de la maison. Si le vestibule était envahi par les têtes empaillées et les portraits, les murs de la galerie étaient, eux, couverts des trophées de batailles anciennes. Le kommandant fut surpris de découvrir des armes de toutes formes et de toutes tailles, des armes de toutes époques et de tous genres, qui n'avaient qu'un seul point en commun : elles étaient toutes en parfait état et meurtrières à en faire se dresser les cheveux sur la tête. Il s'arrêta devant un pistolet à répétition et l'examina attentivement. Bien graissé, complet, il pendait à côté d'un vieux tromblon. Le kommandant van Heerden n'en revenait pas. La galerie était un véritable arsenal. Si miss Hazelstone n'avait pas appelé pour annoncer l'incident survenu à Fivepence, et si elle avait décidé de défendre l'accès du domaine de Jacaranda, elle aurait pu tenir tête à la police de Piemburg tout entière pendant des semaines. Rendant grâce à sa bonne étoile pour son aide en la circonstance, le kommandant ouvrit l'une des portes qui donnaient sur la galerie et regarda à l'intérieur.

Comme il s'y attendait, c'était une chambre à coucher meublée avec un goût et un raffinement dignes de la maison de la plus éminente spécialiste de la décoration d'Afrique du Sud. Des rideaux de chintz et un dessus-de-lit assorti donnaient un air printanier à la pièce. Ce qui reposait sur le lit faisait l'effet inverse. L'objet ne présentait absolument rien de gracieux ni de délicat. Difficile, d'ailleurs, d'en parler en termes de garniture. Car là se trouvait — et l'incongruité de la chose était accentuée par le raffinement du reste de l'installation — le corps d'un homme grand, poilu et complètement nu. Pire encore pour l'esprit dérangé du kommandant, ce corps semblait avoir été tout récemment saigné à blanc. Il était ensanglanté de la tête aux pieds.

Secoué par la découverte de ce nouveau cadavre, le kommandant tituba dans la galerie et s'appuya contre le mur. Un cadavre par après-midi, surtout s'il était noir, passe encore. Mais deux d'un coup, et quand l'un se trouvait être celui d'un Blanc... Il se sentait profondément désespéré. Jacaranda commençait à ressembler à un abattoir. Le plus terrible, c'était qu'avec ce deuxième corps il n'était plus question d'étouffer l'affaire. C'était une chose de persuader miss Hazelstone qu'elle n'avait pas tué son cuisinier noir. La disparition de cuisiniers zoulous était courante. Le meurtre d'un homme blanc, en revanche, ne pouvait aucunement passer inaperçu. Une enquête aurait lieu. Des questions seraient posées. Et, une chose entraînant l'autre, toute l'histoire de miss Hazelstone et de son cuisinier zoulou éclaterait au grand jour.

Après un moment d'angoisse, le kommandant recouvra assez ses esprits pour jeter à nouveau un œil dans la chambre du meurtre. Il dut se rendre à l'évidence : le corps s'y trouvait encore. Toutefois, c'était la première fois qu'il voyait un cadavre avec de tels attributs. L'un d'entre eux attira particulièrement son attention : ce cadavre était en pleine érection. Le kommandant repassa la tête par la porte pour vérifier son impression première. A cet instant précis, le mort remua et se mit à ronfler.

Le kommandant van Heerden se sentit si soulagé par ces témoignages de vie qu'il eut envie de rire. L'instant d'après il se rendit compte de tout ce que signifiait sa découverte, et le sourire disparut de son visage. Il ne faisait pas de doute que l'homme dont le corps se trouvait devant lui sur le lit était le vrai meurtrier de Fivepence. Le kommandant baissa les yeux sur l'homme et le scruta. Ce faisant, il prit conscience d'une odeur de cognac qui flottait dans l'air.

L'instant d'après, son pied cognait contre une bouteille qui se trouvait par terre. Il se baissa, la ramassa. Du cognac *Vieux Rhino*, nota-t-il avec dégoût. C'était le cognac de prédilection du konstable Els. S'il était encore besoin de confirmer son soupçon que le type sur le lit était un dangereux criminel, il lui suffisait de savoir que, partageant l'un des penchants dépravés de Els, il y avait de bonnes chances qu'il en partageât d'autres, et bien plus pervers.

Le kommandant quitta la chambre sur la pointe des pieds, la bouteille à la main. Dans le couloir, il essaya de voir en quoi cette découverte affectait son plan. Que l'homme fût l'assassin, il n'en avait aucun doute. Qu'il fût ivre mort, il en était tout aussi persuadé. Ce qui restait une énigme pour lui, c'était la raison pour laquelle miss Hazelstone s'était accusée d'un crime qu'elle n'avait pas commis. Et, mystère plus épais encore, le fait qu'elle ait agrémenté sa confession d'horreurs inutiles, comme d'avoir couché avec son cuisinier zoulou et de lui avoir injecté de la novocaïne. La tête lui tournait devant toutes les réponses possibles, mais ne désirant pas rester dans la promiscuité d'un tueur, il emprunta le couloir jusqu'au palier en haut des marches. Il commençait à regretter d'avoir envoyé Els garder l'entrée principale et, parallèlement, se demandait combien de temps il faudrait encore au lieutenant Verkramp pour arriver avec le gros de la troupe. Il se pencha par-dessus la balustrade et observa le mausolée tropical dans le vestibule. Tout près de lui, la tête empaillée d'un rhinocéros plongeait son regard myope dans l'éternité. Le kommandant van Heerden plongea son regard dans celui de l'animal et se demanda à laquelle de ses connaissances il pouvait bien lui faire penser. C'est alors qu'il eut la révélation de la raison vraie de la confession de miss Hazelstone, révélation qui devait radicalement changer le cours de sa vie.

Il venait en effet de comprendre que le visage du meurtrier sur le lit le faisait penser à quelqu'un. D'un pas mal assuré il descendit l'escalier pour revoir le grand portrait de sir Theophilius. L'instant d'après, il était de retour dans la chambre à coucher. Il s'approcha du lit sur la pointe des pieds et observa prudemment le visage sur l'oreiller. Là, il reconnut ce qu'il s'attendait à trouver. Malgré la bouche béante et les poches sous les yeux, malgré les années de dissipation et d'excès sexuels, et malgré l'absorption de gallons de cognac *Vieux Rhino*, les traits de l'homme présentaient une ressemblance irréfutable avec ceux de sir Theophilius et de feu le juge Hazelstone. Il savait maintenant qui était cet homme. C'était Jonathan Hazelstone, le frère cadet de miss Hazelstone.

Les choses s'éclairant d'un jour nouveau, le kommandant tourna les talons pour quitter la pièce. Mais le meurtrier se mit à remuer à nouveau. Le kommandant se figea sur place et put voir, avec un mélange de crainte et de dégoût, la main pleine de sang de l'individu remonter à tâtons le long de sa cuisse poilue et empoigner la monstrueuse érection. Il ne chercha pas à en voir davantage. Dans un sursaut, il se précipita hors de la pièce et longea le couloir à fond de train. Un homme qui pouvait descendre une bouteille de *Vieux Rhino* et y survivre, même dans un état comateux, était à coup sûr un cinglé dangereux. Mais si, en plus, il pouvait tranquillement s'offrir une érection alors que son corps était occupé à combattre les attaques effroyables dudit cognac, il ne pouvait s'agir que d'un monstre dont l'appétit sexuel était sûrement d'une telle ampleur que rien alentour ne pouvait s'y trouver en sécurité. Le kommandant van Heerden se remémora la posture de Fivepence devant le piédestal, et il crut avoir compris de quelle manière le cuisinier zoulou avait péri. Le fusil de gros calibre n'avait plus rien à y voir.

Sans hésiter, il fonça dans l'escalier et sortit de la maison. Il fallait qu'il aille chercher Els avant d'entreprendre d'arrêter un tel homme. En remontant l'allée à grands pas, il comprit soudain pourquoi miss Hazelstone avait fait une confession aussi scandaleuse, et il en ressentit une forme de respect plus grande encore pour la solidarité des vieilles familles britanniques. « C'est de la chevalerie. De la pure chevalerie, se dit-il. Elle se sacrifie pour protéger le nom de la famille. » Il ne voyait pas clairement en quoi le fait d'avouer le meurtre de son cuisinier noir pouvait sauver l'honneur d'une famille, mais il pensa que c'était peut-être mieux que d'avoir un frère contraint d'avouer qu'il avait fourré ledit cuisinier jusqu'à ce que mort s'ensuive. Il se demanda quelle pourrait être la sentence pour un tel crime. « La pendaison évidemment », se dit-il avant de se rappeler qu'aucun homme blanc n'avait jamais été pendu pour le meurtre d'un Noir. Mais la sodomie, c'était peut-être différent. Enfin, on pourrait toujours le condamner pour « actions préméditées dans le but d'aviver les tensions entre races », crime puni de dix coups de bâton. Si la sodomisation d'un cuisinier zoulou n'était pas une action préméditée pour raviver les tensions entre races, il ne voyait pas ce qui pouvait l'être. Il faudrait qu'il en parle avec Els. Ce dernier était plus au fait de ce genre de choses.

5

A l'entrée du domaine de Jacaranda, le konstable Els ne trouvait pas l'après-midi aussi agréable qu'il l'avait escompté. Personne n'avait cherché à entrer ou à sortir du parc et il n'avait pas eu grand-chose à tirer. Il avait lâché au petit bonheur un coup de fusil sur un garçon livreur indigène mais le garçon l'avait reconnu à temps et s'était jeté dans le fossé avant que Els ait pu ajuster son tir. D'avoir manqué l'indigène n'avait pas arrangé son humeur. « Suffit d'en louper un pour les louper tous », se dit-il.

En fait, dès que courait le bruit que Els le Tueur de Cafres se trouvait dans le district, les maîtresses blanches avaient beau crier comme des putois après les domestiques et les menacer de toutes les punitions possibles, aucun Noir sain d'esprit n'acceptait de sortir de la maison pour arroser les pelouses ou faire les courses.

Faute de mieux, Els avait donc exploré les abords du portail après en avoir fermé à double tour les grandes portes de fer forgé. Au cours de cette exploration, il fit une découverte sensationnelle. Ce qu'il avait pris au premier abord pour un massif de troènes dissimulait un blockhaus manifestement très ancien et tout aussi évidemment imprenable. L'ouvrage datait, en fait, de l'époque de sir Theophilius qui en avait commandé la construction immédiatement après la bataille de Bulundi. La victoire du gouverneur n'était pas venue à bout de sa lâcheté naturelle. Aussi les accusations lancées contre lui par les Zoulous et les familles des officiers tués par leurs propres obus avaient-elles transformé ce qui n'était chez lui, au début, que de l'anxiété, en une névrose obsessionnelle. Il était persuadé que des milliers de Zoulous assoiffés de vengeance, et entraînés au maniement de la pièce de pont par les survivants de son ancien régiment, allaient tenter de prendre d'assaut le domaine de Jacaranda lors d'une nuit d'horreur. Face à cette menace imaginaire, sir Theophilius s'était mis à collectionner les armes qui avaient tant impressionné le kommandant van Heerden dans la galerie, et à construire une série de formidables blockhaus tout autour du parc, chacun d'entre eux ayant été conçu pour résister au tir tendu d'un obus de marine de deux cent cinquante millimètres.

On devait reconnaître les réels talents d'ingénieur du gouverneur. Ses blockhaus étaient toujours debout. Le juge Hazelstone, aussi lâche que son père mais plus convaincu de l'efficacité préventive de la peine capitale, avait un jour embauché une entreprise de démolition pour détruire les blockhaus. Après avoir émoussé quantité de forets, les démolisseurs essayèrent de les faire sauter. Conscients que ces bunkers n'avaient rien d'ordinaire, ils avaient rempli jusqu'au plafond l'un d'entre eux de dynamite avant d'appuyer sur le détonateur. Au cours de l'enquête qui suivit, les survivants de l'équipe de démolition décrivirent l'explosion qui en résulta comme quatre langues de flammes gigantesques s'élançant vers le ciel par les chicanes du blockhaus. Quant au bruit, on put l'entendre jusqu'à Durban, à cinquante kilomètres de là. Suivant l'ordonnance du juge, l'entreprise avait remplacé à ses frais le portail que son zèle avait détruit, mais elle avait refusé de poursuivre le travail de démolition des blockhaus. Elle proposa, comme solution la moins coûteuse pour se débarrasser du truc, la plantation d'une haie de troènes. Elle alla même jusqu'à participer au coût de l'opération en hommage aux hommes qu'elle avait perdus lors de l'explosion.

Le konstable Els ne savait rien de tout ça. Ayant trouvé un passage pour pénétrer dans cette forteresse inexpugnable, il s'amusa à installer le gros fusil sur l'un des supports et à le pointer vers la route. Il n'était pas assez optimiste pour espérer qu'un gibier digne de son arme effroyable essaierait d'entrer dans le parc, mais il se persuada qu'il n'y avait point de mal à se préparer à toute éventualité, aussi aléatoire fût-elle.

Il n'avait pas sitôt terminé, qu'il aperçut un berger allemand qui se soulageait contre l'un des montants de la porte. Els n'était pas du genre à laisser échapper pareille occasion, et puis il se ressentait encore de sa rencontre avec le doberman. Un coup de revolver bien ajusté fit perdre au berger allemand toute espèce d'intérêt pour les événements de l'après-midi. Autour de Jacaranda, d'autres n'eurent pas cette chance. Cinq inspecteurs en civil, que le lieutenant Verkramp avait dépêchés sur-le-champ à Jacaranda et qui évoluaient en silence à plus de vingt mètres les uns des autres, entendirent le coup de feu. S'étant consultés, ils approchèrent du portail principal, revolver au poing, avec une discrétion qui n'échappa point au konstable Els.

Le kommandant van Heerden, qui remontait joyeusement l'allée, l'entendit aussi. Mais il était si occupé à calculer le nombre exact de coups de bâton que l'on infligerait à Jonathan Hazelstone avant de le pendre que le bruit de ce coup de feu isolé ne pénétra qu'à peine sa conscience. Il n'avait jamais auparavant résolu d'affaires aussi rapidement, et il venait juste de découvrir de nouvelles preuves de la culpabilité de Jonathan Hazelstone. Il s'était souvenu d'un rapport du lieutenant Verkramp concernant le frère de miss Hazelstone. Celui-ci s'était rendu coupable de détournement de fonds, et la famille l'avait payé pour qu'il aille vivre dans un coin perdu de Rhodésie.

Ce ne fut qu'en entendant tinter une rafale de balles du côté du portail, bientôt suivie des hurlements des blessés, que le kommandant se mit à soupçonner Els d'avoir outrepassé ses instructions. Il accéléra l'allure dans l'espoir d'arriver au portail avant que la situation ne le dépasse complètement, mais le feu était déjà si nourri et ses objectifs semblaient si imprévisibles qu'il fut obligé de se mettre à couvert. Là, face contre terre, le kommandant commença à regretter d'avoir donné la permission à Els de tirer à mort. Les cris d'agonie laissaient penser qu'il n'y était parvenu qu'à moitié. Tandis que les balles perdues ricochaient au-dessus de sa tête, le kommandant se creusait les méninges pour trouver qui pouvait bien agresser son assistant.

Dans le blockhaus, Els se posait la même question. Les cinq sinistres silhouettes qui avaient rampé au tournant de la route, le revolver au poing, avaient l'air si décidées à entrer subrepticement dans le parc qu'il avait tiré sans hésiter sur les deux premières. La giclée de balles qui lui avait répondu à travers la haie de troènes lui avait paru justifier amplement son action. Bien à l'abri dans le blockhaus il ouvrit les boîtes de munitions, se préparant à une longue bataille.

Dix minutes plus tard, les hommes en civil furent rejoints par douze autres, et Els s'employa à défendre le portail avec un plaisir qui confirmait pleinement sa prévision antérieure : l'après-midi serait finalement bien digne d'intérêt.

Le lieutenant Verkramp avait eu son lot d'ennuis en tout genre. En voulant mettre en application les ordres du kommandant van Heerden, il s'était heurté à une foule de problèmes. Il avait déjà été difficile de rassembler les soldats de Piemburg au grand complet, sans oublier les malades et les blessés, le jour de leur match de rugby. Et quand il y était parvenu, il avait dû leur expliquer où ils allaient et pourquoi. Le kommandant avait omis de lui fournir les raisons de l'expédition, et il ne pouvait que tirer des conclusions personnelles. Les deux seuls points certains qu'il avait glanés dans le fatras de mensonges du kommandant étaient qu'une épidémie de rage s'était déclarée à Jacaranda en même temps que la peste bubonique. Combinaison de maux si meurtriers qu'il était absolument délirant d'en faire approcher six cents hommes en bonne santé. A son avis, il eût été plus judicieux de les envoyer dans la direction opposée. Il ne comprenait pas plus pourquoi six camions blindés étaient nécessaires pour enrayer l'épidémie, à moins que le kommandant n'ait pensé qu'ils pouvaient être utiles au contrôle des émeutes qui éclateraient sûrement quand la nouvelle serait connue de la population. L'ordre concernant les projecteurs ajoutait à la confusion du lieutenant. Il s'imaginait, forcément, qu'on allait les utiliser pour le dépistage nocturne des animaux atteints de la maladie, avant de les chasser avec les automitrailleuses.

Le discours qu'il finit par prononcer devant les hommes rassemblés n'était pas de nature à les rassurer, et ce n'est qu'après qu'il eut étouffé dans l'œuf plusieurs signes de rébellion que la colonne de camions et de fantassins se mit finalement en route.

Ainsi la petite troupe, précédée de six automitrailleuses ornées des panneaux de la peste et de la rage, suivit des chemins de terre avant de traverser la bourgade de Vlockfontein, suscitant un intérêt des plus gratifiants pour les hommes entassés dans les camions, mais certainement tout contraire à ce qu'avait préconisé le kommandant van Heerden.

Les panneaux de la peste bubonique provoquèrent une inquiétude folle dans Vlockfontein, pour faire place à une terreur plus grande encore à la vue de ceux de la rage qui précédaient immédiatement les camions de chiens policiers non dressés (dans l'énervement, l'un d'entre eux se libéra et sauta du camion pour mordre un jeune garçon qui lui avait fait des grimaces. Dans la panique qui suivit, le chien s'affola, mordit plusieurs autres personnes, plusieurs autres chiens, et finit par disparaître dans une allée à la poursuite d'un chat). Quelques minutes plus tard, le convoi fut arrêté par le maire qui insistait pour que le chien fût abattu avant de contaminer d'autres personnes. Verkramp affirma que l'animal était en parfaite santé, mais il ne convainquit personne. Vingt-cinq minutes plus tard environ, le chien fut tué par un propriétaire irascible de l'autre côté de la ville.

Entre-temps, dans sa quête désespérée d'un abri, il avait traversé ventre à terre mille cours et jardins tout en restant hors de vue, de sorte que ses poursuivants ne pouvaient suivre ses allées et venues supposées que d'après les aboiements et les grognements des chiens de garde. Comment s'étonner, dès lors, que l'idée se soit répandue que le chien policier avait contaminé la gent canine de la ville dans sa totalité ? Conviction qui fut confirmée au-delà de tout soupçon par le comportement bizarre des chiens de Vlockfontein. Ceux-ci, partageant l'excitation générale, jappaient, aboyaient, et tiraient tout ce qu'ils pouvaient sur leur laisse. Bref, ils se comportaient très exactement de la manière inhabituelle dont les publications sur la rage prévenaient de se méfier.

Le convoi quittait Vlockfontein quand le calme de l'après-midi fut déchiré par le bruit des coups de feu annonçant le massacre de la population canine. Le garçon qui était à l'origine de cette affaire témoignait, quant à lui, de la nature extrêmement douloureuse des piqûres antirabiques par des hurlements qui se joignaient à ceux des chiens agonisants. Plus tard dans la soirée, la découverte de plusieurs rats morts (tués par des chiens essayant désespérément de prouver leur utilité) ne fit qu'ajouter à l'impression de désastre imminent qui régnait parmi les Vlockfonteiniens. Des rats crevés — ils le tenaient des plaquettes sur la peste bubonique — étaient le premier signe de la présence de la Mort Noire. A la nuit tombante, Vlockfontein n'était plus qu'une ville fantôme souillée par les corps de chiens sans sépulture, tandis que les routes menant à Piemburg étaient encombrées de voitures dont les conducteurs présentaient tous les symptômes d'une hystérie collective. Il était maintenant clair que l'objectif visé par le kommandant van Heerden en préconisant ce détour n'était pas atteint.

Il n'en était pas de même pour le konstable Els. C'était le moins qu'on pût dire. Son tir, habituellement précis, s'était fait infaillible. Les pertes des hommes en civil augmentaient si rapidement que ces derniers durent abandonner leurs positions les plus avancées et se réfugier dans la haie. Là, ils cherchèrent une solution pour circonvenir le buisson meurtrier qui faisait si éminemment obstacle à l'exercice de leur fonction.

Dans l'esprit de Els il commençait à devenir clair qu'il ne s'agissait plus d'une simple échauffourée, mais d'un événement extraordinaire dans sa vie de défenseur de la loi et de l'ordre. Il écoutait sans crainte s'écraser contre les murs du blockhaus les balles qui pleuvaient dru comme à Gravelotte. De temps à autre il jetait un œil par la chicane donnant sur le parc pour vérifier si personne n'avait réussi à se frayer un chemin par-derrière, mais il n'y avait rien en vue.

Inquiétude bien inutile. Sir Theophilius avait parfaitement prévu cette éventualité et fait creuser un fossé très profond qui courait d'un blockhaus à l'autre tout autour du parc. Comme la plupart des inventions stratégiques du gouverneur, ce stratagème défensif était si traître et camouflé que ceux qui avaient le malheur de quitter la route pour s'en approcher ne pouvaient se rendre compte de son existence que lorsqu'ils étaient déjà empalés sur les terribles pointes d'acier alignées sur son fond de béton. Les hommes en civil perdirent ainsi deux des leurs avant de renoncer à contourner le blockhaus.

Les hurlements qui firent suite à cet essai réjouirent le konstable Els qui pensa avoir marqué deux nouveaux buts dans des parties de l'anatomie humaine dont il ne doutait pas un instant qu'elles fussent atrocement sensibles. Sa performance l'étonna tout de même un peu. Il n'avait pas tiré depuis plusieurs minutes, et qui plus est pas dans la direction des cris. Il décida donc de revérifier ses arrières et arriva à la chicane qui donnait sur le parc juste à temps pour voir le kommandant van Heerden quitter sa cachette et détaler à une vitesse remarquable pour un homme de son âge. Ce dernier avait entendu les hurlements et en avait conclu, dans son affolement, qu'il était temps d'abandonner la sécurité de son abri et de retourner à la résidence pour essayer de savoir ce que foutait ce crétin de Verkramp.

Quelles qu'aient été les raisons du kommandant, et le konstable ne pouvait les connaître, Els fut désespéré de voir son unique allié potentiel détaler comme un lapin. Il se dit qu'il lui fallait absolument utiliser le gros fusil s'il ne voulait pas mourir seul et abandonné aux mains des têtes brûlées sur la route. Il s'aperçut alors que les buissons bougeaient sur la colline d'en face et se décida à tirer une bonne rafale. Il installa donc dans la meurtrière le gros fusil à canons multiples, visa bien les buissons derrière lesquels se cachaient les hommes en civil, et appuya doucement sur la détente.

La détonation qui suivit présenta une qualité sismique qui fut pour Els (quand il put se relever, le recul l'ayant projeté au sol) une surprise totale. Non qu'il ne l'eût déjà entendue, mais la première fois il avait été un peu distrait par les attentions du doberman. Cette fois il était mieux à même d'apprécier les qualités de son arme.

Le visage décomposé et les tympans en bouillie, il observa son œuvre avec un sentiment de satisfaction qu'il n'avait jamais éprouvé auparavant. Pas même le jour où il avait tué deux Cafres avec une seule balle. Ç'avait été un triomphe. Là, c'était un chef-d'œuvre.

Les quatre canons du fusil avaient explosé simultanément, et l'énorme portail de fer forgé de la résidence s'était effrondré, méconnaissable amas tordu et fumant de métal à moitié fondu. Les montants de pierre s'étaient volatilisés. Les marcassins rampants sculptés dans le granit, qui avaient surplombé les montants, ne ramperaient plus jamais. Quant à la route elle-même, elle témoignait de la chaleur des gaz de projection des balles par quatre traînées de goudron fondu et luisant qui se précipitaient vers ce qui avait été les épais buissons qui lui cachaient ses adversaires. Els ne pouvait plus se plaindre de ne pas voir ce qu'il tirait.

Ses ennemis n'étaient vraiment plus à couvert. La colline, dénudée, stérilisée, roussie, avait peu de chances de retrouver jamais son allure originelle. Pour ce qui était des cinq objets qui la souillaient, aucun doute n'était permis. Dénudés, stérilisés et atrocement mutilés, les cinq policiers en civil qui avaient cherché refuge dans les buissons avaient maintenant besoin d'un tout autre refuge. Ils étaient morts sur le coup, ce qui, dans une certaine mesure, était une chance, car certains de leurs camarades survivants — Els le nota avec plaisir — erraient en tous sens, nus et noircis, dans un état de confusion mentale évidente. Els profita de leur état de choc et de leur désarroi pour en farcir deux du plomb de son revolver sans s'étonner du peu d'intérêt qu'ils portèrent à leurs nouvelles blessures (elles semblaient plutôt banales après les ravages du gros fusil). Ceux qui n'avaient pas eu à subir les effets du tir entraînèrent leurs collègues, nus et hébétés, hors du champ d'action de Els, et se laissèrent rouler jusqu'au pied de la colline où ils attendirent l'arrivée du convoi pour reprendre l'attaque du buisson de troènes.

Debout dans la tourelle de la première voiture blindée, le lieutenant Verkramp avait bien entendu l'explosion, mais il avait aussitôt acquis la conviction que des saboteurs avaient fait sauter le dépôt de munitions du camp. Cela ne le surprenait pas outre mesure, après le chaos et la panique provoqués par le passage du convoi dans la campagne. Il regarda alors en bas, vers la ville, mais ne vit rien qui justifiât sa supposition. Piemburg s'étalait heureusement dans sa vallée paisible et calme, sous un ciel d'azur sans nuage. Le seul objet inhabituel qu'il pût remarquer avec ses jumelles était une file ininterrompue de voitures qui sortaient lentement de Vlockfontein par la grand-route.

« Un cortège funèbre », se dit-il.

Intrigué par la longueur extraordinaire dudit cortège, il se demanda quand même quel grand homme avait bien pu mourir. A la sortie du virage suivant, quand il aperçut le petit groupe d'hommes nus et hystériques, il comprit enfin que les instructions délirantes du kommandant van Heerden n'étaient peut-être pas sans fondement. Ce qui se passait à Jacaranda méritait certainement l'extraordinaire déploiement de force que représentait le convoi. Il leva la main et le corps expéditionnaire fit halte en grinçant.

— Bon Dieu, mais que s'est-il passé ? demanda-t-il.

Il n'était pas besoin de demander COMMENT ça s'était passé. Les hommes du groupe, nus et noircis, avaient l'air assez piteux comme cela.

— Quelque chose nous a tiré dessus, réussit enfin à laisser échapper l'un d'entre eux.

— Comment ça, quelque chose ? gronda Verkramp.

— Un buisson. Le buisson, là-bas, près de l'entrée. Chaque fois que quelqu'un s'en approche, il tire.

— Un buisson ? Vous voulez dire quelqu'un qui s'y cache ! Pourquoi n'avez-vous pas répondu ?

— Ben merde, alors ! qu'est-c'qu'vous croyez ! Et y a personne qui s'cache derrière c'buisson. Parole d'honneur, on a balancé des centaines d'balles dans c'putain d'buisson et i'continue d'nous tirer d'ssus. Moi, c'que j'en dis, c'est qu'ce buisson il est ensorcelé.

Le lieutenant observa la route d'un air perplexe. Il n'allait pas s'en laisser conter avec cette histoire de buisson ensorcelé, mais il comprenait bien que quelque chose de tout à fait extraordinaire avait fait de ses hommes des êtres pitoyables. Il mourait d'envie de leur dire qu'ils avaient perdu la tête, mais comme ils semblaient avoir perdu le reste aussi, il préféra se retenir. Le moral de la troupe était une chose importante, et qui le hantait depuis leur départ du campement. Un seul faux pas et ce serait la panique. Il décida de donner l'exemple.

— Je veux deux volontaires, dit-il au sergent De Kock.

Puis, tandis que le sergent allait contraindre à se porter volontaires deux gendarmes retardés mentaux, il se tourna vers les policiers en civil.

— Où est le buisson ? demanda-t-il.

— De l'autre côté du portail. Vous ne pouvez pas le manquer, lui dirent-ils. Il ne vous manquera pas non plus.

— C'est ce que nous verrons, murmura le lieutenant.

Après s'être extrait de l'automitrailleuse, il se prépara pour la reconnaissance. Il avait suivi des cours de contre-guérilla à Pretoria et était passé maître dans l'art du camouflage. Quand il en eut terminé et qu'il se mit à ramper avec les deux volontaires le long de la route, vers le buisson de troènes, les trois hommes ressemblaient parfaitement eux aussi à trois petits buissons. Pas particulièrement bien taillés, il est vrai, et sûrement pas autant à l'épreuve des balles. Mais quoi que le camouflage pût cacher, il était absolument impossible d'y reconnaître, même de près, trois hommes en uniforme de l'armée sud-africaine.

6

Quand le konstable Els tira son coup de feu, le kommandant van Heerden venait juste de s'arrêter sous un grand chêne pour reprendre son souffle et se donner le courage de remonter jusqu'à la résidence. L'écho de la détonation résolut la question. D'ailleurs, le vautour qui semblait attendre son heure dans les branches au-dessus de lui fut si affolé par le bruit qu'il prit son envol en battant sinistrement des ailes. Le kommandant comprit que la compagnie de Jonathan Hazelstone serait infiniment moins dangereuse que l'holocauste déclenché par le konstable Els à l'entrée du domaine. Il quitta le couvert de l'arbre et se mit à courir lourdement, évoquant à s'y méprendre les pachydermes affolés pour l'extermination desquels le gros fusil avait été conçu.

Derrière lui, un silence de mort venait de s'installer sur le parc. Devant lui, le kommandant n'avait d'yeux que pour l'élégante et longue silhouette de miss Hazelstone, debout sous le porche. Elle semblait chercher quelque chose dans le ciel sans nuage de cette fin d'après-midi. Quand le kommandant la dépassa pour s'engouffrer dans le salon, il l'entendit qui disait :

— Il me semble avoir entendu le tonnerre. Je suis sûre qu'il va pleuvoir.

« Qu'il est bon de se retrouver dans un monde rationnel ! », pensa le kommandant en se laissant tomber, épuisé et avachi, dans un fauteuil.

Miss Hazelstone cessa d'observer le coucher du soleil et entra dans la pièce. Il émanait d'elle une sérénité, un calme face aux choses de la vie qu'elle était bien seule à éprouver (c'était en tout cas l'impression du kommandant), de tous ceux qui avaient vécu les événements de l'après-midi à Jacaranda. On ne pouvait pas en dire autant de Els. Quelle que fût la forme de vie qui s'était approchée de lui, le moins que l'on pût dire était qu'il l'avait abordée avec un minimum de sérénité. La seule consolation que le kommandant en tirait était qu'à en juger par le bruit, Els s'était fait sauter en même temps que la moitié du voisinage.

Miss Hazelstone se dirigea pensivement vers son fauteuil à bascule, dans une attitude de douce mélancolie, s'y installa et tourna un visage empreint de la plus profonde révérence vers une toile accrochée au-dessus de la cheminée.

— C'était un homme d'une grande bonté, dit-elle enfin dans un souffle.

Le kommandant suivit son regard et observa la peinture. C'était le portrait d'un homme vêtu d'une longue robe, qui se tenait devant la porte d'une maison, une lanterne à la main. Le kommandant en déduisit qu'il s'agissait d'un autre portrait de sir Theophilius, réalisé cette fois — à en juger par sa robe — à l'époque où le grand homme servait en Inde. Le tableau s'intitulait *La Lumière du monde*, ce qui parut un peu gros au kommandant malgré toute l'admiration qu'il pouvait avoir pour le vice-roi. Toutefois, il se sentit obligé de dire quelque chose.

— J'en suis persuadé, fit-il avec sympathie. Et aussi un très grand homme.

Pour la première fois, miss Hazelstone lui lança un regard de gratitude et de respect.

— Je ne savais pas, murmura-t-elle.

— Oh, c'est tout juste si je ne le vénérais pas, poursuivit le kommandant qui ajouta après réflexion : il savait s'occuper des Zoulous, pour sûr.

Il fut très surpris de voir miss Hazelstone se mettre à sangloter de plus belle dans son mouchoir. Prenant ses larmes pour une marque supplémentaire de sa dévotion pour son grand-père, il s'engagea plus avant.

— Je regrette qu'il n'y en ait pas plus comme lui de nos jours, fit-il.

Une fois encore, il fut gratifié d'un regard reconnaissant par miss Hazelstone.

— La moitié des problèmes du monde seraient réglés s'il était encore parmi nous.

Il s'apprêtait à dire qu'il les pendrait par douzaines, mais il se rendit compte que ce serait sans doute une gaffe d'aborder le sujet de la pendaison en raison du sort qui menaçait son propre frère. Aussi se contenta-t-il d'ajouter :

— Il aurait vite fait de leur apprendre...

Miss Hazelstone acquiesça.

— Oh oui, c'est certain. Je suis si heureuse, kommandant, que vous-même voyiez les choses ainsi.

Le kommandant ne comprenait pas très bien pareille emphase. Il trouvait tout à fait normal qu'un officier approuvât les méthodes de sir Theophilius à l'endroit des criminels. Après tout, le goût du juge Hazelstone pour la pendaison et le fouet ne lui était pas venu au berceau. Ce n'était un secret pour personne que le vieux sir Theophilius s'était fait un devoir de veiller à ce que son fils développât un penchant pour les sévices corporels dès son plus jeune âge en les lui infligeant dès la naissance. Le mot devoir ramena le kommandant à sa vilaine tâche. Il jugea le moment aussi bon qu'un autre pour révéler à miss Hazelstone qu'il savait que son frère Jonathan avait tué Fivepence. Il se leva et reprit le jargon policier.

— J'ai de bonnes raisons de croire..., commença-t-il.

Mais miss Hazelstone ne le laissa pas poursuivre. Elle se leva à son tour et le regarda avec ravissement. C'était une réaction à laquelle il ne s'attendait pas et qu'il n'appréciait pas vraiment. Tout de même, il s'agissait de son frère, et à peine une heure plus tôt, elle n'avait pas hésité à s'accuser du meurtre pour le couvrir ! Il reprit :

— J'ai de bonnes raisons de croire...

— Oh, moi aussi, moi aussi je crois ! N'est-ce pas le cas de tout le monde ?

Cette fois, miss Hazelstone emprisonna les grandes mains du kommandant dans ses petites mains à elle et le regarda dans les yeux.

— Je le savais, kommandant. Je l'ai su tout de suite.

Le kommandant n'avait pas besoin d'explications. Bien sûr, elle l'avait su tout de suite, sinon, pourquoi avoir cherché à couvrir la brute ? Au diable les formalités, pensa-t-il.

— Je suppose qu'il est encore là-haut, dans la chambre ? fit-il.

Miss Hazelstone afficha une expression de totale perplexité que le kommandant prit pour une marque de reconnaissance envers ses talents de détective.

— Là-haut ? s'étrangla-t-elle.

— Oui. Dans la chambre au dessus-de-lit rose.

L'étonnement de miss Hazelstone était complet.

— Dans la chambre rose ?! balbutia-t-elle, en s'éloignant de lui.

— Ça n'est pas un spectacle très réjouissant, malheureusement, poursuivit le kommandant. Il est saoul comme une bourrique.

Miss Hazelstone était au bord de l'hystérie.

— Comme une bourrique ? réussit-elle à hoqueter enfin.

— Imbibé. Ivre mort et couvert de sang. Coupable jusqu'au bout des ongles.

Miss Hazelstone n'en pouvait plus. Elle se précipita vers la porte, mais le kommandant y arriva avant elle.

— Ah non ! Pas question que vous montiez le prévenir. Il faut qu'il paye pour son crime !

Il était intimement persuadé que le type n'y était plus. Même ivre mort, il ne pouvait pas ne pas avoir été réveillé par l'explosion. Mais c'était un malade mental, et allez savoir avec les fous !... Leurs actes étaient tout ce qu'il y a de plus imprévisible. Il reconnaissait d'ailleurs dans le comportement de miss Hazelstone les mêmes symptômes d'irrationalité et d'imprévisibilité. Et certains signes laissaient entendre qu'elle risquait d'agir d'une manière peu amène et peu tendre.

— Allons, allons, chère miss Hazelstone. Il est des choses qu'il faut savoir accepter, fit-il pour la calmer.

Mais elle ne savait qu'une chose : pour rien au monde elle n'accepterait de rester auprès de ce gros porc suant qui pensait que le Christ était couché, ivre mort et plein de sang, dans la chambre rose. Elle voulait bien admettre qu'il y avait une certaine dose d'irrationalité dans sa propre psyché, mais ce n'était rien en comparaison des indices de folie incurable qu'affichait le kommandant. Elle s'écarta de lui d'un bond, blême et baragouinante, se saisit d'un cimeterre ornemental qui pendait au mur, et le brandit à deux mains au-dessus de sa vieille tête grise.

Le kommandant fut totalement pris au dépourvu. La chère vieille dame qui avait pris ses deux mains dans les siennes en le dévisageant avec tendresse s'était soudain transformée en une sorte de derviche tourneur prêt à le couper en deux à l'aide d'un monstrueux couteau.

— Allons, allons ! fit-il, incapable d'adapter son propos à cette nouvelle, et ô combien terrifiante, situation.

L'instant d'après, il lui parut que miss Hazelstone avait pris son « Allons, allons ! » pour un désir de mort rapide. Elle avançait vers lui de côté, comme un crabe.

En fait, elle essayait d'atteindre la porte du hall d'entrée.

— Écartez-vous, lui enjoignit-elle.

Le kommandant, trop heureux d'éviter ainsi de se retrouver pourfendu, fit un bond de côté. Ce faisant, il entra en collision avec un grand vase chinois qui vacilla sur son socle avant de s'écraser au sol. Pour la seconde fois, miss Hazelstone fit preuve de cette faculté qu'elle avait de changer brusquement d'expression, ainsi que le kommandant l'avait remarqué. Mais là elle était, à franchement parler, folle à lier.

— Le Ming ! Le Ming ! hurlait-elle.

Pensant qu'il s'agissait d'une arme indescriptiblement puissante accrochée à portée de main sur le mur de la galerie, le kommandant fila de nouveau à travers le parc, mais cette fois en direction de la fusillade qui recommençait au portail principal, et qu'il accueillit comme le signe d'une saine et bienveillante violence.

Tout en courant il remercia sa bonne étoile : la nuit venait de tomber, masquant les traces de sa fuite.

Le premier indice grâce auquel le konstable Els — encore sous l'effet de la satisfaction que lui procurait son adresse au tir — reconnut que plusieurs faits nouveaux intervenaient dans le petit domaine de civilisation occidentale qu'il défendait si virilement lui apparut quand le soir se mit à tomber sur les grilles tordues du parc. Il était en train de siffler une rasade de cognac *Vieux Rhino* pour se protéger du froid de la nuit, quand il entendit un bruit étrange au-dehors. Une sorte de grattement. Il pensa tout d'abord qu'un porc-épic devait se frotter contre la porte blindée du blockhaus, mais quand il ouvrit celle-ci, il ne vit rien. Le bruit, lui, se rapprochait, semblant provenir d'une haie plus bas sur la route. Il en était arrivé à la conclusion qu'un rhinocéros atteint d'urticaire cherchait sans doute à soulager ses irritations en se roulant dans un buisson d'épines, quand il vit trois massifs de verdure, remarquablement agiles, traverser précipitamment la route. Apparemment, un nouvel affrontement se préparait.

Il réfléchit à la situation. Il avait repoussé une première attaque à coups de revolver et avait décimé les assaillants de la seconde à l'aide du gros fusil. Il se dit qu'il était grand temps de passer à l'offensive. A la nuit tombante il quitta la sécurité du blockhaus et, son pistolet au poing, se mit à ramper silencieusement vers ses adversaires dont la progression polyphonique couvrait largement le peu de bruit qu'il était susceptible de faire.

Quand le lieutenant Verkramp et les deux volontaires eurent crapahuté un kilomètre et demi en direction du sommet de la colline, Verkramp se prit à regretter de n'avoir pas utilisé l'automitrailleuse, et même à douter de l'intérêt de tout ce foutu exercice. Il faisait déjà si noir que, s'il ne risquait pas de manquer le buisson qui causait tant de problèmes, il pouvait fort bien ne pas le voir. Ses mains étaient en sang, et il avait déjà croisé deux vipères et un cobra à distance d'un jet de salive, ce qui était tout à l'honneur de son art du camouflage mais dont il se serait bien passé. Il n'avait jamais encore pris conscience de la richesse et de la variété de la faune qu'abritaient les haies de Piemburg.

L'araignée qui l'avait mordu sur le nez, alors qu'il essayait de se dégager de sa toile, était d'une taille et d'une malveillance qu'il n'aurait jamais crues possibles s'il n'en avait été le témoin semi-oculaire (son autre œil ayant été obturé par les trois pattes que l'araignée y avait solidement calées le temps d'injecter cinquante centimètres cubes de venin toxique dans sa narine gauche). Il avait failli faire demi-tour car le poison gagnait rapidement du terrain et, même après que l'araignée géante eut daigné libérer sa cornée, il n'y voyait toujours rien. Le côté gauche de son visage était animé de pulsations alarmantes, et son sinus plein d'un liquide caustique. Il fallait que l'expédition aboutisse vite, avant que son appareil respiratoire cesse complètement de fonctionner. Aussi le lieutenant et ses deux hommes accélérèrent-ils leur avancée, parmi les broussailles infestées.

Pendant ce temps Els, qui rampait avec moins de précipitation et une plus grande discrétion, avait découvert le terrible fossé de sir Theophilius et pu savourer en connaisseur son dernier carnage. Allongé dans l'herbe, il chercha comment il pouvait satisfaire l'appétit manifestement insatiable du monstrueux produit des angoisses de sir Theophilius. Les bruits en provenance de la haie semblaient indiquer que ses ennemis étaient déjà en proie à une vive inquiétude. Aux craquements de brindilles qui avaient accompagné leur progression s'ajoutaient maintenant des gémissements ponctuels et ce qui semblait être un catarrhe chronique. Els n'attendit pas plus longtemps. Rampant sans bruit, il évita le fossé fatal et se posta dans l'herbe, sur le bord de la route.

Pour le lieutenant Verkramp, qui rampait toujours obstinément dans sa haie, il n'y avait rien d'anormal ni de menaçant. Son nez le faisait bien souffrir, et le venin de l'araignée s'était répandu si vite qu'après ses yeux ses oreilles se mettaient maintenant à le tracasser, mais si son monde intérieur était plein de flashes et d'étranges roulements de tambour, à l'extérieur tout était paisible et silencieux. Au-dessus de sa tête les étoiles brillaient, et les lumières de Piemburg donnaient au ciel, depuis la vallée, un éclat orangé. Celles de Jacaranda lui faisaient de l'œil à travers le parc. Les criquets chantaient, et le murmure de la circulation, au loin, flottait doucement jusqu'à lui depuis la route de Vlockfontein. Rien ne préparait le lieutenant Verkramp à l'horreur qui devait le frapper si soudainement.

Et pas seulement dans son corps. Ce fut bien pire. Il y avait, à la limite, quelque chose de fantasmagorique dans le cri qui explosa à son oreille endommagée, et dans la silhouette effroyablement difforme et malveillante qui se dressa devant lui. Il ne put pas voir ce que c'était, ne percevant qu'une haleine écœurante lorsque éclata le hurlement démoniaque, maléfique, qui provenait — il n'en douta pas un instant — des profondeurs mêmes de l'enfer. Tous ses doutes à propos du buisson ensorcelé disparurent en un clin d'œil, et le temps d'un autre clin d'œil il bascula dans le trou même de l'enfer. L'écho de ses cris traversa le parc tout entier. Embroché sur les pointes d'acier au fond du fossé, le lieutenant Verkramp était à moitié mort de peur et de souffrance. Il leva les yeux au ciel et comprit définitivement qu'il était damné quand, dans son délire, il aperçut un visage qui se penchait sur sa tombe, un visage diaboliquement satisfait. Ce visage était celui de Els... Le lieutenant s'évanouit.

Ses deux compagnons, eux, avaient déjà dévalé toute la colline. Ils avaient pris vite fait la poudre d'escampette, laissant derrière eux, outre le lieutenant, une traînée de feuilles, branches, casques, bref tout le barda de leur profession. Une telle hâte n'était pas nécessaire. La nouvelle de la Rencontre du troisième type les avait précédés. Le hurlement du konstable, terrifiant jusque dans le *diminuendo*, était même parvenu jusqu'aux voitures qui encombraient toujours la route de Vlockfontein.

Les hommes de troupe, qui se prélassaient près des camions et des automitrailleuses, se raidirent. Ceux qui étaient en train d'installer les panneaux de la rage et de la peste s'arrêtèrent de travailler pour scruter la nuit dans l'espoir de comprendre quelle nouvelle catastrophe venait de provoquer le buisson meurtrier. Jusqu'aux chiens policiers qui cherchèrent à rentrer sous terre en l'entendant. Le kommandant van Heerden, qui se trouvait au milieu du parc pour échapper au Ming, ne put s'empêcher de marquer un temps d'arrêt. Quiconque avait entendu ce hurlement n'était pas prêt de l'oublier.

Si le konstable avait été abasourdi par les effets du gros fusil, il l'était plus encore devant le résultat de son expérience de guerre psychologique. Son interprétation du mort-vivant avait parfaitement porté ses fruits parmi ses ennemis végétaux. Toutefois, tandis qu'il écoutait les cris faiblissants qui sortaient de la fosse, l'ombre d'un doute traversa momentanément son esprit. Il y avait dans ces cris un petit quelque chose, un je-ne-sais-quoi, qui lui était vaguement familier. Il se pencha au-dessus du fossé, en scrutant le fond, et ne put apercevoir qu'un visage à travers le feuillage qui le couvrait. Là encore, le visage lui était vaguement connu. Nonobstant le nez empâté et les joues bouffies, on aurait pu croire qu'il s'agissait du lieutenant Verkramp. A l'idée du lieutenant couché sur les pointes d'acier, Els s'adressa un sourire en coin. « Ça serait bien fait pour ce salopard ! Il m'a laissé de service toute la nuit alors que j'aurais dû être relevé depuis des heures ! » se dit-il en réintégrant le blockhaus.

Il siffla une nouvelle lampée de cognac et s'apprêtait à remettre la bouteille dans sa poche revolver quand il entendit quelque chose qui le fit se précipiter à la meurtrière. Quelque chose s'approchait sur la route. Un véhicule dont le bruit familier accrocha son oreille. Pas de doute possible, c'était une automitrailleuse. « Enfin, c'est pas trop tôt ! » pensa Els quand les phares balayèrent le virage, éclairant une seconde les corps gisant sur le flanc de la colline opposée. Un moment plus tard, une nouvelle lumière entra en scène. Celle d'un projecteur qui, après avoir exploré la nuit, transforma le buisson de troènes en tache brillante au milieu d'un monde complètement noir.

— Eh bien, bordel de merde ! Il faudrait voir à ne pas abuser ! hurla Els dans la nuit.

Mais avant qu'il ait pu ajouter quoi que ce fût, le buisson se désintégra tout autour de l'abri. Quand les balles se mirent à déchiqueter les murs du blockhaus, et la meurtrière à flamboyer sous les balles traçantes, il comprit qu'il s'était fait avoir. Ce n'était pas la relève. Dans un dernier effort désespéré, il pointa le gros fusil sur l'automitrailleuse. Il attendit pour tirer que le véhicule ne soit plus qu'à une dizaine de mètres du portail, puis il appuya sur la détente. Il tira et tira encore et, avec un mélange de plaisir et d'admiration, vit s'arrêter en crissant et commencer à se désintégrer le grand véhicule blindé qui se profilait dans la lumière des projecteurs. Ses canons s'étaient tus, ses pneus n'étaient plus que des lambeaux de caoutchouc, et les restes de ses occupants s'écoulaient, lentement mais régulièrement par la centaine de perforations qui lui trouaient les flancs. Un seul homme était encore en état de sortir de l'engin. Quand celui-ci émergea convulsivement de la tourelle, Els fut frappé de stupeur à la vue de l'uniforme et de la casquette de la police sud-africaine. L'homme retomba dans la tourelle. Pour la première fois, Els prit clairement conscience de l'énormité de sa gaffe : il était bon pour le bagne. Il tira un dernier coup, et le projecteur vola en éclats dans la nuit. Alors, avec l'énergie du désespoir, il ramassa toutes les preuves de sa récente occupation des lieux, sortit du blockhaus en trébuchant, et, tout en traînant son affreux complice, il se faufila dans le parc.

Derrière lui la passoire blindée explosa. Tandis qu'il se précipitait vers Jacaranda, le ciel nocturne s'éclaira de flammes brillantes et du feu d'artifice de l'explosion des munitions.

7

A l'intérieur de la maison, Jonathan Hazelstone chantait dans son bain. Il portait un bonnet pour protéger de l'eau ses oreilles délicates. Aussi, le bonnet s'ajoutant à sa surdité partielle, chantait-il beaucoup plus fort qu'il ne le pensait. Il n'entendit donc rien de la bataille qui accompagnait son interprétation de *Allons, soldats du Christ*. Autour de lui l'eau rosie de sang tournoyait et tourbillonnait, se soulevant en vagues tempétueuses sous l'onde de choc déclenchée par le coup de fusil. Mais Jonathan Hazelstone n'avait pas de temps à perdre avec ces broutilles. Il n'était préoccupé que de sa conscience. Honte et orgueil coupable se mêlaient dans sa pensée, avec, par-dessus tout, l'affreux souvenir de ce qui venait de se passer.

Il essaya d'oublier cette sale histoire mais elle lui revenait sans cesse à l'esprit. Malgré ses remords, il ne put s'empêcher de sourire. Après tout, pensa-t-il, peu de gens pouvaient se vanter d'avoir fait ce qu'il avait fait et de s'en être tirés. Non qu'il eût le moins du monde envie de clamer son exploit. D'ailleurs il avait atrocement souffert, ce qui rendait son acte presque pardonnable. « *Vieux Rhino* », évoqua-t-il en frissonnant. Il était en train de se dire qu'il fallait prévenir le cuisinier de ne jamais plus utiliser une telle saloperie dans la cuisine, quand il se souvint qu'il n'y avait plus nul cuisinier à prévenir.

Il observa tristement les marques roses au bord de la baignoire et se dépêcha d'en sortir. Il la nettoya à grande eau, la remplit à nouveau en y ajoutant des sels de bains, et se réinstalla dans l'eau chaude pour réfléchir au moyen de contrecarrer l'effet des événements de l'après-midi. Il savait qu'il était vraiment dans le pétrin. Bien sûr, sa sœur avait promis de faire une confession complète à la police, ce qui était bien mais ne l'aiderait pas à s'en sortir indemne. Il y aurait forcément des répercussions, et cette affaire n'était pas pour l'aider dans sa carrière. Sale affaire ! Non qu'il eût jamais éprouvé beaucoup de sympathie pour ce connard de cuisinier. S'il n'avait tenu qu'à lui, rien de tout cela ne serait arrivé. Mais il y avait des choses qu'il ne pouvait tolérer. Et la perversion en était une.

Le kommandant van Heerden aurait partagé ces sentiments s'il les avait connus, mais à ce moment-là, il songeait seulement que c'en était fini de sa carrière d'officier, et probablement aussi de sa liberté. L'explosion qui avait annoncé la fin de l'automitrailleuse l'en avait convaincu. Disgracié, cassé, et inculpé pour complicité avant, pendant et après le meurtre du policier qui était sûrement tombé sous les rafales de Els au portail principal, il allait devoir passer le reste de sa vie en prison en compagnie de gens qui lui gardaient une dette d'ingratitude qu'aucune souffrance, quelle qu'elle fût, ne pourrait jamais payer. Le jour où il entrerait à la prison de Piemburg ne serait probablement pas le dernier, mais certainement le plus atroce de sa vie. Dans les cellules du commissariat de Piemburg, trop de gens avaient signé des confessions sous les tortures de Els pour qu'il puisse se réjouir de leur compagnie.

Il fut secoué par un bref sanglot, puis chercha un moyen de se sortir du guêpier dans lequel Els l'avait fourré. Il ne restait plus qu'une chose à faire : capturer le meurtrier du cuisinier zoulou de miss Hazelstone. Non qu'il eût beaucoup d'espoir d'y arriver, ni que cela justifiât le bain de sang dont Els était l'auteur. Non, ce dernier serait condamné pour son crime, mais il y avait peut-être une petite chance qu'il accepte de plaider la démence. A la réflexion, il n'y avait aucune raison que ce crétin plaide quoi que ce soit. Il était complètement fou. Les faits parlaient d'eux-mêmes.

Ce mince espoir lui ayant redonné un peu de courage, malgré l'explosion des munitions de l'incinérateur à chenilles, le kommandant atteignit l'entrée du parc. Escaladant le tas de ferrailles tordues, il se mit à regarder tout autour de lui. Un voile de fumée noire assombrissait la nuit. Elle s'échappait de la tourelle ouverte de l'automitrailleuse et filtrait par les trous sur le côté. Malgré son affolement, le kommandant put prendre conscience de l'odeur qui en émanait. C'était une puanteur comme il n'en existait pas. Après avoir respiré une bonne dose de cette saloperie, le kommandant beugla dans la nuit :

— Konstable Els ! hurla-t-il. Konstable Els, où êtes-vous, bordel de Dieu ? ! se rendant compte de l'ineptie de sa question au moment même où il la posait.

Au point où il en était, il y avait peu de chance que Els se rendît. Il était plus probable qu'il expédierait son supérieur *ad vitam aeternam* avec la même délectation que ses camarades. Après un moment de silence, ponctué seulement par le sifflement des balles ricochant à l'intérieur de l'automitrailleuse, il se remit à crier.

— C'est votre commandant qui vous parle ! Je vous ordonne de cesser le feu !

Plus bas sur la route, l'ordre bizarre du kommandant van Heerden intrigua les hommes du convoi et leur mit au cœur une chaude bouffée d'admiration. Le kommandant se trouvait donc là-haut, près du portail, et il avait sûrement capturé le fou qui cherchait à les massacrer. Ils étaient assez surpris du tour des événements, car le kommandant n'était pas connu pour son courage physique. Lentement, par petits groupes, ils avancèrent vers lui.

Els suivait une tout autre direction et se creusait la cervelle pour trouver un moyen de sortir du pétrin. D'abord, il lui fallait cacher le fusil. Ensuite, il devait se concocter un alibi. A voir la taille de l'arme, il ne savait pas bien laquelle des deux tâches serait la plus difficile. Il se demandait s'il devait la reposer sous le porche, là où il l'avait prise, quand il se trouva en face d'un autre buisson de troènes. Sa récente expérience des buissons de ce genre lui avait appris que c'étaient des endroits rêvés pour y dissimuler des choses. Celui-ci protégeait une piscine. Els fit des yeux le tour du massif, puis, après s'être assuré que la piscine n'avait pas d'autre fonction que la sienne propre et qu'il ne s'agissait donc pas d'un autre piège de sir Theophilius, il se faufila de l'autre côté de la clôture et se dirigea vers une élégante construction qui se trouvait dans un angle. Il avança dans le noir à tâtons, puis gratta une allumette. A la lueur de sa flamme, il comprit qu'il s'agissait d'un vestiaire avec des patères tout le long des murs, et fut affolé de voir qu'un complet noir était accroché à l'une d'entre elles.

Il souffla vivement l'allumette et jeta un coup d'œil du côté du bassin. Le propriétaire du complet devait être dans les environs, en train de l'observer. Mais rien de plus inquiétant que le reflet des étoiles et de la lune se levant ne troublait la surface de l'eau. Autour du bassin, aucune ombre incongrue. Els comprit qu'il était bien seul avec un complet noir, un énorme fusil, et la nécessité de se forger un alibi.

« Les buissons de troènes semblent me porter chance », se dit-il. Et il se promit d'en planter un dans son jardin s'il arrivait à sortir vivant de ce mauvais pas.

Il gratta une autre allumette pour examiner les vêtements. Il pensa tout d'abord s'en servir pour se camoufler, mais le pantalon était bien trop grand pour lui, et la veste aurait pu faire office de manteau. Le gilet sans bouton l'intrigua jusqu'à ce qu'il tombe sur le faux col qui y était attaché. Plus question de s'affubler de ces vêtements ecclésiastiques. Els respectait trop la religion pour cela. Par contre, il les utilisa pour effacer ses empreintes sur le fusil. Expert en matière d'élimination des pièces à conviction, plus rien ne l'associait au fusil quand il en eut fini.

Vingt minutes plus tard, il quittait la cabine d'un pas vif et traversait nonchalamment le parc pour rentrer à Piemburg. Tout ce qui pouvait l'impliquer dans le massacre du portail se trouvait derrière lui. Le fusil était caché sous les habits du pasteur. Dans une poche du pantalon se trouvait son revolver. Quant aux poches de la veste, elles étaient bourrées de boîtes de cartouches vides qu'il avait soigneusement ramassées sur le sol du blockhaus. Pas une seule d'entre elles qui n'ait été méticuleusement essuyée. Aucun expert ès empreintes digitales ne pourrait prouver que Els s'en était servi. Enfin, il avait ajouté une touche de fantaisie en glissant la demi-bouteille de *Vieux Rhino* dans la poche intérieure de la veste. De toute façon elle était vide, et il n'avait que faire des bouteilles vides.

En glissant la bouteille dans la poche, il avait fait une découverte intéressante : un peigne et un portefeuille. En fouillant les autres poches, il avait mis la main sur un mouchoir et autres bricoles.

— Rien de tel que de faire du bon boulot, pensa-t-il en empochant ces objets.

Puis il se dirigea vers le blockhaus pour l'inspecter une dernière fois. Quand il l'eut atteint, il avait repris confiance. Les hommes de la troupe, livrés à eux-mêmes, regardaient brûler l'automitrailleuse. Personne n'était donc en mesure de le voir se glisser allégrement derrière le buisson de troènes avant de quitter les lieux sans hâte pour se diriger vers Piemburg. En chemin, il s'arrêta pour lire la pancarte qu'un groupe d'hommes était en train de fixer à coups de marteau.

Une heure plus tard, écumant et affectant tous les autres symptômes de la rage, il se présenta aux urgences de l'hôpital municipal. Avant qu'on ait réussi à le mettre au lit, il avait mordu deux infirmières et un médecin.

A l'entrée du parc de Jacaranda, le kommandant van Heerden présentait exactement les mêmes symptômes aux hommes qui l'entouraient, sous le nuage de fumée âcre. La disparition du lieutenant Verkramp le mettait particulièrement hors de lui.

— Porté disparu ? Comment ça, porté disparu ? hurla-t-il au sergent De Kock.

— Il est venu en reconnaissance jusqu'ici, mon kommandant, répondit le sergent.

— Vous êtes sûr qu'il n'est pas entré là-dedans ?

Le commandant désigna avec espoir l'automitrailleuse calcinée.

— Non, mon kommandant. Il s'était déguisé.

— Comment ? ! s'égosilla le kommandant.

— En buisson, mon kommandant.

Ce dernier ne pouvait en croire ses oreilles.

— Déguisé en buisson ? Quelle sorte de buisson ?

— Difficile à dire, mon kommandant. Pas très gros.

Le kommandant se tourna vers les hommes.

— Est-ce que l'un d'entre vous a vu un petit buisson dans les parages ?

Il se fit un silence dans la troupe. Tout le monde avait vu des petits buissions dans le coin, évidemment.

— Il y en a un juste derrière vous, mon kommandant, fit l'un des hommes.

Le kommandant se retourna pour voir ce qui restait du buisson de troènes. Il n'avait rien de Verkramp, camouflé ou pas.

— Pas comme ça, crétin, grinça-t-il. Un con de fourré à deux pattes.

— Je ne sais pas si ce buisson a déjà fourré quelqu'un, mon kommandant, et je ne crois pas qu'il sache marcher. Mais je suis sûr d'une chose, c'est qu'il sait tirer.

— Mais qu'est-ce que c'est que ces salades ? trancha le kommandant, tandis que les hommes autour de lui étaient pris de fou rire.

Le sergent De Kock l'éclaira :

— Le type qui a fichu en l'air l'automitrailleuse avait pris position dans le buisson.

Un instant plus tard, le kommandant jetait un coup d'œil à l'intérieur du blockhaus. Celui-ci était encore plein des fumées de poudre brûlée, mais le sens olfactif du kommandant put y détecter l'odeur pénétrante et familière du *Vieux Rhino*. Par terre, il trouva d'autres indices : un portefeuille, un peigne et un mouchoir. Le kommandant les ramassa et les porta précautionneusement à son nez. Ils étaient littéralement imbibés de cognac. Il ouvrit le portefeuille et y vit gravé en lettres d'or un nom qui, lui aussi, lui était familier : Jonathan Hazelstone.

Le kommandant ne perdit pas une minute. Après avoir quitté le bunker, il donna des ordres. Il fallait cerner le parc. Des barrages devaient être installés sur toutes les routes alentour. Les projecteurs devaient illuminer toute l'étendue du parc.

— Nous allons l'appréhender, fit-il en guise de conclusion. Amenez les automitrailleuses et les chiens policiers.

Dix minutes plus tard, les cinq dernières voitures blindées, une centaine d'hommes armés de mitraillettes et les soixante-neuf chiens policiers se rassemblaient devant le portail d'entrée du parc, prêts à donner l'assaut à la résidence. Le kommandant van Heerden grimpa sur une automitrailleuse et s'adressa aux hommes du haut de la tourelle.

— Avant de lancer l'opération, dit-il, sachez que l'homme que nous recherchons est un dangereux criminel.

Il fit une pause. Les hommes qui avaient vu la voiture blindée en cendres et les cadavres qui souillaient la colline en étaient convaincus.

— La maison est une vraie forteresse, poursuivit-il, et il a tout un arsenal à sa disposition. S'il fait preuve de la moindre velléité de résistance, je vous autorise à tirer. Y a-t-il des questions ?

— Et la peste noire, mon kommandant ? demanda anxieusement le sergent De Kock.

— Ah oui, la peste noire ? Morte d'un coup de fusil, répondit énigmatiquement le kommandant avant de disparaître dans la tourelle dont il ferma l'écoutille.

Le convoi se mit prudemment en route, le long de l'allée.

8

Tout à la préparation de son prochain sermon, Jonathan Hazelstone avait oublié le décès tragique de Fivepence. Il venait juste de choisir un beau titre, *Les Rhinos de la colère sont plus blancs que les chevaux de l'Apocalypse*, sur le thème des méfaits de l'alcool. Au moment de se sécher il se rappela qu'il avait laissé ses habits dans la cabine. Encore sonné par le cognac, il descendit au rez-de-chaussée comme un zombie, le bonnet de bain sur la tête et enveloppé dans une épaisse serviette de toilette. Il s'arrêta sur le perron, respira un grand coup l'air frais de la nuit. Des lumières s'approchaient lentement dans l'allée.

« Tiens, de la visite ! Il ne faut pas que l'on me surprenne ainsi », se dit-il.

Il serra plus fort la serviette autour de lui, traversa au trot le chemin, et disparut derrière la haie de troènes au moment même où le convoi du kommandant atteignait la maison. Il entra dans le vestiaire mais en ressortit presque instantanément, plus mal en point que jamais. L'odeur de *Vieux Rhino* lui avait donné la nausée. Debout au bord de la piscine, il formula une prière silencieuse à l'adresse du Tout-Puissant pour qu'il l'aide par tous les moyens, aussi drastiques fussent-ils, à ne pas réitérer sa faute. Ensuite, l'évêque du Barotseland piqua une tête dans l'eau fraîche du bassin, juste à travers le reflet de la lune. Il nagea une longueur sous l'eau, refit surface un instant, puis recommença à nager de long en large au fond de la piscine. Alors qu'il nageait, il sembla à l'évêque que le Seigneur l'appelait. De loin, de très loin, assurément, mais c'était la première fois qu'il entendait aussi distinctement, malgré son bonnet, la voix du Seigneur lui dire : « Jonathan Hazelstone, je sais que vous êtes là. N'opposez pas de résistance. Rendez-vous calmement. » Six pieds sous la surface de l'eau, le Très Révérend Jonathan Hazelstone comprit qu'il était réellement destiné à de grandes choses. L'appel qu'il avait attendu si longtemps était enfin arrivé. Il se mit sur le dos et remonta, calmement et sans condition, vers le ciel étoilé. Il savait maintenant que son offense de l'après-midi lui était pardonnée.

— Notre Père qui êtes au cieux, vous savez que j'ai été tenté, murmura-t-il alors en arrivant à la surface.

Et tandis qu'il priait, une sensation de paix, la douce paix du pardon, l'envahit tout entier.

Ce n'était pas la paix qui envahissait le reste de Jacaranda. Cernée par une centaine d'hommes armés tapis dans les zones d'ombre du jardin, le doigt sur la détente de leur Sten, par soixante-neuf bergers allemands grognant et bavant du désir de tuer, enfin par cinq automitrailleuses que l'on avait conduites jusqu'à leur position sans respect aucun pour les massifs de fleurs et les pelouses, la vieille demeure restait silencieuse. Pas de réponse.

Le kommandant décida de faire une nouvelle tentative pour récupérer la brute sans violence. Il ne voulait à aucun prix d'une autre bataille rangée. Il apparut à la tourelle et reprit le haut-parleur.

— Jonathan Hazelstone, je vous donne une dernière chance.

Sa voix cent fois amplifiée retentit dans la nuit.

— Si vous vous rendez sans résistance, vous serez sauf. Sinon c'est moi qui irai vous chercher.

L'évêque du Barotseland qui méditait tranquillement tout en faisant la planche, les yeux plongés dans le ciel nocturne où un grand oiseau dérivait lentement au-dessus de lui, entendit les mots plus distinctement qu'auparavant. Dieu avait des manières bien impénétrables de manifester Sa Présence, il le savait, mais il n'avait jamais imaginé que ce pût être sous la forme d'un vautour. En tout cas le Tout-Puissant avait à nouveau parlé et beaucoup plus clairement.

La première partie du message lui était apparue sans équivoque. « Rendez-vous sans résistance, vous serez sauf. » Mais la seconde était plus difficile à interpréter : « Sinon, c'est moi qui irai vous chercher. » Il nagea jusqu'au bord de la piscine et en sortit aussi calmement qu'Il le lui avait ordonné. Puis il se retourna vers l'eau pour voir si le Seigneur n'était pas déjà en train de le chercher. Il vit alors le vautour faire demi-tour et s'en aller dans un affreux battement d'ailes en direction des arbres à caoutchouc bleus.

— Il me chassa la nuit, il me chassa le jour, murmura-t-il, car il était persuadé d'avoir été le témoin d'une apparition divine.

Si Dieu pouvait apparaître sous l'aspect d'une colombe ou d'un chien, pourquoi pas sous celui d'un vautour ? Tout en récitant un autre poème que son grand-père lui avait appris lorsqu'il était encore enfant et qu'il n'avait pas compris jusqu'ici, il entreprit de se sécher.

Les présages sont là. Voyez, voyez les signes !
Noire est donc leur couleur, ô ma tête prends
[garde !
Vont-ils dès à présent s'emparer de mon âme,
Y déranger les idées lumineuses ?
Mais ils m'ont épargné. Vous restez mon seul
[Dieu.

Le poème s'appelait *Les Signes avant-coureurs*. Il était du mystique baroque George Herbert. Bien que le vieux sir l'ait un peu révisé en remplaçant « blanche » par « noire » au second vers, et qu'il ait toujours pensé que les « idées lumineuses » faisaient référence à ses pièges meurtriers, l'évêque trouvait qu'il s'appliquait parfaitement au vautour. C'est avec gratitude qu'il remarqua que le messager l'avait effectivement épargné. Il adressa au Seigneur une prière muette : qu'Il prît un aspect moins sinistre à l'avenir. Puis il entra dans la cabine pour y récupérer ses vêtements.

A cinquante mètres de là, le kommandant van Heerden envisageait de faire sauter la maison quand miss Hazelstone apparut à la porte d'entrée.

— Pas besoin de hurler ainsi, fit-elle posément. Il y a une sonnette, vous savez.

Le kommandant n'était pas d'humeur à prendre une leçon de savoir-vivre.

— Je viens chercher votre frère ! cria-t-il.

— J'ai bien peur qu'il ne soit occupé pour le moment. Il vous faudra patienter. Vous pouvez entrer à condition d'essuyer vos bottes et de me promettre de ne rien bousculer.

Le kommandant imaginait trop bien ce qui occupait tant Jonathan Hazelstone, et il n'avait pas l'intention de se priver de tout bousculer s'il le fallait pour entrer dans la maison. Il jeta un regard inquiet aux fenêtres de l'étage.

— Mais qu'est-ce qu'il fout ? demanda-t-il, comme s'il en était besoin.

Miss Hazelstone n'apprécia pas le ton du kommandant.

— Il fait ses ablutions, trancha-t-elle.

Elle s'apprêtait à tourner les talons quand elle se souvint du Ming.

— Au sujet du Ming…, commença-t-elle.

Le kommandant van Heerden disparut dans la tourelle et referma brutalement l'écoutille. De l'intérieur de l'automitrailleuse, sa voix parvint assourdie.

— Rien à branler du Ming. Allez dire à votre connard de frère qu'il se le foute au cul et sorte les mains en l'air.

Miss Hazelstone en avait entendu plus qu'elle n'en pouvait supporter.

— Comment osez-vous parler de la sorte ? grinça-t-elle. Je n'en ferai rien.

Elle fit demi-tour pour rentrer.

— Alors, c'est moi qui m'en chargerai ! cria le kommandant.

Il donna l'ordre à ses hommes de pénétrer dans la maison.

— Allez me chercher ce salaud ! hurla-t-il.

Puis il attendit le ronflement du Ming. En vain. Les hommes et les chiens dévalant par-dessus le corps prostré de miss Hazelstone ne rencontrèrent pas d'autre résistance. Le doberman, qui avait compris qu'il avait manqué de perspicacité en disputant son carré de pelouse au konstable Els, s'était couché sur le sol du salon — on aurait cru un tapis. Tout autour de lui des chiens chargeaient, fouillaient la maison en tous sens. Aucun humain ne faisait obstacle aux hommes de la troupe qui foncèrent le long des couloirs et dans les chambres à la recherche du tueur. Ce furent des hommes désolés qui firent leur rapport au kommandant toujours caché dans la voiture blindée.

— Il n'est pas là, firent-ils en chœur.

— Vous en êtes sûrs ? demanda-t-il avant d'ouvrir l'écoutille.

Ils l'étaient, aussi le kommandant osa-t-il s'extraire de l'automitrailleuse. Il n'y avait plus qu'une chose à faire pour capturer Jonathan Hazelstone le soir même. Frénétiquement il aboya un ordre :

— Les chiens ! Amenez les chiens policiers !

Il s'engouffra dans la maison avec l'énergie du désespoir et se précipita à l'étage, suivi par la meute des bergers allemands essoufflés et agressifs. La chambre aux fleurs roses était telle que le kommandant l'avait vue la dernière fois, à l'exception notoire de l'homme nu. Arrachant le couvre-lit, il le donna à sentir aux chiens. Ces derniers reniflèrent l'étoffe et se jetèrent dans le couloir. Le message était clair. Cela puait le *Vieux Rhino*. Ignorant l'odeur des sels de bains des marches de l'escalier, ils se ruèrent dans le hall d'entrée puis dans l'allée du parc. L'instant d'après, ils avaient retrouvé la trace du konstable Els et fonçaient vers le blockhaus.

Derrière eux, dans l'intimité du vestiaire, l'évêque du Barotseland éprouvait certaines difficultés à s'habiller. D'abord, ses vêtements semblaient s'être enroulés autour de quelque lourd objet métallique, et quand il put enfin le désentortiller à la lumière de la lune, il fut si affligé par le souvenir du meurtre de Fivepence qu'il lâcha le gros fusil qui tomba dans la piscine, disparaissant dans une gerbe d'eau. Il se consola à l'idée que là où il était il ne pouvait plus faire de mal, et retourna au vestiaire finir de s'habiller.

Il avait d'autres ennuis avec son pantalon. Quelque chose de gros et de lourd encombrait sa poche revolver, et il mit un certain temps à l'en dégager.

« Allons bon ! se dit-il en s'acharnant pour libérer le pistolet. Ce sont là des objets du mal. »

Il cherchait à comprendre comment l'arme avait pu atterrir dans sa poche, quand il se rendit compte qu'il n'était plus seul.

Lorsque les chiens furent partis à la poursuite du konstable Els, le kommandant van Heerden se trouva libre de son temps. Avec la disparition du meurtrier, il se sentait à nouveau déprimé. Et comme il ne voulait pas partager ce qui promettait d'être une veillée solitaire avec une miss Hazelstone irascible et imprévisible, il abandonna son hôtesse, à peine remise d'avoir fait office de paillasson pour deux cents bottes cloutées et deux cent soixante-seize pattes, pour aller errer misérablement dans le jardin. Tandis qu'il déambulait sur la pelouse tout en donnant de méchants coups de pied dans les morceaux du buste éclaté de sir Theophilius, il maudissait presque celui qui avait été son grand héros par le passé d'avoir engendré une lignée dont la progéniture actuelle avait anéanti sa carrière aussi sûrement qu'elle l'avait fait du buste lui-même.

Il était en train d'imaginer ce que le vice-roi aurait fait à sa place quand son attention fut attirée par l'un des arbres à caoutchouc bleus, dont le tronc faisait un bruit étrange de coups et de déchirements. Le kommandant scruta les ténèbres. Quelque chose de bizarre bougeait là-haut. En se penchant un peu, il put voir la silhouette de la créature se profiler dans la lueur orange qui colorait le ciel nocturne. Tel un brave pivert, le grand vautour s'accrochait au tronc de l'arbre et se régalait des restes du défunt cuisinier zoulou.

Pour la deuxième fois cette nuit-là, le vautour fut synonyme de messager pour un observateur du parc de Jacaranda. Mais si l'évêque du Barotseland avait confondu l'oiseau avec Dieu, le kommandant ne fit pas cette erreur. Le profil crochu du nécrophage lui rappelait un peu trop certains prisonniers des geôles de Piemburg qui accueilleraient avec tout autant de délectation son arrivée parmi eux. Il frissonna et s'éloigna rapidement de ce spectacle prémonitoire. Alors qu'il s'en retournait, il entendit un gros « plouf » qui venait de derrière la maison. Il n'y avait pas de place pour de gros « plouf » dans le régime qu'il avait instauré à Jacaranda. Il éprouva une sensation des plus lugubres à l'idée d'un « plouf » à cette heure de la nuit, opinion manifestement partagée par le vautour qui abandonna son hors-d'œuvre pour aller voir dans un lourd battement d'ailes si son repas n'allait pas continuer avec un beau noyé.

Le kommandant le suivit avec moins d'optimisme et se retrouva près d'une haie de troènes derrière laquelle il pouvait entendre qu'on vaquait à quelque sinistre occupation. Le quidam qui s'activait derrière la haie fredonnait tout en travaillant. Son ouvrage consistait à lâcher dans l'eau des objets grands et gros, assurément lestés. Le kommandant ne pouvait pas bien saisir la chanson car dans le parc, derrière lui, un bruit de course à pied doublé du vacarme des jappements et des reniflements s'amplifiait de minute en minute. Il lança un regard par-dessus son épaule et aperçut la meute des chiens et des hommes de troupe qui se précipitait dans sa direction. Quelques secondes plus tard, ils étaient sur lui. Cloué à la haie, il vit déferler devant lui la vague des animaux et des hommes et, soulagé d'avoir été épargné, se mit à les suivre.

L'évêque du Barotseland eut moins de chance. Sa mauvaise audition, accentuée par le port du bonnet de bain, ne lui permit pas d'entendre arriver les chiens. Debout sur le bord de la piscine, les yeux fixés sur le revolver et récitant des passages du poème préféré de son grand-père, il fut en un instant submergé par les chiens. Museaux dressés, crocs dénudés, ils arrivèrent sur lui la mâchoire en bataille, et l'évêque tomba à la renverse dans la piscine, le revolver toujours à la main. Dans sa chute il appuya involontairement sur la détente, mais ce seul coup de feu se perdit dans la nuit sans dommage pour personne. L'évêque refit surface au milieu du bassin et regarda autour de lui. Le spectacle n'avait rien de rassurant. La piscine était pleine de bergers allemands qui se débattaient, et d'autres encore se jetaient à l'eau pour rejoindre la horde qui s'y trouvait déjà. Un chien particulièrement féroce ouvrit la bouche tout près de lui, et il n'eut que le temps d'avaler une bouffée d'air et de disparaître pour éviter que la bête ne le morde. Il nagea une longueur sous l'eau avant de remonter à la surface. Un autre chien chercha à le mordre. Il nagea en sens inverse. Au-dessus de lui, des pattes battaient l'eau dans de grandes éclaboussures, et l'évêque se prit à méditer sur cette nouvelle manifestation du Tout-Puissant. Il était clair qu'il n'était pas sorti assez calmement de la piscine la première fois, et que Dieu venait le chercher lui-même sous l'aspect de douzaines de chiens. Il se demandait comment cette apparence collective pouvait se concilier avec la notion d'un Dieu « Un et Indivisible » quand il sentit qu'on attrapait son bras et que plusieurs soldats le tiraient hors de l'eau. Il leur était reconnaissant de le délivrer, mais il était trop abasourdi pour comprendre leur raison d'être dans ce divin spectacle. Il retourna ses regards vers l'eau. Pas un centimètre carré de la surface n'était exempt de présence canine.

Aussitôt on lui mit les mains derrière le dos pour lui passer les menottes et il fut bousculé en tous sens.

— C'est bien lui. Emmenez cette ordure dans la maison, fit le kommandant.

L'évêque fut soulevé des quatre fers et emporté par plusieurs konstables jusque dans la demeure familiale.

Jonathan Hazelstone se retrouva dans le grand vestibule, au milieu des plantes en pot, nu comme un ver et tout mouillé, mais portant toujours son bonnet de bain. De très loin, de bien au-delà des frontières du réel, il entendit le kommandant murmurer :

— Jonathan Hazelstone, je vous accuse du meurtre avec préméditation d'un cuisinier zoulou et de Dieu seul sait combien de soldats, de la destruction volontaire de biens publics et de port d'armes prohibées en vue d'attenter à la vie d'autrui.

Il était bien trop stupéfait et bien trop sourd pour pouvoir entendre le kommandant dire au sergent De Kock de l'emmener dans la cave et de le garder sous surveillance jusqu'au matin.

— Ne serait-il pas plus en sécurité au poste ? suggéra le sergent.

Mais le kommandant se sentait trop épuisé pour quitter Jacaranda, et puis il se réjouissait à l'idée de passer la nuit dans une maison réputée dans toute l'Afrique du Sud pour son raffinement.

— L'endroit est cerné, dit-il, et d'ailleurs nous ne cessons de recevoir des plaintes des voisins à cause des cris qui proviennent des cellules. Ici, personne ne l'entendra s'il se met à hurler. Je procéderai au contre-interrogatoire dans la matinée.

Tandis que l'évêque du Barotseland était emmené dans la cave de Jacaranda, le kommandant van Heerden grimpa péniblement les marches de l'escalier à la recherche d'une chambre agréable et confortable. Il opta pour celle qui avait un dessus-de-lit bleu et un immense lit double. Tout en se glissant nu dans les draps, il trouva qu'il avait bien de la chance.

« Dire que je peux réquisitionner la demeure qui a appartenu un jour au vice-roi du Matabeland ! », se dit-il en se tournant sur le côté entre des draps merveilleusement doux.

Et il s'endormit.

9

Ils furent peu nombreux, ceux qui s'endormirent aussi facilement à Piemburg. Trop de choses perturbantes se passaient alentour pour que leur sommeil pût être bien profond. Sur les hauteurs de Piemburg, les projecteurs balayaient lentement tout le périmètre de la résidence de Jacaranda, éclairant avec une intensité remarquable les immenses panneaux qui annonçaient l'arrivée de la mort par les deux plus affreux fléaux imaginables. Conçus à l'origine pour l'armée, qui les avait donnés à la police, les projecteurs faisaient bien pire encore. En illuminant le parc, les quartiers avoisinants et la ville elle-même ils transformaient la nuit en une brillante journée. Dans pas mal d'élevages de poulets, les poules en batterie faisaient de la dépression nerveuse de voir que leurs nuits déjà courtes venaient de passer à quelque chose comme quatre minutes.

Les familles qui avaient pris la précaution d'enfermer leurs chiens dans la cour et de saupoudrer leurs draps de DDT, mais dont les chambres se trouvaient sur le passage des projecteurs, jugeaient que l'aurore apparaissait avec une rapidité et une luminosité encore jamais vues, qu'elle était suivie d'une nuit sans crépuscule, et que le processus se répétait indéfiniment tandis qu'ils tournaient et se retournaient dans leur lit, pleins de démangeaisons. Au-dehors, les voitures blindées et les camions militaires grondaient sur les routes et de brefs coups de feu trouaient le silence de la nuit, les soldats exécutant à la lettre les ordres du kommandant, c'est-à-dire tirer sur tout petit buisson qui présenterait la moindre ressemblance avec le lieutenant Verkramp.

Le standard de l'hôpital était saturé par les appels de correspondants agités qui voulaient savoir quels étaient les symptômes de la peste bubonique et de la rage et comment soigner ces maladies. À la fin, la standardiste dépassée refusa de prendre d'autres appels. Il s'agissait là d'une faute professionnelle qui eut un effet fatal dans deux cas de crise cardiaque.

Le konstable Els était le seul à dormir profondément dans la salle d'isolation de l'hôpital. Il se crispait parfois dans son sommeil, mais seulement parce qu'il rêvait de batailles et de morts violentes. Sur la route de Vlockfontein, les familles dont les voitures étaient tombées en panne dans la longue file d'attente déambulaient péniblement vers Piemburg. Il faisait chaud cette nuit-là, et elles transpiraient en marchant.

Le kommandant van Heerden transpirait aussi, mais pour une tout autre raison. Il était bien trop harassé, quand il s'était couché, pour prêter la moindre attention à son environnement. Il avait bien senti que les draps étaient bizarres, mais il avait pensé que leur douceur était due au fait que les parures de lit de miss Hazelstone devaient évidemment être de la meilleure qualité, et donc toutes différentes de ses draps ordinaires.

Il dormit comme un enfant pendant une heure. Quand il se réveilla, ce fut pour se rendre compte que le lit était trempé. Il en sortit, terriblement embarrassé.

— Ce n'est pas comme si j'avais pris une cuite, murmura-t-il en attrapant un essuie-mains du lavabo.

Il se mit à essuyer le lit et se demanda comment il allait expliquer la mésaventure à miss Hazelstone le lendemain matin. Il pouvait imaginer le genre de commentaires caustiques qu'elle ne manquerait pas de faire.

— Dieu merci, les draps ont l'air d'être imperméables.

Il se remit au lit pour les sécher.

« Il fait terriblement chaud ce soir », pensa-t-il en se tournant et se retournant.

Il n'arrivait pas à trouver une position confortable. A force de glisser, de se réveiller, de reglisser, il acquit la conviction que le lit ne séchait en aucune manière. Il aurait même eu tendance à être humide. Le kommandant sentait la sueur dégouliner le long de son dos tandis qu'il flottait d'un côté et de l'autre dans ces draps d'enfer.

Il se demanda s'il n'était pas tombé malade. Assurément il se sentait fiévreux et ses pensées étaient affectées des symptômes du délire. Ne sachant plus s'il rêvait ou se souvenait de faits réels, le kommandant van Heerden passa la nuit à se débattre dans un débordement d'agitation, poursuivi de fusils de gros calibre, de miss Hazelstone et son cimeterre, des Ming en piqué, et du konstable Els atteint de démence.

A deux heures du matin, il retira les couvertures. A trois heures, sûr d'être en train de trépasser d'une fièvre de cheval et d'avoir au moins quarante et un de température, il alla dans la salle de bains en titubant pour chercher un thermomètre. Il commençait à penser qu'il avait fait preuve d'une remarquable lucidité en ordonnant d'installer les panneaux de la peste autour du parc. Quelle que fût la maladie qu'il avait attrapée, il ne faisait aucun doute qu'elle était tout à la fois infectieuse et fatale. Mais quand il prit sa température il trouva qu'elle était plus basse que la normale.

« C'est curieux, pensa-t-il. Très curieux. »

Après avoir bu plusieurs pintes d'eau dans un verre à dents, il réintégra la chambre et se recoucha. A cinq heures, il abandonna tout espoir de dormir et retourna dans la salle de bains prendre une douche froide. En se rhabillant, il se demandait encore ce qui pouvait bien lui arriver quand il remarqua qu'il régnait dans la pièce une drôle d'odeur. Aussitôt il regarda ses chaussettes avec suspicion.

« Non, il ne s'agit pas de cette sorte d'odeur », se dit-il.

Il alla jusqu'à la fenêtre et tira les rideaux.

Le soleil était déjà levé et les fleurs des arbres de Jacaranda éclataient de couleur dans la lumière matinale. Mais le kommandant n'était pas spécialement intéressé par la vue de sa fenêtre. C'étaient les rideaux qui le préoccupaient. Ils avaient la même texture que les draps. Il les palpa.

« Ces saloperies sont élastiques », pensa-t-il. Il s'aperçut qu'il en était de même pour les draps. Il les renifla de près et reconnut l'odeur. Draps et rideaux étaient en latex. Tout, dans la chambre, était en fin caoutchouc bleu.

Il ouvrit le placard et tâta les costumes et les robes qui y étaient pendus. Ils étaient également en caoutchouc. Le kommandant van Heerden, stupéfait, s'assit sur le lit. Il n'avait encore jamais été confronté à une pareille situation. Assurément, la capote de latex qu'il portait une fois l'an ne l'avait pas préparé à cela. Toujours assis, il se mit à penser que cette pièce avait quelque chose de décidément lugubre. Il finit par examiner le contenu de la commode et y découvrit des chemises, des slips et des chaussettes en caoutchouc. Dans un petit tiroir, il trouva plusieurs cagoules en latex et deux paires de menottes. Aucun doute n'était plus possible. Cette chambre devait avoir été conçue à des fins sinistres. Il descendit prendre son petit déjeuner.

— Comment va le prisonnier ? demanda-t-il au sergent De Kock après avoir avalé un café et des toasts.

— Complètement dingue, à mon avis. Il arrête pas d'causer d'animaux. I'prend l'bon Dieu pour un chien de garde ou un vautour, et puis j'sais pas quoi encore.

— C'est pas ça qui va l'aider. Combien d'hommes avons-nous perdus hier ?

— Vingt et un.

— Vingt et un, plus un cuisinier zoulou. Disons vingt et un un quart. Personne ne peut plaider la maladie mentale, après avoir tué vingt et un policiers.

Le sergent n'était pas convaincu.

— A mon avis, un type qui démolit vingt et un policiers et laisse traîner son portefeuille sur les lieux du crime est complètement fou.

— Nul n'est parfait, dit le kommandant avant de monter à l'étage procéder au contre-interrogatoire.

Dans la cave, l'évêque du Barotseland avait passé la nuit enchaîné à la tuyauterie. Gardé par quatre konstables et deux chiens, il avait encore moins dormi que le kommandant. Pendant sa longue insomnie, il s'était attaqué au problème moral et intellectuel qu'induisait sa situation, et avait conclu qu'il était puni pour n'être pas sorti assez rapidement de la piscine. A un moment, il avait été jusqu'à imaginer que ce qui semblait lui arriver n'était que le symptôme d'un delirium tremens dû à l'absorption d'une bouteille de mauvais cognac. Quand on finit par le remettre sur ses pieds et qu'on le traîna jusqu'au bureau de son père, il était persuadé d'avoir des hallucinations.

Le kommandant van Heerden n'avait pas choisi par hasard cette pièce pour interroger son prisonnier. Son sens psychologique très développé l'avait averti que le bureau, tout imprégné de sévérité judiciaire et de souvenirs d'enfance, préparerait Jonathan Hazelstone à des aveux complets. S'installant derrière le bureau dans une attitude destinée à rappeler son père au prisonnier, il alla jusqu'à jouer avec un petit automate de cuivre représentant une potence complète avec sa trappe et son pendu, qu'il venait de découvrir sur le bureau où il servait de presse-papiers. Il put voir qu'il s'agissait d'un cadeau « Du bourreau au juge Hazelstone, en remerciement pour ses nombreux services ». Sûr de ressembler ainsi au grand dispensateur de justice lorsque ce dernier interrogeait son fils à propos de ses bêtises d'enfant, il donna l'ordre de lui amener le prisonnier.

Quelle qu'ait pu être la ressemblance (et il n'y en avait pratiquement aucune) entre le kommandant et le juge Hazelstone, de la Cour suprême, il n'y avait absolument rien de commun entre le haut dignitaire de l'Église qu'était Jonathan Hazelstone, et l'être nu, les menottes aux poignets, qui entra en clopinant dans le bureau, son ridicule bonnet de bain toujours sur la tête. Fixant le kommandant de ses yeux exorbités, l'évêque avait tout du pervers maniaque.

— Nom ? fit le kommandant, en posant le presse-papiers pour attraper un stylo.

— Je suis dur d'oreille, fit l'évêque.

— Moi aussi, dit le kommandant. A cause de ce foutu coup de fusil.

— Je vous dis que je ne vous entends pas.

Le kommandant van Heerden leva les yeux du bureau.

— Et puis, d'abord, qu'est-ce que vous foutez avec ce bonnet sur la tête ? lui demanda-t-il en faisant signe à un des konstables de le lui ôter.

Le konstable posa le bonnet de bain sur le bureau et le kommandant l'examina avec suspicion.

— C'est une habitude chez vous de porter des habits de caoutchouc ? s'enquit-il.

L'évêque préféra ignorer la question. Elle était par trop cauchemardesque et il voulait se réveiller.

— Je proteste contre les sévices dont ma personne a fait l'objet, commença-t-il.

Il fut surpris par la réaction que cette simple formule provoquait.

— Vous quoi ? hurla le kommandant.

— J'ai été attaqué par plusieurs de vos hommes, continua l'évêque. Et ils m'ont traité de manière innommable.

Le kommandant n'en croyait pas ses oreilles.

— Et vous, qu'est-ce que vous leur faisiez, hier après-midi ? Le coup de la danse du tapis, peut-être ? ! Merde alors ! Vous bousillez la moitié de mes bonshommes, vous me foutez en l'air une automitrailleuse toute neuve, vous assassinez le connard de cuisinier zoulou de votre sœur, et vous avez le culot de me regarder dans le blanc des yeux et de protester contre les voies de fait sur votre...

Le kommandant n'en trouvait plus ses mots. Quand il reprit ses esprits, il poursuivit plus calmement :

— Avez-vous autre chose à demander ?

— Oui, fit l'évêque. Je veux voir mon avocat.

Le kommandant secoua la tête en signe de refus.

— D'abord les aveux, fit-il.

— J'ai le droit de voir mon avocat.

Le kommandant ne put s'empêcher de sourire.

— Non !

— La loi m'autorise à consulter mon avocat.

— Vous n'allez pas vous mettre à déblatérer sur l'habeas corpus maintenant, non ?

— Je ne m'en priverai pas si vous ne me faites pas comparaître devant un magistrat dans les quarante-huit heures.

Le kommandant se cala dans son fauteuil et le regarda avec un sourire narquois.

— Vous connaissez vos droits, n'est-ce pas ? En tant que fils de juge, vous pensez être parfaitement au courant, non ?

L'évêque n'acceptait pas de se laisser intimider.

— Je sais quels sont mes droits.

— Alors, laissez-moi vous expliquer. Vous êtes arrêté pour avoir enfreint la loi antiterroriste, ce qui veut dire que vous ne verrez pas votre avocat, qu'il n'est pas question d'habeas corpus, rien du tout.

Il fit une pause pour que ses propos aient le temps d'être bien assimilés.

— Je peux vous garder sous les verrous jusqu'à la fin de vos jours sans que vous puissiez renifler l'haleine d'un avocat. Quant à vous faire comparaître devant un magistrat, cela peut attendre quarante-huit ans ou quatre cent quatre-vingts, rien à foutre.

L'évêque essaya de l'interrompre, mais le kommandant poursuivit.

— Je vais même vous en dire plus. D'après la loi antiterroriste, c'est à vous de prouver votre innocence. De mon point de vue, ce n'est pas plus mal.

Il reprit le presse-papiers d'un geste qu'il voulait évocateur.

L'évêque chercha que lui répondre.

— Mais la loi ne s'applique pas à moi ! Je ne suis pas un terroriste !

— Et comment appelez-vous quelqu'un qui se met à descendre vingt et un policiers, sinon un terroriste ?

— Je ne vois vraiment pas de quoi vous voulez parler.

— Je vais vous dire de quoi je veux parler ! s'égosilla le kommandant. Je vais même vous l'épeler. Tôt dans l'après-midi d'hier, vous avez tenté de faire disparaître les pièces à conviction d'un crime bestial commis sur la personne du cuisinier zoulou de votre sœur, que vous avez tué avec un monstrueux fusil. Vous avez alors forcé votre sœur à avouer le meurtre pour sauver votre peau, puis vous êtes allé au portail principal et avez tué vingt et un de mes hommes parce qu'ils essayaient d'entrer dans le parc.

L'évêque fit des yeux le tour de la pièce, effaré. Il fit un effort pour se ressaisir.

— Vous vous trompez complètement, dit-il enfin. Je n'ai pas tué Fivepence.

Le kommandant l'interrompit brutalement.

— Merci, fit-il, et il se mit à écrire : « Avoue avoir tué vingt et un policiers. »

— Je n'ai pas dit ça ! hurla l'évêque. J'ai dit que je n'avais pas tué Fivepence.

— Nie avoir tué le cuisinier zoulou, persista le kommandant tout en s'appliquant pour écrire.

— Je nie aussi avoir tué vingt et un policiers ! cria l'évêque.

— Se rétracte. Réfute l'aveu précédent.

— Il n'y a pas eu d'aveu précédent. Je n'ai jamais dit que j'avais tué les vingt et un policiers.

Le kommandant se tourna vers les deux konstables.

— Vous l'avez bien entendu avouer avoir tué vingt et un policiers, non ?

Les deux konstables n'étaient pas très sûrs de ce qu'ils avaient entendu mais ils savaient qu'ils avaient intérêt à abonder dans son sens. Ils opinèrent du chef.

— Vous voyez bien, continua le kommandant. Ils vous ont entendu.

— Mais je n'ai jamais dit ça ! protesta l'évêque. Pour quel motif aurais-je tué ces policiers ?

— Pour cacher le crime que vous avez perpétré sur la personne du cuisinier zoulou, finit-il par dire.

— Et en quoi le fait de tuer vingt et un policiers aiderait-il à cacher le meurtre de Fivepence ? se lamenta l'évêque.

— Vous auriez dû y penser avant, fit le kommandant d'un air suffisant.

— Mais je vous le répète, je ne suis pas coupable. Je ne me suis pas approché du portail principal hier après-midi. J'étais bien trop ivre pour aller où que ce soit.

Le kommandant se remit à écrire : « Déclare avoir agi sous l'effet de l'alcool. »

— Non, ce n'est pas vrai. J'ai dit que j'étais trop saoul pour aller où que ce soit. L'aurais-je voulu que je n'aurais pas pu aller jusqu'au portail.

Le kommandant posa son stylo et observa le prisonnier.

— Alors peut-être serez-vous assez aimable pour me dire comment il se fait que les soixante-neuf limiers que l'on a mis sur vos traces ont suivi votre odeur jusqu'au portail puis sont revenus à la piscine où vous étiez en train de vous débarrasser des armes du crime.

— Je ne sais pas.

— Témoins infaillibles, ces chiens policiers, fit le kommandant. Mais peut-être pourrez-vous expliquer comment votre portefeuille et votre mouchoir ont pu atterrir dans le blockhaus d'où mes hommes ont été tirés comme des lapins ?

— Je n'en ai pas la moindre idée.

— Bon. Maintenant, si vous voulez bien signer ici, dit le kommandant en lui présentant le procès-verbal.

L'évêque se pencha en avant pour le lire. Il y avouait qu'il avait assassiné Fivepence et vingt et un officiers de police.

— Il n'est pas question que je signe, finit-il par dire en se redressant. Je n'ai rien à voir avec les crimes que vous y mentionnez.

— Ah bon ? Eh bien, dites-moi donc qui a bien pu les commettre.

— Ma sœur a tué Fivepence..., commença l'évêque, mais il se rendit compte qu'il faisait une erreur.

En face de lui, le visage du kommandant virait au cramoisi.

— Affreux salaud ! hurla-t-il. Ça se dit gentleman, et ça cherche à faire porter le chapeau à sa pauvre petite sœur ! Quelle sorte d'individu êtes-vous, hein ? Mais bon Dieu, vous n'avez rien à foutre du nom de votre famille ?

Le kommandant fit un signe et les deux konstables jetèrent l'évêque par terre et le rouèrent de coups de botte et de matraque. Jonathan Hazelstone se croyait sur le point de mourir quand on le hissa sur ses pieds devant le bureau.

— Nous poursuivrons cette conversation quand vous serez en état, dit le kommandant plus calmement.

L'évêque supplia Dieu de lui éviter un autre tête-à-tête avec le kommandant van Heerden. Il n'en avait plus envie du tout.

— En attendant, je vais faire appel au lieutenant Verkramp. Il est clair qu'il s'agit là d'une affaire politique, aussi dorénavant, ce sera lui qui vous interrogera.

Sur ces paroles implacables, le kommandant fit ramener le prisonnier dans la cave.

Tout en attendant qu'on lui amène miss Hazelstone, il tripota pensivement le bonnet de bain et se demanda ce qui avait bien pu arriver au lieutenant Verkramp. Il n'avait pas grand espoir qu'il fût mort. « Ce porc rusé est probablement planqué quelque part », se dit-il tout en fourrant son doigt dans le bonnet sans y prêter attention. Il commençait à regretter que le lieutenant ne soit pas dans les parages pour avoir son avis sur l'affaire. Le kommandant n'était pas un théoricien et le contre-interrogatoire ne lui avait pas apporté les aveux qu'il attendait. Il devait reconnaître, au moins pour lui-même, que certains aspects de l'histoire de Jonathan présentaient des accents de vérité. Il avait bel et bien été fin saoul sur le lit dans la maison. Il l'avait vu de ses propres yeux. Et pourtant le tir à l'entrée du parc avait commencé à peine quelques minutes plus tard. Il ne voyait pas comment un homme ivre mort à cinq cents mètres du blockhaus avait pu, dans la minute qui suivait, tirer sur les hommes en civil avec une telle adresse. Et où ce con de Els avait-il bien pu passer ? Ça, c'était le mystère le plus complet.

« Et puis, zut ! A cheval donné, on ne regarde pas les dents, pensa-t-il. Après tout, ma carrière est en jeu et il ne faut pas faire le difficile. »

Le kommandant n'était pas loin de la vérité lorsqu'il imaginait la position du lieutenant Verkramp. Celui-ci était bel et bien planqué. De tous ceux qui dormirent à Piemburg cette nuit-là, il était certainement le moins agité et le moins frais à l'aube. Son sommeil avait été perturbé, très perturbé, mais, malgré son inconfort, il n'avait pas osé bouger. Sous lui, et même en lui, par endroits, les effroyables pieux faisaient du moindre mouvement une expérience extrêmement décourageante.

Là-haut, le faisceau d'une énorme lumière allait et venait étrangement à travers un nuage de fumée grasse. Une odeur nauséabonde de chair grillée emplit l'air, et il se mit à penser dans son délire à l'enfer que les sermons de son grand-père avaient promis aux pécheurs. Pendant cette longue nuit, il se réveilla à intervalles réguliers, et réfléchit à ce qu'il avait fait pour mériter un si terrible sort. Son esprit était plein de l'image des prisonniers qu'il avait fait torturer en leur enfermant la tête dans des sacs en plastique ou en administrant des chocs électriques sur leurs parties génitales. Si seulement il pouvait avoir une autre chance, il promettait de ne jamais plus torturer de suspects. Il se rendit compte que c'était là une promesse qu'il ne pourrait jamais tenir.

Une seule partie de son anatomie pouvait bouger sans trop le faire souffrir. Son bras gauche était libre, et il l'utilisa pour tâter ce qui l'entourait tout en restant allongé, les yeux tournés vers la fumée et les flammes de l'enfer. Il sentit sous lui les piques d'acier et le corps d'un autre damné, froid et raidi. Le lieutenant envia cet homme. Il avait évidemment atteint un endroit plus plaisant, le pays de l'oubli par exemple, et il ne l'en envia que plus quand, un moment plus tard, son attention fut sollicitée par un bruit fort déplaisant au fond de la fosse. Quelles horreurs, plus terribles encore, l'attendaient donc ?

Il pensa d'abord à quelqu'un qui se ferait déshabiller dans la plus grande hâte par une personne peu respectueuse de ses vêtements. Assurément, celui qui s'agitait en bas ne s'inquiétait pas de défaire les boutons soigneusement. Le bruit faisait penser à un pauvre bougre auquel on arracherait les habits sans aucune solennité. Le lieutenant était certain qu'après un pareil traitement ils ne seraient plus mettables. « Ils sont certainement en train de préparer un pauvre diable pour le rôtir », pensa-t-il tout en espérant que son camouflage ne leur permettrait pas de le trouver trop vite.

Soulevant sa tête centimètre par centimètre, il jeta un coup d'œil vers le fond de la fosse. Au début, il ne vit rien car il faisait trop noir. Le bruit de déshabillage avait cessé pour faire place à des sons pires que tout ce qu'il avait entendu jusqu'alors. Mieux valait ne pas penser à ce qui se passait en bas, mais il était malgré tout atrocement fasciné. Aussi continua-t-il de chercher à percer la nuit. Là-haut, la forte lumière des projecteurs revenait lentement vers la fosse. Quand elle passa au-dessus de sa tête, il sut que sa rencontre avec la vie sauvage de la haie sous la forme de l'araignée géante n'était rien en comparaison de l'agonie atroce qui lui était réservée. Au fond du puits, un énorme vautour était plongé jusqu'au cou dans un amas de policiers en civil. Le lieutenant Verkramp s'évanouit une fois encore.

Quand l'aube se leva sur le champ de bataille où s'était illustré le konstable Els, les policiers en faction au portail découvrirent le fossé piégé et ses occupants, les vivants et les morts, et descendirent avec précaution chercher ce qui ne s'était pas déjà envolé. Ils eurent quelques difficultés à reconnaître le lieutenant Verkramp sous la végétation, et, quand ils se mirent d'accord sur le fait qu'il s'agissait bien d'un être humain, au moins en partie, ils eurent encore plus de mal à savoir s'il était vivant ou mort. Il est vrai que la personne qu'ils hissèrent sur la pelouse semblait plus morte que vive, et qu'elle souffrait d'un fort complexe de persécution.

— Ne me rôtissez pas, je vous en supplie ! Ne me rôtissez pas ! Je vous promets de ne pas recommencer ! hurlait le lieutenant, et c'est toujours hurlant qu'il fut hissé dans l'ambulance et conduit à l'hôpital.

10

Le lieutenant Verkramp fut admis à l'hôpital de Piemburg au moment même où le konstable Els en sortait.

— Je vous dis que j'ai la rage ! criait Els au docteur qui lui expliquait que, physiquement, il n'était pas malade. J'ai été mordu par un chien enragé et maintenant je me meurs.

— Ce serait trop beau, dit le docteur. Hélas, vous vivrez assez pour mordre encore.

Il laissa Els devant l'entrée. Ce dernier, tout en injuriant la profession médicale pour son incompétence, se demandait ce qu'il allait faire quand la voiture de police qui avait suivi l'ambulance du lieutenant Verkramp jusqu'à l'hôpital s'arrêta près de lui.

— Hé ! Els ! Bon Dieu, où étais-tu passé ? fit le sergent à la droite du chauffeur. Le vieux est dans une rage folle après toi.

— J'étais à l'hôpital. On croyait que j'avais la rage.

— Tu ferais mieux de grimper. On passera par le commissariat prendre ton joujou.

— Quel joujou ? demanda Els, craignant qu'il ne s'agisse du gros fusil.

— Les électrochocs. Un client t'attend à Jacaranda.

Tandis qu'ils grimpaient la colline, Els resta silencieux. Il appréhendait de se retrouver en face du kommandant et d'avoir à justifier l'abandon de son poste. Quand ils dépassèrent l'automitrailleuse calcinée, il ne put s'empêcher de ricaner.

— Je ne vois pas ce qu'il y a de drôle, fit le sergent avec amertume. Tu aurais pu te trouver à l'intérieur.

— Sûrement pas, fit Els. On ne me trouvera jamais dans un de ces engins. Ce sont des pièges à cons.

— D'habitude, ils sont plutôt sûrs.

— Pas quand on a en face de soi un bon tireur avec l'arme adéquate, dit Els.

— A t'entendre, on dirait que tu étais dans le coup. Tu m'as l'air sacrément au courant.

— Qui, moi ? Je n'ai rien à y voir. Pourquoi est-ce que je démolirais une automitrailleuse ?

— Dieu seul le sait, fit le sergent. Mais c'est tout à fait le genre de connerie dont tu es capable.

Els s'en voulait d'avoir ouvert sa grande gueule. Il lui faudrait être plus prudent avec le kommandant. Il se demanda quels pouvaient être les symptômes de la peste bubonique. Il aurait peut-être à les développer en dernier ressort.

L'interrogatoire de miss Hazelstone par le kommandant avait mal commencé. Rien de ce qu'il pouvait lui dire ne la convainquait de son innocence dans le meurtre de Fivepence.

— Bon, supposons un moment que vous l'ayez tué, fit-il pour la énième fois. Quel était votre mobile ?

— C'était mon amant.

— La plupart des gens aiment leur amant, miss Hazelstone, et pourtant vous dites que vous l'avez tué.

— C'est exact. Je l'ai tué.

— C'est loin d'être une réaction normale.

— Je ne suis pas normale. Vous non plus. Pas plus que le konstable Els, là dehors. Aucun d'entre nous n'est normal.

— Je me trouve tout à fait normal, dit le kommandant d'un air suffisant.

— C'est bien le genre de remarque crétine que je m'attendais à vous entendre faire, et c'est bien la preuve que vous n'êtes pas normal. La plupart des gens pensent être uniques de leur espèce. Il est clair que ce n'est pas votre cas. Et puisque dans votre esprit la normalité consiste à être comme les autres, dans la mesure où vous possédez des qualités qui vous rendent différent des autres, vous êtes anormal. Est-ce que je me fais bien comprendre ?

— Non, fit le kommandant, absolument pas.

— Je vais essayer autre chose. La norme est un concept. Vous me suivez ?

— J'essaie, fit le kommandant, désespéré.

— Bien. Comme je le disais, la norme est un concept. Ce n'est pas un état. Vous la confondez avec votre désir d'être conforme. Vous avez un violent besoin d'être conforme. Moi pas.

Le kommandant van Heerden la suivait difficilement. Il ne comprenait pas un mot de ce qu'elle disait mais il avait le sentiment que ce n'était pas un compliment.

— Au sujet du mobile, demanda-t-il, essayant de revenir sur un terrain plus familier.

— Eh bien, quoi ? le coupa-t-elle.

— Si vous avez tué Fivepence, vous deviez avoir une raison de le faire.

Miss Hazelstone réfléchit un moment.

— Ce n'est pas évident, fit-elle enfin. Encore que je suppose que l'on pourrait faire valoir qu'un acte gratuit est impossible dès lors qu'il présuppose une intention d'agir gratuitement, ce qui, en soi, est un motif.

Le kommandant lança des regards désespérés autour de lui. Cette femme le rendait fou.

— Alors, vous n'en aviez pas ? demanda-t-il après avoir compté lentement jusqu'à dix.

— S'il vous en faut vraiment un, j'imagine qu'il faut que je vous le procure. Disons que c'était de la jalousie.

Le kommandant redressa la tête. C'était beaucoup mieux. Il se retrouvait en terrain de connaissance.

— Et de qui étiez-vous jalouse ?

— De personne.

— Personne ? !

— C'est bien ce que j'ai dit.

Le kommandant était au bord du précipice.

— Personne ! cria-t-il presque. Mais enfin, bon Dieu, comment peut-on être jaloux de personne ?

Il fit une pause et l'observa avec suspicion.

— Personne serait-il le nom d'un autre Cafre ?

— Absolument pas. Ça ne veut rien dire d'autre que ce que ça dit. Je n'étais jalouse de personne.

— Vous ne pouviez pas être jalouse de personne. Ce n'est pas possible. Quand on est jaloux, on l'est de quelqu'un.

— Ce n'était pas mon cas, vous savez, fit miss Hazelstone en le regardant avec pitié.

Le kommandant pouvait sentir un abîme s'ouvrir sous ses pieds. L'abîme des abîmes.

— Personne. Personne, répétait-il pathétiquement en secouant la tête. Si l'on pouvait m'expliquer comment quelqu'un peut être jaloux de personne...

— Oh, c'est tout simple, continua miss Hazelstone. J'étais tout simplement jalouse.

— Tout simplement jalouse, répéta lentement le kommandant.

— C'est ça. Je ne voulais pas perdre mon cher Fivepence.

Chancelant au-dessus du vide insondable de l'abstraction, le kommandant évoqua Fivepence. Le cuisinier zoulou avait concrètement existé, et il avait besoin de quelque chose de substantiel à quoi se raccrocher.

— Vous aviez peur de le perdre ? médita-t-il tout haut, avant de se rendre compte de la terrible contradiction dans laquelle il s'enferrait. Mais vous dites l'avoir tué. N'était-ce pas le meilleur moyen de perdre cet abruti ?

Il était presque hors de lui.

— C'était le seul moyen que j'avais d'être assurée de le garder, répondit miss Hazelstone.

Le kommandant s'extirpa du vide conceptuel. Il perdait le contrôle de la discussion. Il la reprit depuis le début.

— Oublions un moment que vous avez tué Fivepence pour ne pas le perdre, fit-il lentement et avec beaucoup de patience. Prenons les choses par un autre bout. Pour quelle raison êtes-vous tombée amoureuse de lui ?

Ce n'était pas un sujet sur lequel il désirait réellement s'étendre, et il ne croyait pas une minute qu'elle ait jamais été amoureuse de ce porc, mais c'était mieux que de ressasser le problème de PERSONNE. Qui plus est, il était presque sûr qu'elle allait se contredire. Les Hazelstone ne pouvaient tomber amoureux de cuisiniers zoulous.

— Fivepence et moi avions pas mal d'intérêts communs, fit lentement miss Hazelstone. Par exemple, nous avions le même fétiche.

— Ah bon ? Le même fétiche ?

Le kommandant évoqua en pensée les petites idoles indigènes qu'il avait pu voir au musée de Piemburg.

— Évidemment, fit miss Hazelstone, cela créait des liens entre nous.

— Oui, je peux l'imaginer, et je suppose que vous lui offriez des chèvres en sacrifice, dit sarcastiquement le kommandant.

— Quelle drôle d'idée !

Miss Hazelstone était perplexe.

— Bien sûr que non. Il ne s'agit pas de cette sorte de fétichisme.

— Ah non ? Alors de quoi s'agissait-il ? Du bois, de la pierre ?

— Du caoutchouc, fit en deux mots miss Hazelstone.

Le kommandant van Heerden se recala dans son fauteuil, très en colère. Il ne pouvait plus supporter les plaisanteries de miss Hazelstone. Si la vieille fille pensait sérieusement qu'il allait accepter cette histoire à dormir debout d'idolâtres du caoutchouc, elle se trompait sur toute la ligne.

— Maintenant, écoutez-moi, miss Hazelstone, fit-il avec sérieux. Je comprends parfaitement ce que vous cherchez à faire, et je dois vous avouer que je vous admire pour cela. La loyauté envers sa famille est une très bonne chose et essayer de sauver son frère est très bien aussi, mais je dois faire mon devoir et rien de ce que vous pourrez me raconter ne m'empêchera de le faire. Maintenant, si vous aviez la bonté d'en venir au fait et de reconnaître que vous n'avez rien à voir avec le meurtre de votre cuisinier et que vous n'avez jamais été amoureuse de lui, pas même un peu, je vous laisserais partir. Sans quoi je me verrai dans l'obligation de prendre des sanctions sévères envers vous. Vous entravez le cours de la justice et ne me laissez aucune alternative. Allons, allons, ne soyez pas sotte et admettez que toute cette histoire de fétiche est ridicule.

Miss Hazelstone lui lança un regard glacial.

— Avez-vous besoin d'être stimulé ? demanda-t-elle. Je veux dire sexuellement.

— Cela ne vous regarde absolument pas.

— Cela a beaucoup à voir dans cette affaire, fit miss Hazelstone.

Elle hésita. Le kommandant van Heerden gigota dans son fauteuil, mal à l'aise. Il savait d'expérience que ses hésitations annonçaient de nouvelles confidences révoltantes.

— Je dois reconnaître que je ne suis pas facilement excitée, finit-elle par dire.

Le kommandant était heureux de l'entendre.

— J'ai besoin de caoutchouc pour stimuler mon appétit sexuel.

Le kommandant s'apprêtait à lui dire que dans son cas les capotes avaient un effet diamétralement opposé, mais il préféra se taire.

— Vous comprenez, je suis une fanatique du caoutchouc, poursuivit miss Hazelstone.

Le kommandant chercha à saisir toutes les implications de la remarque.

— Vraiment ? fit-il.

— J'adore le caoutchouc.

— Ah bon ?

— Je ne peux faire l'amour que si je suis habillée en caoutchouc.

— Et vous y arrivez ?

— C'est grâce au caoutchouc que Fivepence et moi nous sommes attirés.

— Ah oui ?

— Fivepence avait le même penchant.

— C'est vrai ?

— Quand je l'ai rencontré pour la première fois, il travaillait à resculpter des pneus dans un garage.

— Ah bon ?

— J'avais apporté mes pneus à rechapper et Fivepence était là. Au premier coup d'œil, j'ai su qu'il était l'homme que j'avais attendu toute ma vie.

— Réellement ?

— Je peux même dire que notre histoire a commencé autour d'un pneu Michelin X.

— Vraiment ?

Miss Hazelstone s'arrêta. L'incapacité du kommandant à prononcer plus de deux mots à la fois, et encore, sous forme d'une question à laquelle elle avait déjà répondu commençait à l'énerver.

— Est-ce que vous comprenez au moins ce que je vous explique ? lui demanda-t-elle.

— Non ! fit le kommandant.

— Je ne sais plus que dire pour vous faire comprendre, fit miss Hazelstone. J'ai essayé de vous expliquer ce qui m'attirait dans Fivepence aussi simplement que je le pouvais.

Le kommandant referma sa bouche restée béante, et chercha à se concentrer sur quelque chose de tangible. Ce que miss Hazelstone venait de lui raconter si simplement n'avait absolument rien d'abstrait, il est vrai. Mais si, juste avant cela, il avait erré au-dessus d'un gouffre insondable d'abstractions, les simples faits qu'elle venait d'exposer devant lui étaient si loin de tout ce à quoi son expérience pouvait l'avoir préparé qu'il se prit à penser que, dans l'ensemble, il préférait encore l'abîme conceptuel. Dans son effort pour retrouver le sens des réalités, il eut recours à la saine vulgarité. Il reprit le bonnet de bain de sur le bureau et le fit pendiller sur son doigt à quelques centimètres du visage de miss Hazelstone.

— Voulez-vous dire que la vue de ce bonnet peut vous provoquer un irrésistible désir de coucher avec moi ?

Miss Hazelstone acquiesça.

— Et que si je le portais vous ne pourriez plus contrôler vos pulsions sexuelles ? poursuivit-il.

— C'est cela, fit miss Hazelstone véhémentement. J'en serais incapable. Enfin, je veux dire, si.

Déchirée entre le torrent déchaîné du désir et son aversion totale pour le kommandant, elle ne savait plus où elle en était.

— Et j'imagine que vous allez me dire que votre cuisinier zoulou avait le même attrait pour le caoutchouc.

Miss Hazelstone acquiesça à nouveau.

— Je suppose que tous les vêtements que j'ai trouvés dans la chambre à l'étage vous appartiennent ?

Miss Hazelstone reconnut qu'ils étaient à elle.

— Et Fivepence portait les costumes et vous les chemises de nuit de latex ? C'est bien ça ?

Le kommandant van Heerden pouvait se rendre compte, à voir le visage de miss Hazelstone, qu'il avait enfin repris l'initiative. Elle en restait coite et le regardait, comme hypnotisée.

— C'est bien ce qui se passait ? poursuivit-il impitoyablement.

Miss Hazelstone secoua la tête.

— Non, fit-elle. C'était l'inverse.
— Ah bon ? Et qu'est-ce qui était inversé ?
— Les vêtements.
— Les habits étaient inversés ?
— Oui.
— A l'envers, j'imagine. Ou bien le devant derrière ?
— On peut voir les choses de cette manière.

L'expérience des habits de caoutchouc que le kommandant avait faite la nuit passée ne lui procurait aucun désir de les voir d'aucune manière.

— Comment ça, de cette manière ?
— C'était moi qui portais les costumes et Fivepence les robes. Comme vous avez pu vous en apercevoir, je présente quelques traits masculins marqués, et Fivepence, le pauvre chéri, était un travesti.

Le kommandant, qui la regardait avec un dégoût croissant, pouvait enfin comprendre ce qu'elle disait. Traits masculins, assurément ! Ce goût qu'elle avait, par exemple, pour les histoires écœurantes et incroyables. Et s'il devait accepter, fût-ce un instant, l'idée qu'un gros cuisinier zoulou avait pu porter les robes de sa « maît'esse », eh bien, ce Zoulou avait eu beaucoup de chance de disparaître de cette façon. Car il savait bien ce qu'il lui aurait fait si d'aventure il avait trouvé un domestique qui se pavanait dans des accoutrements féminins, de caoutchouc ou non. Il ne se serait sûrement pas contenté de lui remonter les bretelles !...

Il détourna son attention de cette éventualité pour la reporter à l'affaire. Il avait bien senti qu'il y avait quelque chose de sinistre dans la chambre aux draps de caoutchouc, et miss Hazelstone venait de lui en donner la raison.

— Ça ne vous sert à rien de chercher à couvrir votre frère, dit-il. Nous avons bien assez de pièces à conviction pour le pendre. Ce que vous me dites des habits de caoutchouc ne fait que confirmer ce que nous savons déjà. Quand nous avons arrêté votre frère la nuit dernière, il portait ce bonnet.

Il le lui présenta à nouveau.

— Bien évidemment. Il doit porter un bonnet de bain pour se baigner. Il a des problèmes d'oreilles.

Le kommandant van Heerden sourit.

— Il m'arrive parfois en vous écoutant, miss Hazelstone, de penser que moi aussi j'ai des problèmes d'oreilles, mais je ne me trimballe pas partout avec un bonnet de bain sur la tête.

— Jonathan non plus.

— Ah non ? ! Eh bien, peut-être pourrez-vous me dire comment il se fait que lorsque l'on me l'a amené ce matin, il le portait encore ? Il semblerait que votre frère aime particulièrement porter du caoutchouc.

— Il aura oublié de l'enlever, dit miss Hazelstone. Il est très distrait, vous savez. Il oublie toujours ce qu'il fait de ses affaires.

— J'ai remarqué, fit le kommandant.

Il s'arrêta, se réinstalla pesamment dans le fauteuil.

— Voici comment je vois les choses. Votre frère rentre de Rhodésie, probablement parce que les choses deviennent trop brûlantes là-bas.

— Ridicule ! l'interrompit miss Hazelstone. Je sais qu'il peut faire très chaud au Barotseland, mais Jonathan est habitué aux grosses chaleurs.

— Vous pouvez le dire ! fit le kommandant. Bref, quelle qu'en soit la raison, il revient. Il rapporte avec lui tous les habits de caoutchouc qu'il aime tant et il se met à essayer de séduire votre cuisinier zoulou.

— C'est scandaleux ! Jonathan n'irait jamais imaginer une chose pareille. Vous semblez oublier qu'il est évêque.

Le kommandant pouvait difficilement l'oublier puisqu'il n'était pas au courant.

— Il vous a peut-être bien raconté ça, mais nous, nous sommes informés que c'est un criminel convaincu. Nous avons une fiche à son sujet au commissariat. Le lieutenant Verkramp a tous les détails.

— Mais c'est insensé ! Jonathan est l'évêque du Barotseland.

— Probablement une couverture. Bien. Nous en étions arrivés au moment où il essaie de se taper Fivepence. Le cuisinier objecte et se sauve sur la pelouse. C'est là que votre frère tire.

— Vous êtes fou ! cria miss Hazelstone en se levant. Vous êtes complètement fou ! Mon frère était dans la baignoire quand j'ai tiré sur Fivepence. Quand il a entendu le coup de feu il est arrivé en courant pour administrer les derniers sacrements.

— Les derniers sacrements, façon de parler ! Et je suppose que c'est comme ça qu'il s'est couvert de sang ?

— Exactement.

— Honnêtement, croyez-vous que je vais croire qu'une adorable vieille dame comme vous peut tuer son cuisinier ? Et que votre frère que j'ai trouvé ivre mort sur un lit, nu et couvert de sang, est un évêque et qu'il n'a rien à voir avec le meurtre ? Sincèrement, miss Hazelstone, me prenez-vous pour un imbécile ?

— Effectivement, dit avec simplicité miss Hazelstone.

— Et puis, se dépêcha de continuer le kommandant, une espèce de cinglé a descendu vingt et un de mes hommes hier après-midi à l'entrée du parc. Vous n'allez tout de même pas me faire croire que vous les avez tués eux aussi, non ?

— En pensée, oui, fit miss Hazelstone.

Le kommandant van Heerden sourit.

— Ce n'est pas suffisant, j'en ai peur. J'aimerais pouvoir étouffer l'affaire et s'il ne s'agissait que de la mort de votre cuisinier, je dois dire que ce serait chose faite. Malheureusement, maintenant je ne peux plus rien. La justice doit suivre son cours.

Il fit pivoter sa chaise et se retrouva en face des étagères de livres. Il était assez content de lui. Tout s'était éclairci dans son esprit et il était sûr maintenant de pouvoir convaincre le procureur. Sa carrière était sauve. Derrière lui, miss Hazelstone agit avec célérité. Saisissant l'occasion que lui procurait la proximité de la nuque du kommandant et du presse-papiers de cuivre, elle réunit les deux objets avec toute la force dont elle était capable. Le kommandant s'écroula sur le sol.

Elle gagna lestement la porte et dit aux deux konstables en faction :

— Le kommandant vient d'avoir une attaque. Aidez-moi à le monter dans sa chambre.

Elle les précéda jusqu'à l'étage. Quand les deux konstables eurent déposé le kommandant sur le lit de la chambre bleue, elle les renvoya téléphoner à l'hôpital pour demander une ambulance. Les deux hommes, habitués à obéir aux ordres sans poser de questions, se précipitèrent dans le couloir et avertirent le sergent De Kock. Dès qu'ils furent partis, miss Hazelstone se jeta sur la porte de la chambre et siffla. Un doberman endormi sur le tapis du salon entendit le sifflement et quitta son sanctuaire. Silencieusement, il grimpa les marches et allongea le pas dans le corridor pour rejoindre sa maîtresse.

Le temps que le sergent De Kock téléphone à l'hôpital de Piemburg, qu'il arrive à obtenir qu'une ambulance soit envoyée à la résidence, qu'il fasse comprendre à la standardiste que le kommandant était un Blanc et que de ce fait il n'était pas besoin d'une ambulance pour Noirs, l'état de van Heerden avait dû empirer, à coup sûr.

Le sergent retrouva miss Hazelstone qui l'attendait au fond du couloir. Elle avait une attitude modeste, et cet air de mélancolie qui avait tant fait l'admiration du kommandant van Heerden la veille. Mais elle tenait dans ses mains quelque chose qui avait décidément tout de la mélancolie et rien de la modestie. L'objet n'avait pas la taille du gros fusil et il était clair qu'elle n'aurait pas « bousillé » un éléphant en train de charger à mille mètres, mais, malgré sa petite taille, il répondait parfaitement aux objectifs que miss Hazelstone avait en tête.

— C'est ça, fit-elle au sergent De Kock qui s'était arrêté sur le palier. Restez tranquille et il ne vous arrivera rien. C'est un fusil à pompe. Essayez de vous saisir de ma personne et vous saurez combien de cartouches contient le magasin. Vous aurez besoin de beaucoup d'hommes.

A ses côtés, l'énorme doberman grognait ses encouragements. Il était clair qu'il en avait assez des soldats. Sur le palier, le sergent De Kock restait immobile. Au ton de miss Hazelstone, il comprit qu'elle ne se répéterait pas, quelles que fussent les possibilités du fusil à pompe.

— C'est bien, poursuivit-elle tandis que le sergent la fixait. Regardez bien, et tant que vous y êtes, observez aussi les armes le long du mur. Elles sont toutes en état et j'ai assez de munitions dans ma chambre pour tenir un bon bout de temps.

Elle s'interrompit et le sergent, obéissant, passa les armes en revue.

— Bien. Et maintenant, vous allez redescendre au pas de course. Et n'essayez pas de remonter. Toby m'en avertirait.

Le chien recommença à grogner en signe d'assentiment.

— Et quand vous serez en bas, poursuivit-elle, relâchez mon frère. Je vous donne dix minutes pour le voir remonter l'allée à pied, sans entrave, en toute liberté. Au-delà de ce délai, j'abattrai le kommandant van Heerden. Si vous avez le moindre doute sur ma capacité à tuer, je vous conseille d'aller jeter un œil sur les arbres à caoutchouc dans le jardin. Je pense que vous y trouverez la preuve qu'il vous faut.

Le sergent De Kock n'avait pas besoin de ce genre de preuve. Il était tout à fait persuadé qu'elle pouvait tuer.

— Bon, vous semblez comprendre. Maintenant je vais rester avec le kommandant van Heerden jusqu'à ce que je reçoive un appel téléphonique de l'évêque du Barotseland. Quand je recevrai son coup de fil je libérerai le kommandant. Si je ne reçois rien de Jonathan d'ici quarante-huit heures, c'est un kommandant mort que je relâcherai. Vous avez bien compris ?

Le sergent acquiesça.

— Eh bien, maintenant, filez.

Le sergent descendit à toute allure. Dès qu'il fut parti, miss Hazelstone tira un coup de feu en manière d'avertissement. Le résultat allait dans le sens de l'idée que le sergent s'était faite du pouvoir de destruction du fusil. Soixante-quatre trous énormes apparurent sur la porte de la salle de bains.

Miss Hazelstone examina les trous avec satisfaction et retourna dans la chambre. Puis, après avoir attaché le kommandant à la tête du lit à l'aide des menottes qu'il avait trouvées dans la commode, elle fit quelques allées et venues dans le corridor. Cinq minutes plus tard, elle avait récupéré un mini-arsenal, et érigé deux formidables barricades qui arrêteraient d'éventuels assaillants assez longtemps pour qu'elle puisse se mettre à utiliser le fusil à pompe et les autres armes diverses qu'elle avait empilées devant la porte de la chambre. Enfin, pour faire bonne mesure, elle se construisit une barrière pare-balles avec une chaise longue et plusieurs matelas qu'elle avait traînés dans le couloir.

Quand elle en eut terminé, elle passa son œuvre en revue et sourit.

— Je ne pense pas que l'on soit dérangés de sitôt, Toby, fit-elle au doberman qui avait grimpé sur la chaise longue.

Après lui avoir tapoté la tête, elle retourna dans la chambre et se mit à déshabiller le kommandant.

11

Au rez-de-chaussée, le konstable Els avait une chaude discussion avec le sergent De Kock.

— Je te répète que je ne ressemble pas plus à un foutu évêque que..., ne cessait-il de crier.

— Que lui ? suggéra le sergent, en pointant le doigt vers Jonathan toujours avec ses menottes. Lui non plus n'a rien d'un évêque.

Els dut admettre que c'était vrai.

— Ça m'est égal. Je ne remonterai quand même pas l'allée avec ses frusques. Elle me reconnaîtrait à un kilomètre.

— Et après ? Elle est vieille. Elle ne tirerait pas droit, même si elle visait, fit le sergent.

— Tu es fou ? ! hurla Els. J'ai vu ce que ce vieux coucou est capable de faire avec un fusil. Elle a réduit en bouillie son cuisinier zoulou sans sourciller. Je suis bien placé pour le savoir. C'est moi qui ai dû ramasser c't'enculé.

— Écoute-moi, Els. Elle n'aura même pas le temps de tirer au jugé. Elle va aller à la fenêtre pour regarder et...

— Et dans la minute qui suivra, je serai réduit en particules éparpillées sur la moitié du parc. Non merci. Si on doit ramasser les morceaux après coup, moi je veux bien ramasser les tiens. J'ai plus d'expérience.

— Si tu me laissais seulement terminer..., fit le sergent. Dès qu'elle ira à la fenêtre, nous attaquerons dans le couloir. Elle n'aura pas le temps de te tirer dessus.

— Dans ce cas, pourquoi ne pas lui faire remonter l'allée à lui ? demanda Els. Je le tiendrai à l'œil et, dès que vous aurez sa sœur, on le reprend.

Le sergent ne voulait rien entendre.

— Ce salopard a déjà tué vingt et un hommes. Même pour tout l'or du monde, je ne lui enlèverai pas ses menottes.

Le konstable Els avait une bonne réponse à cela, mais il préféra la taire.

— Qu'adviendra-t-il du kommandant ? demanda-t-il. Elle le tuera à tous les coups.

— Bon débarras ! fit le sergent. Il s'est fait piéger, laissons-le se débrouiller tout seul.

— Si c'est comme ça, pourquoi ne pas affamer la vieille ?

Le sergent sourit.

— Le kommandant sera content quand il apprendra que tu voulais le laisser tuer. Allons, arrête de râler et mets ces vêtements.

Le konstable Els comprit son erreur. Sans l'incompétence du kommandant van Heerden, il avait de bonnes chances d'avoir à répondre du meurtre de vingt et un collègues. Il pensa qu'il valait mieux veiller à ce que le vieux ne soit pas tué, après tout. Il ne voulait pas voir un officier efficace prendre sa place. Il enfila les habits de l'évêque.

A l'étage, miss Hazelstone avait presque autant de difficultés à déshabiller le kommandant van Heerden

que le sergent en avait à faire endosser les vêtements de l'évêque à Els. Non qu'il opposât la moindre résistance. Mais sa taille et son manque involontaire de coopération n'étaient pas pour l'aider. Quand il fut enfin nu, miss Hazelstone alla dans la penderie chercher une chemise de nuit rose ainsi qu'une cagoule de même couleur et les lui passa tant bien que mal. Elle mettait juste la dernière touche à son costume quand elle perçut un mouvement de lit. Le kommandant revenait à lui.

Par la suite, le kommandant répéta souvent que cette terrible expérience était à l'origine de ses problèmes cardiaques. La première idée à se faire jour dans le labyrinthe de son esprit revigoré fut qu'il ne toucherait plus jamais à une goutte d'alcool de sa vie. Seule une bouteille de *Vieux Rhino* pouvait provoquer de tels maux de tête, et cette affreuse sensation que quelque chose de chaud et de poisseux adhérait complètement à son visage. Ce fut pire encore quand il voulut ouvrir les yeux. Convaincu qu'il avait sombré dans le delirium tremens ou que sa fièvre de la nuit précédente l'avait finalement terrassé, il ferma les yeux et essaya de comprendre ce qui n'allait pas. Ses bras semblaient être attachés au-dessus de sa tête, et son corps recouvert de quelque chose de très serré et d'élastique. Il essaya d'ouvrir la bouche pour dire quelque chose mais un truc horrible empêchait le moindre son de sortir. Incapable de bouger ni de parler, il leva la tête et jeta un œil sur l'apparition qui s'asseyait à côté de lui sur le lit.

Il s'agissait d'un homme âgé aux traits indescriptiblement féminins, vêtu d'un costume croisé de caoutchouc souple, de couleur rose saumon avec des rayures jaunes. Comme si ce n'était pas suffisant, il portait une chemise de latex blanc cassé et une cravate de caoutchouc mauve à pois. Bouche bée, il regarda l'individu pendant un moment, et fut effrayé de le voir lui lancer des œillades. Il ferma les yeux et tenta de conjurer l'apparition en se concentrant sur la douleur dans son crâne. Mais quand il les rouvrit la créature était toujours là, cherchant encore à le séduire. Le kommandant van Heerden ne se rappelait pas avoir jamais été lorgné ainsi par un vieux gentleman, mais il était sûr d'une chose : quand cela lui était arrivé (si ç'avait été le cas), il n'avait pas ressenti une aversion aussi violente qu'en ce moment précis. Pour la deuxième fois, il ferma les yeux, mais dut les rouvrir aussitôt. Une main venait de se poser doucement sur son genou et commençait à lui chatouiller la cuisse. Dans un mouvement de répulsion, le kommandant balança les jambes en l'air. Il put ainsi avoir un aperçu de ce qu'il portait et ne portait pas. Il était donc vêtu d'une chemise de nuit rose avec des volants dans le bas. Il frissonna et, conscient de s'être abandonné à toutes les dépravations que pouvait avoir en tête l'abominable vieil homme, il serra brusquement les jambes en se jurant de ne plus les ouvrir, quoi qu'il arrive. L'apparition continuait de lui faire de l'œil et de le chatouiller. Le kommandant s'empressa de tourner la tête vers le mur.

Juste devant son visage, il pouvait voir une petite table sur laquelle se trouvait quelque chose qui rendait les clins d'œil du vieillard, par comparaison, presque attrayants. Il ouvrit la bouche pour crier, mais aucun son n'en sortit. Par contre il aspira une pleine bouchée de latex, ce qui le laissa pantelant. Il se remettait à peine de sa tentative qu'un grognement dans le couloir attira l'attention du vieux qui se leva, attrapa un fusil et se dirigea vers la porte.

Le kommandant van Heerden en profita pour essayer de se détacher du lit. Il fit des bonds, se débattit, faisant fi de la douleur dans sa tête. C'est à l'occasion d'un de ces bonds qu'il vit se pointer sur lui, depuis la porte, le canon du fusil. Ainsi menacé, il se tint tranquille et fit un effort pour oublier ce qui se trouvait sur la table près du lit, prêt à servir : une seringue hypodermique et une ampoule sur laquelle était inscrit *Novocaïne*.

Le fait que les vêtements de l'évêque n'étaient pas exactement à sa taille n'arrangeait pas les affaires de Els qui, d'emblée, avait fait des difficultés pour les enfiler. La veste lui arrivait, comme la veille au soir, aux chevilles, et le pantalon le faisait ressembler à un phoque. Il avait prévu de courir dans l'allée. C'était foutu. Il n'avait bien sûr pas parlé de ce plan au sergent car il pensait qu'il le prendrait mal. Mais maintenant qu'il portait des chaussons à la place de ses bottes, il n'était plus question de courir. Encore heureux s'il arrivait à se dandiner. Or, ayant eu un jour le privilège de tirer sur un Cafre qui avait une jambe de bois, il avait compris qu'une cible qui se dandine est à coup sûr une cible morte. A ce point de sa réflexion, Els fut pris d'une seconde crise de rage.

Elle fut tout aussi inefficace que la précédente. Après s'être bien fait botter le derrière pour avoir mordu le sergent De Kock à la cheville, et avoir perdu plusieurs dents en les plantant dans le pied d'une table de fer forgé qu'il avait pris pour du bois, Els cessa la supercherie. On le conduisit dehors pour qu'il exécute son imitation d'évêque.

— Fais-le moitié moins bien que tu imites un chien enragé, Els, et ils te feront évêque, dit le sergent en lui donnant une bourrade qui l'envoya sur le chemin.

Tandis que le sergent et ses hommes grimpaient furtivement à l'étage, le malheureux Els entamait en sautillant ce qu'il savait être son dernier voyage. Le chapeau, trop grand pour lui, l'empêchait de voir où il allait. Et quand il essaya finalement de courir, il ne réussit qu'à tomber face contre terre. Il n'insista pas, considérant que la course était plus désastreuse encore que le dandinement. Derrière lui, il entendit un konstable se moquer de lui. Il en fut blessé. Il savait bien qu'il ressemblait à un gros canard noir. Et il était persuadé que ledit canard serait bientôt raide mort.

Alertée par les grognements du doberman, miss Hazelstone jeta un œil dans le couloir et écouta les craquements des bottes dans l'escalier. Derrière elle, le kommandant gigotait désespérément sur le lit, assurément en extase à l'idée des plaisirs qui l'attendaient. Elle se tourna pour pointer sur lui le fusil depuis la porte, et les frétillements préliminaires cessèrent brutalement. Une voix cria dans l'escalier :

— Il est en route ! L'évêque est en train de remonter l'allée.

— Je vais vérifier ! répondit en criant miss Hazelstone sans bouger d'un pouce.

On ne peut pas dire qui fut le plus surpris par ce qui se passa ensuite. Il est certain que le sergent De Kock fut éberlué de se retrouver dans le monde des vivants après que miss Hazelstone eut tiré sa première rafale. Il ne sut jamais qu'elle avait tiré en l'air, bien moins pour éviter les pertes que pour ménager sa défense. Cette fois, soixante-quatre trous énormes apparurent au plafond et le couloir se retrouva plein d'un brouillard de fine poussière de plâtre. Profitant de cet écran protecteur, le sergent et ses hommes se replièrent avec soulagement et se réunirent au milieu des plantes en pots du vestibule.

Miss Hazelstone, elle, examina avec satisfaction son œuvre quelque temps avant de retourner à la fenêtre de la chambre observer la chose qui essayait de remonter l'allée en courant.

Au premier coup d'œil, on pouvait voir qu'elle ne ressemblait en rien à son frère. Avec l'énorme chapeau enfoncé par-dessus ses oreilles qui l'empêchait de voir où il allait, et les jambes du pantalon qui s'étalaient derrière lui à chaque pas, Els traversait le parc en sautillant. Miss Hazelstone éclata de rire. En entendant ce rire, il redoubla d'efforts pour gagner sa course en sac. Au moment où elle tira, il se jeta par terre, par réflexe. Il n'avait pas à s'en faire : miss Hazelstone riait trop pour viser correctement. Ses balles trouèrent les feuilles d'un arbre à quelque distance de lui, et se contentèrent de blesser un gros vautour bien en chair en train de digérer son petit déjeuner. Il battit de l'aile, tomba au sol près de lui et vomit tripes et boyaux. Allongé sur l'herbe et impuissant, Els l'observa d'un air méditatif. Il ne trouvait pas ça drôle.

Le kommandant van Heerden non plus. Le rire portait trop la marque de la spécialiste de l'art de vivre pour lui laisser le moindre doute sur l'identité de la créature au complet rose saumon. Il ne connaissait personne qui rie ainsi, tire ainsi, ni présente un tel penchant pour les piqûres intramusculaires de novocaïne.

Miss Hazelstone revint s'asseoir sur le lit et prit la seringue.

— Vous ne sentirez rien, fit-elle en insérant l'ampoule. Rien du tout.

— Je le sais bien ! cria le kommandant dans sa cagoule de caoutchouc. C'est bien ce qui me fait chier.

Mais miss Hazelstone ne l'entendit pas. Les paroles sortaient de la cagoule sous forme de grognements et de cris étouffés, tout à fait incompréhensibles.

— Petite, petite, la quéquette au monsieur, dit miss Hazelstone avec douceur.

Elle souleva les jupes de la chemise de nuit et le kommandant chercha à la rendre plus petite encore. Il pensa que le meilleur moyen de la garder molle était de fixer l'aiguille, aussi se concentra-t-il sur cette dernière avec une grimace de détermination.

— Il faudrait faire mieux que ça, fit miss Hazelstone après un instant de méditation.

A l'évidence, il y avait un malentendu entre le kommandant et elle.

Sous la cagoule, le kommandant persistait vainement à expliquer qu'il n'était pas affligé du même mal que le cuisinier zoulou.

— C'est justement tout le contraire ! hurlait-il. Il me faut des heures et des heures.

— On est un grand timide, fit miss Hazelstone, qui se mit à réfléchir. Peut-être aimeriez-vous une petite séance de fouet ? Certains hommes apprécient, vous savez.

Elle se leva et fouilla la penderie, en émergeant enfin avec une cravache particulièrement effarante.

— Non, pas moi ! hurla le kommandant. Je n'aime pas ça du tout.

— Oui ou non ? fit miss Hazelstone alors que les cris étouffés persistaient. Inclinez la tête pour oui, secouez-la pour non.

Le kommandant secoua la tête aussi fort qu'il le put.

— C'est pas votre truc, hein ? fit miss Hazelstone. Eh bien, que diriez-vous de quelques photos cochonnes ?

Cette fois, elle alla chercher un album dans la penderie, et le kommandant se retrouva, fasciné, devant des photographies évidemment prises par un cinglé présentant un penchant pour les contorsionnistes et les nains.

— Ôtez ces horreurs de ma vue ! hurla-t-il quand elle plaça sous ses yeux une photo particulièrement perverse.

— C'est celle-ci que vous aimez ? demanda miss Hazelstone. C'était une position qu'affectionnait Fivepence. Je vais essayer de vous la faire prendre.

— Non, je ne l'aime pas ! s'écria le kommandant. Je la déteste. C'est répugnant.

Mais avant qu'il ait pu secouer la tête pour indiquer qu'il ne voulait pas qu'on lui casse le dos, miss Hazelstone avait saisi la cagoule d'une main et l'une de ses jambes de l'autre, et cherchait à les faire se rejoindre. Avec la force du désespoir, il l'envoya valdinguer à travers la pièce.

Dans le parc, Els se ressaisissait. Après avoir établi qu'il ne courait aucun risque de faire partie de la ration quotidienne de protéines du vautour, il décida que son interprétation de l'évêque avait assez duré. Il se leva et clopina jusqu'à un arbre. Là, il se débarrassa du pantalon ridicule. Puis il retourna à la résidence, vêtu de son seul caleçon et de la veste, et trouva le sergent De Kock couvert de poussière blanche et sous le coup d'un choc traumatique.

— Je ne sais que faire, dit le sergent. Elle s'est fait des barricades, là-haut, et on ne peut pas les franchir.

— Je sais quoi faire, moi, dit Els. Où est le fusil à éléphants ?

— Tu ne vas pas utiliser cette saloperie ? lui dit le sergent. Tu vas faire sauter toute la baraque autour de nous. En plus c'est une pièce à conviction...

— Qu'est-ce que cela peut foutre, si on a la peau de la vieille bique ?

— Peu importe la vieille. Si tu tires avec ce fusil dans la maison, tu vas faire sauter le mur du fond et il est probable que tu tueras le kommandant par la même occasion.

Els s'assit et réfléchit.

— C'est bon, fit-il au bout d'un moment. Récupérez-moi les mitrailleuses des tourelles des voitures blindées et je me charge d'elle.

Le sergent De Kock ne parut pas convaincu.

— Sois prudent, Els, et attention à ne pas tirer sur le kommandant.

— Je vais essayer, mais je ne promets rien, répondit Els.

Quand les quatre mitrailleuses Browning furent descendues des tourelles, il grimpa furtivement et silencieusement les marches de l'escalier. Il déposa les mitrailleuses sur une table basse, le canon pointé vers le couloir, et les y amarra. Le konstable Els avait appris tout l'intérêt d'une grande puissance de feu dans le blockhaus, et il faisait bon usage de cette expérience. S'il était vrai que les Browning étaient loin d'approcher la puissance du gros fusil, elles le devançaient en rapidité de tir.

« Cinq mille coups minute tirés dans le couloir feront du petit bois de tout ce mobilier et de la chair à saucisse de la vieille », pensa-t-il avec joie.

Il descendit récupérer d'autres ceintures de munitions. A son retour, il attacha une corde aux détentes des armes et se prépara pour la suite des opérations.

Le doberman qui dormait dans la chaise longue, et rêvait de sa lutte contre Els, le sentit s'approcher. Il avait longtemps caressé l'espoir de pouvoir relever le défi que Els lui avait lancé sur la pelouse, et il comprit que l'occasion était là. Il s'étira paresseusement et se laissa tomber sur le sol. Sans grognement avant-coureur, dans un silence plus grand encore que celui de Els, il longea à pas de loup le couloir et se fit furtivement un passage à travers les barricades de meubles.

Miss Hazelstone n'avait pas été le moins du monde déconcertée par la réaction du kommandant lorsqu'elle avait cherché à le mettre dans une position intéressante. La violence et la force dont il avait fait montre n'avaient fait qu'attiser son admiration pour lui.

— Vous êtes drôlement costaud, fit-elle en se relevant. Le genre ceinture noire de judo.

Pendant les quelques minutes qui suivirent, le kommandant eut à résister aux manipulations que miss Hazelstone lui administrait avec détermination pour le faire bander. A force de concentrer son esprit sur Els en tant qu'objet sexuel, le kommandant arriva malgré tout à conserver son manque de réaction. Finalement, miss Hazelstone dut s'avouer vaincue.

— Il est clair que vous n'êtes pas très porté sur les femmes.

Et avant qu'il ait pu lui faire remarquer, fût-ce par un grognement intelligible, qu'elle ne pouvait pas s'attendre à mieux si elle s'habillait en homme, elle s'était à nouveau emparée de la seringue hypodermique.

— Peut-être une injection de novocaïne mettra-t-elle un tigre dans votre moteur, fit-elle. Vous vous sentirez probablement un autre homme après.

— Je me sens déjà un autre homme ! cria le kommandant à travers la cagoule.

Il se tortillait furieusement, mais miss Hazelstone était trop absorbée par ce qu'elle faisait pour prêter la moindre attention à ses protestations. Alors que l'aiguille s'approchait, le kommandant ferma les yeux et attendit, les sens glacés d'effroi à l'idée de la piqûre. C'est à ce moment que le ciel s'écroula sur le palier. Miss Hazelstone lâcha la seringue et se dirigea vers la porte après s'être saisie du fusil. Les bruits qui venaient du couloir indiquaient qu'une sorte de bataille bestiale et féroce venait de commencer. La seringue hypodermique que miss Hazelstone avait lâchée dans sa hâte, et qui s'était plantée tel un dard dans l'aine du kommandant, distillait de la novocaïne à plein régime dans une de ses artères. Le kommandant, piqué au vif, fit une tentative désespérée pour s'échapper. Dans un effort herculéen il arriva à poser les pieds sur le sol et, traînant le lit derrière lui, il sauta par la fenêtre.

Si le kommandant van Heerden et miss Hazelstone étaient surpris par le tour fantastique qu'avaient pris les événements, le konstable Els l'était plus encore. Il venait juste de finir de mettre la dernière main à ce qu'il pensait devoir être l'exécution de miss Hazelstone quand il fut vaguement conscient que quelque chose d'imprévu se préparait. Comme mû par une sombre prémonition, il put apercevoir la tache noire du doberman rampant à travers le brouillard de plâtre qui emplissait le couloir. La gueule du chien était déjà grande ouverte et ses yeux se fixaient prématurément sur la veine jugulaire de Els. Ce dernier enfonça le plus qu'il put son menton dans sa poitrine et buta contre le groin de l'animal avec le dessus du crâne. Les crocs du chien, manquant la jugulaire, se refermèrent sur l'épaule de Els, et immédiatement les deux animaux reprirent leur lutte interrompue.

Tandis qu'ils roulaient sur le palier, cognant chaises et tables à droite, à gauche et au centre, tandis que miss Hazelstone faisait feu avec le fusil à pompe et que les barricades se désintégraient au-dessus d'eux, les mitrailleuses, qui avaient été déplacées et pointaient maintenant vers le plafond, se mirent à cracher des balles traçantes à une allure de cinq mille coups minute à travers le toit de Jacaranda. Un vautour éclopé qui, quelques minutes plus tôt, avait réussi à prendre son envol après une longue et pénible course, et qui volait alors crânement au-dessus de cette résidence qui avait pourvu à son dîner, son petit déjeuner, et à peu de chose près son déjeuner, s'évapora sous une grêle de balles dans une explosion de plumes et autres débris. Ce fut la seule victime de la bataille qui faisait rage à Jacaranda.

Une autre personne faillit recevoir un coup de fusil dans ses parties vitales : le kommandant van Heerden. Le sergent De Kock se trouvait dans le jardin quand, sur le palier, avait débuté l'affrontement qui avait permis au kommandant de se propulser avec le lit double par la fenêtre de la chambre. Il y était posté dans l'espoir d'avoir l'occasion de faire feu sur miss Hazelstone. Il regrettait d'avoir laissé le konstable Els se servir des mitrailleuses, et s'attendait pertinemment à ce que le plan tourne au désastre. Quand le tonnerre du tir explosa dans la maison, il se jeta par terre. Il était encore à plat ventre quand il entendit au-dessus de sa tête le fracas d'un bris de vitre, suivi d'un affreux « floc ». Il se remit sur ses pieds et fixa la chose qui pendait et se balançait à la fenêtre au-dessus de lui.

Le sergent n'était aucunement délicat et pas le moins du monde opposé à ce qu'on tire sur des femmes. Nombre de femmes zouloues pouvaient en attester. Et s'il avait pu imaginer un instant que la créature corpulente en chemise de nuit rose qui gigotait et se débattait contre le mur de la maison à quelque trois mètres de hauteur était miss Hazelstone, il aurait tiré sans la moindre hésitation. Mais il était par trop évident que ce qui se tortillait là-haut n'était pas la vieille dame. Elle n'était pas si grosse, elle n'était pas si poilue, et surtout il était certain qu'elle n'avait pas de tels organes reproducteurs. Il semblait bien difficile au sergent de comprendre cela. L'identité de l'individu lui posait vraiment un gros problème. Il en scruta le visage et vit qu'il portait un masque.

De tous les faits et gestes étranges dont le sergent avait été témoin depuis son arrivée à la résidence, celui-ci était assurément le plus bizarre. Et bizarre était bien le mot qui lui venait tout naturellement à l'esprit. Car, quelle que fût la nature de la personne qui pendait là-haut, encagoulée et à moitié vêtue, elle s'exposait honteusement et indécemment, au-delà de tout ce que l'on pouvait imaginer. A tout le moins, le sergent n'aimait pas les pédés, et il appréciait moins encore d'être sollicité d'une manière aussi écœurante par l'un d'entre eux. Il en était à envisager de mettre fin à cet étalage obscène par une rafale de mitrailleuse quand un objet non identifiable lui tomba dessus. Enveloppé d'un nuage de plumes, et drapé dans ce qui apparaissait comme le contenu semi-digéré d'un estomac après un énorme repas de viandes crues, le sergent De Kock se mit à errer à travers le jardin dans un état de choc.

Tandis qu'il essayait désespérément de se défaire du méli-mélo d'entrailles et de plumes, qui était spasmodiquement secoué de soubresauts sous la fenêtre, l'idée de débarrasser le monde du travesti délirant de la chambre le quitta momentanément. La découverte, parmi les détritus, de plusieurs boutons de cuivre et de l'insigne d'une casquette de policier sud-africain l'amena à se demander ce qui, bon Dieu, pouvait bien lui être tombé dessus. Il débattait encore de la chose quand un nouveau coup de feu au-dessus de lui le prévint que la bataille était loin d'être terminée. Il regarda en l'air et vit le matelas, au-dessus de la personne encagoulée, éclater dans un énorme nuage de plumes qui se mirent à flotter, puis à adhérer au sang et aux boyaux dont il était couvert. Le sergent prit la fuite. Derrière lui, une voix étouffée hurla « poule mouillée ! ».

12

N'ayant pas réussi, par son rapide coup de feu dans le couloir, à faire taire le vacarme des mitrailleuses, pas plus que les cris et les grincements de dents qui faisaient partie intégrante de tous les contacts entre le konstable Els et le doberman, miss Hazelstone dut reconnaître que son plan ne se déroulait pas comme prévu. En fait, le tapage de la bagarre sur le palier ne faisait qu'augmenter avec les rafales crépitantes qui éclataient dans ses barricades Louis XV et criblaient de trous — ceux-là authentiques — plusieurs pièces d'un mobilier néo-jacobite et une irremplaçable écritoire du XVIIIe originellement incrustée d'ivoire. Au-dessus d'elle des tuiles volaient en éclats sous l'impact des balles, et retombaient sur le toit comme d'énormes grêlons. Miss Hazelstone abandonna tout espoir de voir ce qui se passait à travers le brouillard de plâtre et réintégra la chambre à coucher.

Instantanément, elle comprit que là aussi quelque chose clochait. Il faisait nuit noire dans la pièce, et un objet volumineux obturait complètement la fenêtre et la vue sur le parc. Elle alluma la lumière et fut médusée à la vue du sommier de ce lit même sur lequel, à peine quelques minutes plus tôt, elle s'était assise pour encourager le kommandant van Heerden à devenir un vrai mâle. En voyant l'énorme lit, elle comprit que le kommandant était le contraire d'un impuissant. Il avait fallu dix hommes pour transporter ce lit à l'étage et le long du couloir, et voilà qu'un homme seul avait réussi à le soulever et à le porter jusqu'à la fenêtre d'où, debout sur l'appui, il le tenait certainement encore à bout de bras... Alors qu'elle réfléchissait, rêveuse, un hurlement étouffé lui parvint à travers le matelas.

— Faites-moi descendre de là ! criait le kommandant. Faites-moi descendre ! Faites-moi descendre ! Cette salope va me crever !

Miss Hazelstone esquissa un sourire.

— C'est le cas de le dire, murmura-t-elle en visant les ressorts du matelas.

Tout en appuyant sur la détente, elle remarqua qu'il était plutôt bienvenu que le kommandant rejoignît son Créateur ficelé à un matelas de la marque *Éternel Repos*. Quand les ressorts se mirent à grincer et les plumes à voler, elle tourna les talons et sortit dans le couloir en sanglotant.

Il est plus que probable que ces sanglots causèrent la mort de son très cher Toby. Car le doberman, qui jusqu'alors tenait la tête de Els entre ses crocs, se relâcha une fatale seconde. Fidèlement, il leva la tête et dressa l'oreille pour la dernière fois. Els, à moitié asphyxié par l'emprise persistante du chien sur son nez, ne laissa pas passer l'occasion et planta ses dents dans la gorge du chien. D'une main il le plaqua contre sa poitrine, de l'autre il attrapa ses testicules et serra tant qu'il put. Serrer est d'ailleurs loin d'être le terme approprié pour décrire l'extraordinaire pression qu'il exerça.

La véritable tenaille qui lui déchirait le gosier empêchait le chien de protester contre cette violation flagrante des lois de la boxe. Il se projeta sur le côté et joua furieusement des quatre pattes pour se libérer. Entraînant avec lui cette sangsue de Els, il s'élança vers les marches, et l'instant suivant les deux animaux fous partirent en vol plané au-dessus du grand escalier. Ils s'effondrèrent dans le hall d'entrée, sous les regards consternés des effigies de sir Theophilius et du juge Hazelstone. Seul le marcassin, implacablement attaché à un cadre de métal, pouvait juger de ce que son comparse moderne endurait.

Trois minutes plus tard, Els, affalé sur le sol de marbre du vestibule, sut qu'il avait gagné. Le doberman était mort. Il relâcha son emprise sur sa gorge et se remit péniblement debout. Autour de lui, des têtes de phacochères et autres buffles furent les seuls témoins de son triomphe. Tirant le chien par la queue, il sortit dans le parc à la recherche du vautour. Celuici l'avait regardé voracement, et Els pensa qu'il aimerait peut-être changer de régime. Il eut du mal à le retrouver, mais put constater que ce n'était en tout cas pas de faim qu'il était mort.

Les coups de feu qui avaient indirectement causé la mort de Toby furent à deux doigts de provoquer celle du kommandant. A deux doigts seulement car le kommandant avait eu la chance de se suspendre par les poignets aux pieds du lit. Ayant crevé la cagoule de ses dents, il fut stupéfait de voir que le sergent De Kock semblait sortir d'un abattoir de dindons. Cette explication de l'allure du sergent n'était évidemment pas la bonne, mais après toutes les perversions auxquelles il avait été soumis, le kommandant n'aurait pas été surpris d'apprendre que le sergent De Kock venait de se livrer à quelque dépravation sexuelle zoophile inspirée par son patronyme.

Il était encore plongé dans ces spéculations quand ses pensées furent noyées par le vacarme d'un coup de feu juste au-dessus de sa tête. Un nuage de plumes obscurcit tout à coup sa vue.

— Poule mouillée ! hurla-t-il à l'adresse du sergent qui disparaissait derrière l'angle de la maison.

Il éructait encore quand, quelques minutes plus tard, le sergent réapparut, flanqué de plusieurs konstables. Il lui sembla que sa voix n'avait plus tout son impact d'autorité habituel à travers le trou qu'il avait réussi à se frayer à coups de dents dans la cagoule de caoutchouc. Le petit groupe d'hommes rassemblés sous lui paraissaient plus amusés par ses ordres que prêts à les suivre.

— Détachez-moi ! hurla le kommandant. Détachez-moi !

Ignorant ces instructions, le sergent De Kock expliquait aux jeunes konstables les réalités les plus sales de la vie.

— Ce que vous voyez là, fit-il sinistrement, est un travesti.

— Kékséksa ? s'enquit un konstable.

— Un homme qui aime s'habiller en femme. Ce travesti-là est, en plus, un pervers.

— Détachez-moi, bande de crétins ! s'égosillait le kommandant.

— C'est un pervers, poursuivait le sergent, parce qu'il est homosexuel. Et doublement pervers, puisqu'il est fétichiste. Il adore le caoutchouc.

— Je vous ferai arracher vos galons si vous ne me détachez pas.

— C'est quoi un adorateur de caoutchouc, sergent ?

— C'est, jeune homme, un individu qui porte des déshabillés de caoutchouc et se pend à la fenêtre des chambres des autres pour solliciter ceux d'en dessous, continua le sergent en détachant de son costume plumes et éclats de verre. C'est le produit d'une société permissive, et vous savez tous que l'Afrique du Sud n'est pas un pays permissif ! Ce que fait cette ordure est interdit par la loi chez nous. Aussi, je suggère qu'on lui envoie une ou deux balles dans le fion pour lui donner un dernier grand frisson.

Cette suggestion fut accueillie par des hochements de tête approbateurs des konstables, et un crescendo de cris de la part du personnage encagoulé. Seul un konstable naïf fit une objection.

— Mais ça serait-il pas un assassinat, sergent ? demanda-t-il.

Le sergent De Kock le regarda avec sévérité.

— Êtes-vous en train de me dire qu'il faut laisser courir par le pays des mecs en déshabillés de caoutchouc rose ?

— Non, sergent, c'est contraire à la loi.

— Exactement ce que je disais. Nous ne ferions que notre devoir si nous lui tirions dessus.

— Ne pourrions-nous pas nous contenter de l'arrêter ? demanda le konstable.

— Je suis votre commandant, et je vous ordonne de me détacher !

— Il est coupable d'un autre délit, sergent, observa un autre konstable. Il se fait passer pour un officier de police...

— Jeunes konstables, vous connaissez la procédure, ou en tout cas vous devriez la connaître, poursuivit le sergent. Au moment d'appréhender un criminel la main dans le sac, que faites-vous ?

— Nous l'arrêtons, répondirent en chœur les konstables.

— Et si vous ne pouvez pas l'arrêter ? S'il essaie de se sauver ?

— Nous lui faisons une sommation.

— Et que faites-vous s'il ne s'arrête pas ?

— Nous tirons, sergent.

— Bien, fit le sergent. Alors, oseriez-vous me dire que ce salopard n'est pas un criminel pris sur le fait et qu'il ne cherche pas à s'échapper ?

Les konstables durent admettre que le sergent avait raison. Ils avaient atteint cette brillante conclusion quand Els arriva en boitillant triomphalement, traînant le doberman derrière lui.

— Regardez ce que je rapporte, fit-il fièrement.

Le petit groupe du sergent n'était pas impressionné.

— Regarde ce qu'on a !... firent-ils fièrement.

Le konstable Els dut admettre que le bidule pendant à la fenêtre rendait son propre trophée plutôt léger léger.

— On va se faire un pédé, fit le sergent. Tu veux y aller, Els ? Ça te connaît, ce genre de parties, non ?

— Pas celles-là, fit Els en apercevant la silhouette. C'est les parties du kommandant van Heerden. Je les reconnais cinq sur cinq.

Alors que le groupe des tireurs se dispersait dans la plus grande confusion en apprenant que celui qui pendouillait n'était autre que le kommandant van Heerden, la grande responsable de cette fâcheuse situation se demandait ce qu'elle devait faire. Elle pensa d'abord avoir enfin réussi à faire entrer dans le crâne du kommandant qu'elle avait vraiment pu tuer Fivepence. Mais aussitôt elle se rendit compte que l'opinion du kommandant n'avait plus d'intérêt, et elle espéra que son successeur aurait assez de jugeote pour l'arrêter rapidement.

Elle descendit chercher un policier pour se faire escorter jusqu'à sa cellule à Piemburg, mais la maison semblait déserte.

« J'ai dû leur faire peur », se dit-elle.

Elle alla chercher sa voiture. A mi-chemin du garage, elle se rappela que Fivepence avait les clés sur lui. Aussi grimpa-t-elle dans une des Land-Rover de la police.

Les konstables aidaient le kommandant à descendre par une échelle de l'autre côté de la maison, et personne ne prêta attention à la Land-Rover qui remontait l'allée à vive allure. Au portail, la sentinelle lui céda le passage et la voiture disparut dans un virage, sur la route de Piemburg.

Les événements de la journée étaient, pour la plupart, passés bien au-dessus de la tête de l'évêque du Barotseland. Nu, les menottes aux poignets, il était couché sur le sol de la cave, et cherchait à se concentrer sur des questions spirituelles qui lui paraissaient moins douloureuses que les affaires de la chair. Il n'y arrivait pas très bien. La faim et la douleur rivalisaient avec la peur pour s'emparer de son esprit. Plus encore, il craignait de devenir fou. En fait, il s'agissait moins de la peur de le devenir que de celle de l'être déjà. En vingt-quatre heures il avait vu bafouer un à un tous les principes acquis au cours de sa vie d'une manière qui portait, il se devait de l'admettre, la marque de la folie.

« Je suis évêque et ma sœur est une criminelle, se dit-il pour se rassurer. Si ma sœur n'est pas criminelle, il se peut que je ne sois pas évêque. »

Cette déduction logique n'était pas d'un grand secours. Il l'écarta donc, la trouvant par trop susceptible de déranger le peu d'équilibre qui lui restait.

« L'un d'entre nous est sûrement fou », conclut-il avant de se demander si les voix qu'il avait entendues dans les profondeurs de la piscine n'étaient pas après tout les symptômes de la maladie mentale dont il semblait souffrir.

D'un autre côté, il croyait si fermement en l'intervention du Seigneur dans les affaires du monde qu'il se mit à se demander quel commandement il avait bien pu transgresser pour mériter la punition qui lui était infligée. Il en vint à la conclusion qu'il était coupable d'orgueil. « L'orgueil mène toujours à la chute », se dit-il. Mais il ne pouvait concevoir un orgueil si paroxysmique qu'il pût justifier la profondeur de sa chute. Ce n'était certainement pas la petite autosatisfaction qu'il s'était accordée lors de sa nomination au Barotseland qui pouvait lui valoir le châtiment terrifiant qu'il endurait. Il préféra penser que ses souffrances actuelles n'étaient que les prémices d'heureux événements à venir, une mise à l'épreuve de sa foi. Il se consola aussi à l'idée qu'il devait y avoir au monde des gens connaissant des situations plus critiques encore, bien qu'il ne pût imaginer ni quelles gens ni quelles situations.

— Je porterai mon fardeau avec joie et mon âme renaîtra, fit-il avec suffisance avant de s'abîmer en méditation.

Le kommandant van Heerden en était arrivé, pour sa part, à une conclusion diamétralement opposée. En vingt-quatre heures, il avait subi les maux de toute une vie. Il savait avec certitude qu'il y avait trois choses qu'il ne voulait plus jamais voir : des chemises de nuit en caoutchouc, le sergent De Kock et la résidence de Jacaranda. Toutes trois avaient perdu le charme qu'il leur prêtait jadis, soit dans les deux premiers cas pas grand-chose.

Pour ce qui était de Jacaranda, il reconnaissait qu'il avait eu un faible pour l'endroit, mais constatait amèrement que ce n'était pas réciproque. La résidence réservait ses faveurs aux seules personnes de rang social irréprochable et de lignée britannique. Pour les simples mortels, elle était terrifiante. Il énuméra, en ordre social décroissant : lui-même, Els, le doberman, Fivepence et le vautour. Il avait été troussé, terrifié et menacé de mort ; Els agressé par deux fois ; le doberman mordu à mort ; Fivepence pulvérisé sur toute la surface du jardin et le vautour sur toute celle du sergent De Kock. Ces outrances avaient un rapport trop direct avec le niveau social de leurs victimes pour qu'il pût subsister le moindre doute quant à la réputation de snobisme dont jouissait la famille Hazelstone. Dans l'ensemble, il trouvait que Els s'en était plutôt bien sorti, considérant ses origines et sa position sociale.

D'un autre côté, il avait de bonnes raisons de penser que les misères de Els n'étaient pas terminées. S'il avait été par deux fois l'instrument de la survie du kommandant (celui-ci devait reconnaître que l'intervention du konstable sur le palier lui avait donné le temps de sauter par la fenêtre, et que c'était encore lui qui avait arrêté le zèle du sergent De Kock) il restait toujours ce petit problème de l'échauffourée au portail d'entrée. Le style de Els s'y reconnaissait trop, et le konstable allait devoir s'expliquer.

Dans le bureau, tout en se rhabillant, le kommandant regardait Els avec circonspection. Le konstable se tamponnait de l'antiseptique sur le nez et jouait avec le presse-papiers. Le temps d'enfiler son pantalon, le kommandant avait pris de fermes décisions. Miss Hazelstone avait gagné. Il était maintenant convaincu qu'elle était très probablement l'assassin de Fivepence. Malheureusement, elle ne pouvait pas, et ça il le savait, avoir massacré les policiers de l'entrée du parc. Quelqu'un d'autre en était responsable. Or, bien que la logique désignât Jonathan Hazelstone, il l'avait vu endormi sur le lit juste avant que ne s'ouvrît le tir. Si Jonathan était innocent, le coupable ne pouvait être que Els. Il n'y avait qu'un pas de cette déduction au problème des responsabilités. Qui, demanderait-on, avait laissé un dangereux maniaque comme Els s'emparer d'un fusil à trente-six canons et lui avait donné la permission de s'en servir ?

Soupesant les diverses dettes de reconnaissance qu'il avait envers le konstable, et ses bien compromises possibilités de carrière, le kommandant prit une décision rapide.

— Els, fit-il d'un ton badin en s'asseyant au bureau. Je veux que vous réfléchissiez bien avant de répondre à ma question. Que vous réfléchissiez très fort.

Els leva les yeux nerveusement. Il n'aimait pas le ton du kommandant.

— Quelle heure était-il quand vous avez abandonné votre poste au portail d'entrée hier après-midi ?

— Je n'ai pas abandonné mon poste, mon kommandant.

Le kommandant frissonna. C'était pire qu'il ne pensait. Cet idiot allait proclamer haut et fort qu'il était resté là-bas tout l'après-midi.

— Je crois que vous avez abandonné votre poste, Els. En fait, je le sais parfaitement. A trois heures et demie, très précisément.

— Non, mon kommandant. J'ai été relevé.

— Relevé ?

— Oui, mon kommandant. Par un grand konstable brun qui avait laissé son pistolet au poste.

— Par un grand konstable brun qui avait laissé son pistolet au poste ? répéta lentement le kommandant, se demandant où se trouvait le piège.

— C'est exact. C'est bien ce qu'il m'a dit, mon kommandant. Qu'il avait laissé son pistolet au poste. Il m'a demandé de lui prêter le mien.

— Il vous a demandé de lui prêter le vôtre ?

— Oui, mon kommandant.

Le kommandant van Heerden tourna et retourna ces propos dans sa tête avant de poursuivre. Il devait admettre qu'ils étaient bien intéressants.

— Pourriez-vous reconnaître ce grand konstable brun si vous le voyiez ? demanda-t-il.

— Certainement, mon kommandant. Il se trouve dans la cave.

— Dans la cave. C'est bien ça ?

Le kommandant regarda par la fenêtre et réfléchit. Au-dehors, le sergent De Kock patrouillait dans l'allée. En le voyant le kommandant songea qu'il en aurait peut-être besoin. Il alla à la fenêtre et cria :

— Sergent De Kock. Venez ici. Au pas de course !

Un instant plus tard, le sergent se trouvait devant le bureau du juge, avec au cœur l'amer regret d'avoir pris le kommandant pour un travesti.

— Combien de fois vous ai-je dit, sergent, que je ne veux pas voir mes hommes se promener dans des uniformes débraillés ? fit le kommandant, sévèrement. Vous êtes censé donner l'exemple. Mais regardez votre tenue ! Elle est dégoûtante ! Vous faites honte à la police sud-africaine !

— Je me suis sali dans l'exercice de mes fonctions, mon kommandant. Un vautour est venu crever sur moi, mon kommandant.

— Qui se ressemble s'assemble, sergent.

— Très drôle, mon kommandant, fit le sergent qui n'appréciait pas vraiment.

— Hum..., fit le kommandant. En tout cas, pour ma part, je vous trouve inexcusable.

— Je n'ai pas choisi d'être ici.

— Ne cherchez pas d'excuses. Je n'avais pas non plus choisi d'être là où j'étais il y a un moment, et que je sache vous n'avez pas eu la moindre commisération pour mon état. Aussi, n'en attendez pas de moi. Enlevez cet uniforme dégueulasse immédiatement. Els, allez chercher le prisonnier.

Pendant que le sergent se déshabillait, le kommandant continua de le sermonner. Quand il eut quitté son uniforme, il en avait plus appris sur son compte qu'il n'aurait aimé.

— Et qu'est-ce que je vais porter pour retourner au camp ? demanda-t-il.

Le kommandant lui lança la chemise de nuit en caoutchouc.

— Essayez donc ça, grinça-t-il.

— Je ne vais tout de même pas descendre en ville avec ça sur le dos ! fit le sergent, incrédule.

Le kommandant opina du chef.

— Ce qui est bon pour l'un..., fit-il furtivement.

— Je n'ai pas l'intention d'être la risée du camp, insista le sergent.

— Personne ne vous reconnaîtra. Vous porterez ceci aussi, fit le kommandant en lui tendant la cagoule.

Le sergent hésita, l'air piteux.

— Je ne sais..., fit-il.

— Moi, si ! hurla le kommandant. Mettez ces vêtements. C'est un ordre.

Et tandis que le sergent, cédant devant son courroux, se glissait dans l'accoutrement révoltant en se demandant comment il s'expliquerait devant sa femme, le kommandant poursuivit :

— A partir de maintenant, vous allez incognito, sergent. Et si vous arrivez à fermer votre gueule, cela restera entre vous et moi.

— Merde alors, sûrement pas ! Je vais enlever ces saloperies vite fait. Bon Dieu, comment voulez-vous que je me plie à la discipline quand vous me ridiculisez de la sorte ?

— Imbécile ! Cette cagoule est un masque parfait. Vous devriez le savoir. Ah ! Autre chose. Vous ne dites rien de ce que vous avez vu et je me tairai en ce qui vous concerne. D'accord ?

— Je n'ai pas le choix.

Dans les minutes qui suivirent, le sergent De Kock apprit qu'il n'avait jamais vu de vautour ; qu'il n'avait jamais mis les pieds à Jacaranda ; qu'il était supposé avoir pris un congé pour rendre visite à sa mère malade (que sa mère fût morte dix ans plus tôt ne méritait pas d'être mentionné). Sachant qu'on le traiterait de capote anglaise pour le restant de ses jours s'il ne faisait pas ce qui lui était demandé, le sergent ne se sentait pas en situation de discuter les ordres du kommandant.

L'évêque du Barotseland en était arrivé à la même conclusion à peu de chose près. Toute cette affaire était une regrettable erreur et la police s'en apercevrait bientôt. C'était ce qu'il se disait tandis que le konstable Els le conduisait sans ménagements vers le bureau. Il fut enchanté de trouver le kommandant dans un état d'esprit plus amical qu'il ne l'avait été plus tôt dans la journée.

— Vous pouvez lui enlever les menottes, Els. Bon, Mr Hazelstone, continua-t-il quand ce fut fait, nous ne voulons que vous soumettre à une petite expérience. Elle concerne cet uniforme.

Il souleva la tunique tachée de sang du sergent De Kock.

— Nous avons des raisons de penser que l'homme responsable des meurtres d'hier portait cet uniforme. Je veux juste que vous l'essayiez. S'il ne vous va pas, et je ne pense pas une minute que ce soit le cas, vous serez libre.

L'évêque observa l'uniforme et douta qu'il pût lui aller. Il était nettement trop petit pour lui. De plusieurs tailles.

— Je ne pense pas pouvoir entrer dedans, fit-il.

— Eh bien, passez-le et nous verrons, fit le kommandant d'un ton encourageant.

L'évêque l'enfila. Dans un coin de la pièce un sinistre individu en chemise de nuit et cagoule ricanait. Le sergent De Kock commençait à y voir clair.

L'évêque fut enfin en mesure de prouver son innocence. Le pantalon était trop court d'un bon pied. On ne pouvait pas tirer la fermeture Éclair jusqu'en haut. Et les manches de la tunique s'arrêtaient aux coudes. Il n'avait évidemment jamais porté cet uniforme dans lequel il pouvait à peine se mouvoir.

Il se tourna joyeusement vers le kommandant.

— Là, vous voyez. Je vous avais bien dit qu'il ne m'irait pas.

Le kommandant van Heerden posa sur sa tête la casquette du sergent. Puis il fit un pas en arrière et observa son chef-d'œuvre avec satisfaction.

— Une dernière chose, fit-il. Nous devons procéder à une confrontation.

Cinq minutes plus tard l'évêque se retrouva aligné avec vingt policiers. Le konstable Els passa la file en revue. Par souci de vraisemblance, il hésita devant plusieurs hommes avant de s'arrêter devant l'évêque.

— C'est l'homme qui m'a relevé, mon kommandant, fit-il avec emphase. Je le reconnaîtrais n'importe où. Je n'oublie jamais un visage.

— Vous en êtes tout à fait sûr ?

— Certain, mon kommandant.

— C'est bien ce que je pensais, fit le kommandant. Remettez les menottes à ce salopard.

Avant qu'il ait pu comprendre ce qui se passait, l'évêque se retrouva avec les menottes aux poignets, enfourné à l'arrière d'une voiture de police. A ses côtés se trouvait le sinistre type à la cagoule.

— C'est un mensonge, une erreur ! cria l'évêque, quand la voiture démarra. C'est un coup monté.

— Vous pouvez le dire, murmura le type à la cagoule.

L'évêque le regarda.

— Qui êtes-vous ? demanda-t-il.

— Le bourreau, fit l'homme avec un petit rire étouffé.

A l'arrière de la voiture de police, l'évêque du Barotseland s'évanouit.

Sur le perron de la résidence de Jacaranda, le kommandant donnait ordre sur ordre. Ils étaient tout à fait explicites. Trouver, arrêter et transporter d'urgence miss Hazelstone à l'asile de fous de Fort Rapier. Trouver, ramasser et transporter à l'armurerie de la police toutes les armes mortelles qui se trouvaient dans la maison. Trouver, ramasser et transporter au poste de police de Piemburg tous les objets en caoutchouc, tapis de bain et imperméables inclus. Bref, récupérer toutes les pièces à conviction et se tirer. Non, il n'était pas nécessaire d'enlever les panneaux de la rage et de la peste bubonique. Ils étaient bien de circonstance et au moins ils annonçaient les dangers auxquels s'exposaient les visiteurs du parc de Jacaranda. Dorénavant le kommandant pourrait conduire l'affaire sur des bases plus solides. Il ferait de la prison de Piemburg son quartier général, prison d'où Jonathan Hazelstone ne pourrait sortir, et où — c'était le plus important — sa sœur ne pourrait entrer. Et qu'on enlève cette saloperie de seringue hypodermique de sa vue. Il avait eu son content de seringues.

Lorsque les hommes se dispersèrent pour exécuter ses ordres, le kommandant rappela Els.

— Bien joué, Els, fit-il charitablement. Mais vous avez commis une petite erreur.

— Une erreur ? Laquelle ?

Le kommandant sourit.

— Ce n'est pas un konstable qui vous a relevé au portail, mais un sergent.

— Ah oui, c'est vrai, ça. Maintenant que vous le dites, ça me revient. C'était un sergent.

13

La prison de Piemburg se trouve à l'orée de la ville. Elle est vieillotte et, vue de l'extérieur, ne manque pas de charme. Avec ses murs de stuc, il y subsiste une atmosphère de l'austérité passée. Au-dessus de l'énorme porte de métal se lit l'inscription *Maison d'arrêt de Piemburg*. La porte, elle, est peinte en noir brillant. De chaque côté, les fenêtres hérissées de barreaux du centre administratif rompent la monotonie des murs dont le sommet est délicatement recouvert de cactus de fonte qui donnent à l'ensemble du bâtiment un petit air horticole. Les visiteurs de Piemburg qui viendraient à passer devant ce grand rectangle de maçonnerie pourraient aisément se croire aux abords d'un immense jardin potager, n'étaient les cris persistants et fréquents qui s'échappent de ce chef-d'œuvre de l'art de la ferronnerie, donnant à penser qu'un être mystérieux et plus vorace encore qu'une plante carnivore vient de se refermer sur sa victime.

A l'intérieur, l'impression est moins trompeuse. Lors de l'inauguration du poteau de flagellation par sir Theophilius en 1897, le vice-roi avait complimenté l'architecte pour « avoir créé grâce à cette construction ce sentiment de sécurité qu'il est si difficile de trouver à l'heure actuelle ». Cette remarque, venant d'un homme dont le sentiment d'insécurité était si manifeste, parlait d'elle-même. L'enthousiasme de sir Theophilius n'était guère partagé par ceux qui entraient dans cette prison. Tristement connue dans toute l'Afrique du Sud pour la sévérité de son directeur, le gouverneur Schnapps, elle avait en outre la réputation d'être infranchissable et d'avoir le moins de récidivistes.

Si la prison était infranchissable, le quartier de haute surveillance l'était deux fois plus. Installé près de l'échafaud, judicieusement surnommé LE CIEL, le quartier de sécurité à moitié enfoui dans le sol était appelé L'ENFER.

L'évêque n'y trouvait rien à redire.

— Je vois bien que c'est l'enfer, dit-il au gardien qui le poussait dans une cellule minuscule. Pas besoin de m'expliquer.

— J'pourrais vous expliquer que'ques autres trucs, fit le gardien à travers la grille.

— J'en suis persuadé, fit l'évêque avec précipitation.

Ce qu'il avait vécu dans la voiture avec l'homme masqué lui avait appris à ne plus poser de questions idiotes.

— J'garde toujours c'te cellule pour les assassins, poursuivit le gardien. Elle est pratique à cause de sa porte, vous comprenez.

— J'aurais cru que c'était plutôt un désavantage quand il s'agit de prisonniers qui ont de bonnes raisons de vouloir s'échapper, dit l'évêque qui commençait à se faire à l'idée qu'il était bel et bien prisonnier.

— Oh non ! Y n's'échappaient pas, mais ça facilitait leur arrivée au CIEL. On les poussait dans le passage, directement sur l'escalier. Y z'avaient clamsé avant d'avoir pigé le truc.

L'évêque fut soulagé.

— Je suis heureux que vous insistiez sur le passé. Je présume que l'on ne pend plus depuis longtemps.

— Pas d'puis vingt ans. Pas à Piemburg, en tout cas. De nos jours on les pend à Pretoria. 'Peut plus s'marrer.

L'évêque s'imaginait la tristesse d'une vie où l'on pouvait trouver les pendaisons amusantes, quand le gardien ajouta :

— Notez qu'ce s'ra différent pour vous. Z'êtes un Hazelstone. Z'êtes un privilégié, fit-il avec envie.

Pour la première fois de sa vie, l'évêque fut heureux d'être un Hazelstone.

— Comment ça ? demanda-t-il avec espoir.

— Z'avez l'droit d'être pendu à Piemburg. C'est que'qu'chose qu'a à voir avec vot'grand-père. J'sais pas quoi, mais j'vais voir si j'peux apprendre que'qu'chose.

Il disparut dans le passage et abandonna l'évêque qui se traitait de tous les noms pour avoir une fois encore posé une question idiote. Pendant qu'il faisait les cent pas dans la cellule, il entendit un bruit de véhicule au-dehors. Il jeta un œil par la lucarne et vit arriver le kommandant.

Celui-ci avait pris la précaution de descendre de Jacaranda dans une voiture blindée. Il était en train d'expliquer au gouverneur Schnapps qu'il allait réquisitionner son bureau.

— C'est impossible ! protesta ce dernier.

— C'est possible, et je vais le faire ! fit le kommandant. J'ai les pleins pouvoirs. Je vous demanderai de bien vouloir me montrer votre bureau afin que je puisse y faire porter mon lit de camp et me mettre au travail.

Il s'installa donc dans le bureau en question, laissant le gouverneur tout à la rédaction d'une lettre de doléances destinée à Pretoria, et ordonna qu'on lui amène Els.

— Où est le lieutenant Verkramp ? demanda-t-il. Je veux le savoir.

Pour une fois, le konstable était mieux au courant que lui.

— Il est à l'hôpital. S'est fait blesser au portail de Jacaranda.

— Le mec lui a tiré dessus ? Mériterait une médaille.

Els fut un peu surpris. Ce qu'il connaissait du courage de Verkramp ne lui paraissait pas mériter une médaille.

— Qui, Verkramp ? demanda-t-il.

— Non, bien sûr que non. Le type qui lui a tiré dessus.

— On ne lui a pas tiré dessus. Il s'est jeté dans un fossé.

— Typique, fit le kommandant. Quoi qu'il en soit, je veux que vous alliez le chercher à l'hôpital. Dites-lui qu'il faut qu'il interroge le prisonnier. Je veux une confession complète. Ça urge.

Le konstable hésita. Il n'était pas pressé de reprendre contact avec le lieutenant.

— Il n'acceptera pas d'ordres de moi, fit-il. Et puis il s'est peut-être blessé en tombant dans ce fossé.

— J'aimerais avoir votre optimisme, Els. Mais j'en doute. Ce salaud est un simulateur-né !

— Pourquoi ne pas lui ficher la paix ? Je veux bien m'occuper de confesser le prisonnier.

Le kommandant secoua la tête. L'affaire était trop importante pour laisser Els la bousiller avec ses méthodes épouvantables.

— J'apprécie votre offre, mais je préfère que ce soit le lieutenant qui s'en occupe.

« Voilà bien sa gratitude », pensa Els en le quittant pour aller chercher Verkramp à l'hôpital.

Il le trouva couché sur le ventre et s'alimentant avec une paille. Manifestement, son dos interdisait à Verkramp tout autre mode d'alimentation.

— Quoi ? fit le lieutenant en bougonnant quand le konstable Els se présenta devant lui. Qu'est-ce que c'est ?

— Je suis venu prendre de vos nouvelles, fit Els avec tact.

— Voyez vous-même, répondit-il, observant avec réprobation les bottes sales de Els. Je suis sérieusement touché.

— Je vois, fit Els, content que le lieutenant ne puisse voir son visage.

Il regrettait d'avoir jeté un œil dans la fosse.

— Il vous a tiré dans le dos, hein ?

— 'M'est arrivé dessus par-derrière, dit le lieutenant qui n'appréciait pas qu'on pût supposer qu'il ait cherché à se sauver.

— Moche. Très moche. Enfin, vous devriez être content d'apprendre qu'on a attrapé ce salaud. Le kommandant veut que vous l'interrogiez immédiatement.

Verkramp manqua en avaler sa paille.

— Qu'est-ce que vous dites ? postillonna-t-il jusque sur les bottes de Els.

— Il veut vous voir tout de suite.

— Qu'il aille se faire foutre ! Je ne bougerai pas d'un poil. De toute manière les médecins ne me l'autoriseraient pas.

— Vous ne voudriez pas le lui annoncer vous-même ? Il ne me croira pas.

Finalement, on apporta un téléphone au chevet du lieutenant et le kommandant put lui dire un mot. En fait, il en dit nettement plus d'un, et le lieutenant fut finalement convaincu de venir au rapport. A moins de comparaître devant une cour martiale pour lâcheté, désertion en présence de l'ennemi, et incompétence pour avoir laissé vingt et un policiers se faire massacrer sous son commandement, il ne lui semblait pas possible de rester à l'hôpital. Verkramp était d'une humeur épouvantable et pas encore tout à fait net quand il arriva à la prison pour interroger Jonathan Hazelstone.

L'humeur du kommandant van Heerden n'était pas plus brillante. Après avoir momentanément fait preuve d'optimisme en croyant que l'affaire était sur le point d'être conclue maintenant que le prisonnier était sous les verrous, il était tombé dans un état de pessimisme extrême en apprenant que miss Hazelstone courait toujours. Depuis qu'elle avait quitté le parc, on ne l'avait pas revue. On avait retrouvé la Land-Rover abandonnée, mais pas trace de miss Hazelstone. Et bien que le kommandant fût presque sûr qu'elle ne mettrait pas les pieds dans la prison de peur de se retrouver en face de lui, il n'avait aucun doute qu'elle ne fût sur le point de compromettre son avenir depuis l'extérieur.

En premier lieu, il ne pouvait pas se permettre de la laisser colporter le bruit qu'elle l'avait ligoté sur un lit dans une chemise de nuit de latex et qu'il n'avait pas été capable de bander assez pour recevoir une piqûre. Il se consolait en pensant que le cercle d'amis de miss Hazelstone était particulièrement restreint quand il se souvint que parmi tous ses biens, en dehors de ses mines d'or, la famille Hazelstone était propriétaire du journal local, dont le rédacteur en chef n'avait jamais fait preuve de considération pour la police. Le kommandant n'avait aucune envie de fournir le sujet d'un article au *Natal Chronicle*, et son sang se glaça dans ses veines à l'idée de gros titres du genre : LA PLUS PETITE QUEUE DU MONDE : LE KOMMANDANT EN DÉSHABILLÉ REFUSE LA PIQÛRE.

Il donna l'ordre d'installer des barrages sur toutes les routes au départ de Piemburg et d'effectuer des descentes au domicile de tous les amis de miss Hazelstone. Tous les hôtels et les auberges de la ville devaient être contrôlés, et des hommes en civil allaient se mêler à la foule des grands magasins. Enfin le kommandant ordonna de placarder des affiches promettant une grosse récompense pour toute information permettant la capture de miss Hazelstone, et afin de vérifier que cette dernière n'avait pas encore fait d'aveux pour le grand public, il s'arma de courage et quitta la sécurité de la prison pour aller s'entretenir personnellement avec le rédacteur en chef du *Natal Chronicle*.

— En vertu des pouvoirs exceptionnels qui me sont conférés, je vous interdis de rien publier de ce qui vous serait soumis par miss Hazelstone, lui exposa-t-il. En fait, si elle vous soumet quoi que ce soit vous devez me le transmettre sans en prendre connaissance.

Le rédacteur en chef se dépêcha de faire arrêter l'impression de l'article que miss Hazelstone donnait régulièrement pour la page féminine, et dont le titre était *Comment transformer un kraal zoulou en cottage*. Il le parcourut pour vérifier s'il contenait quelque chose de subversif, mais à part la recommandation insistante d'utiliser du latex pour les housses amovibles, il n'y trouva rien d'extravagant. De toute manière, il était bien assez occupé à tenter de savoir combien de victimes avait faites l'épidémie de rage et de peste bubonique qui semblait frapper la communauté. Jusqu'à présent, il pouvait seulement affirmer que les seules personnes à présenter les symptômes de la rage étaient toutes membres de la police de Piemburg.

Les recherches se poursuivirent toute la nuit et toute la journée du lendemain. Des centaines d'hommes en civil parcoururent la ville ou hantèrent les magasins, ce qui rendit très difficile la surveillance des rayons par les vigiles. Nombre de dames âgées furent jetées menottes aux poignets dans des voitures de police et dépêchées à l'asile de Fort Rapier. Nombre d'entre elles durent y rester pour dépression nerveuse.

Sur les routes de Piemburg, camions et voitures devaient faire une queue de plusieurs heures, car les policiers fouillaient chacun des véhicules. Les retards furent particulièrement fastidieux sur la route de Durban où l'on dut fouiller les camions des abattoirs qui transportaient des déchets pour la conserverie JOJO (« repas tout prêts pour toutous et Zoulous »). Le kommandant van Heerden avait imposé à ses hommes de fouiller tous les véhicules de fond en comble, et les camions de l'entreprise JOJO contenaient vingt-cinq tonnes d'abats immangeables, mais sans nul doute nutritifs, qui entraient dans une large part dans « le foie et l'amour » que JOJO promettait aux chiens et aux serviteurs dociles. C'étaient des cervelles de porc, des boyaux de bœuf et des entrailles de tous les animaux malades possibles et imaginables. Les hommes qui se trouvaient au barrage de la route de Durban furent donc mis à rude épreuve pour s'assurer que miss Hazelstone ne se cachait pas dans le magma infâme qui les accueillait chaque fois qu'ils arrêtaient l'un de ces camions. Les occupants des voitures, dont le nombre grossissait, n'étaient pas peu surpris de voir les policiers grimper à bord des camions JOJO, vêtus d'un simple maillot de bain, d'un masque et de palmes, puis plonger dans un tas de viande semi-liquide dont même le peu regretté vautour n'aurait pas voulu pour son repas. Quand les policiers revenaient de leur quête aussi vaine que prolongée, ils ne ressemblaient en rien à l'idée que les habitants de Piemburg se faisaient de ceux qui veillaient sur leurs intérêts. Aussi nombre d'automobilistes préférèrent-ils interrompre le voyage qu'ils avaient entrepris et rentrer gentiment chez eux plutôt que d'être ainsi passés au crible. Ceux qui restèrent virent les garnitures de leur voiture irrémédiablement tachées par des flics à moitié nus et sanguinolents qui venaient jeter un œil sous les sièges et dans la boîte à gants à la recherche de l'insaisissable miss Hazelstone.

Pendant ce temps, on passait au peigne fin les maisons de ses amis dont bon nombre, qui s'étaient flattés de faveurs qu'ils n'avaient jamais obtenues de sa part, trouvèrent que son amitié était porteuse de terribles conséquences, la moindre n'étant pas d'être suspecté de complicité avec un criminel recherché par la police.

Malgré toutes ces mesures autoritaires, miss Hazelstone courait toujours, merveilleusement inconsciente du fait qu'elle était l'objet d'une chasse à l'homme aussi méticuleuse.

Après avoir passé les grilles de Jacaranda, elle avait suivi la route principale vers la ville, garé la Land-Rover de la police dans la rue principale, et marché jusqu'au poste pour se constituer prisonnière.

— Je suis miss Hazelstone, de Jacaranda. Je viens me livrer, fit-elle au vieux konstable en faction, qui était l'un des retraités auxquels le kommandant van Heerden avait instamment demandé qu'ils reprennent du service.

On lui avait enlevé la vésicule biliaire ainsi que la partie la plus basse de ses intestins, mais il n'en avait pas moins gardé toute sa tête et il avait été assez longtemps dans la police pour savoir que des clients bizarres venaient régulièrement faire de faux aveux. Il observa de bas en haut le vieux gentleman en costume rose saumon avant de répondre :

— Ah bon ? fit-il sympathiquement. Ainsi vous êtes miss Hazelstone, n'est-ce pas, monsieur ? Et pourquoi voulez-vous qu'on vous arrête ?

— J'ai tué mon cuisinier.

— Vous avez de la chance d'avoir un cuisinier à tuer. C'est ma vieille qui fait la cuisine, et à en juger par l'état de mes tripes, enfin de ce qu'il en reste, cela fait des années qu'elle cherche à me tuer. Sans les miracles de la chirurgie moderne, elle y serait bel et bien arrivée. Savez-vous, ajouta-t-il sur le ton de la confidence, que les chirurgiens ont mis quatre heures à me retirer tous les trucs pourris que j'avais dans le corps ? Ils m'ont enlevé la vésicule et ensuite le...

— Je ne suis pas là pour discuter de votre santé, répliqua miss Hazelstone, cinglante. Cela ne m'intéresse pas le moins du monde.

Le konstable Oosthuizen n'était pas content.

— Si c'est comme ça que vous le prenez, gare à vous. Et maintenant, fichez-moi le camp !

Miss Hazelstone n'avait pas l'intention de se faire rabrouer ainsi.

— Je suis venue me faire arrêter pour meurtre, insista-t-elle.

Le konstable Oosthuizen leva les yeux du dictionnaire médical qu'il était en train de compulser.

— Écoutez, fit-il. Vous venez juste de me dire que mon état de santé physique ne vous intéressait pas. Eh bien, figurez-vous que moi, je me fous de votre état de santé mental. Alors, du balai !

— Est-ce que cela veut dire que vous refusez de m'arrêter ?

Le konstable soupira.

— Je vais vous arrêter pour vagabondage si vous ne déguerpissez pas au triple galop.

— Très bien, c'est pour ça que je suis venue, dit miss Hazelstone en s'asseyant sur un banc contre le mur.

— Vous êtes vraiment enquiquinante, c'est tout ce que vous êtes. Allons venez ! Je vous enferme.

Elle le suivit jusqu'au sous-sol et il l'emprisonna dans une cellule.

— Criez un bon coup quand vous voudrez sortir !

Il s'en retourna à sa lecture des maladies de l'appareil digestif. Quand il quitta le poste il était encore si absorbé par sa propre pathologie qu'il en oublia de mentionner la présence de miss Hazelstone au konstable qui le relevait. Aussi y était-elle toujours sagement assise dans son costume de caoutchouc quand il revint prendre ses fonctions le lendemain matin.

Vers midi il finit par se rappeler le vieux gentleman. Il descendit le délivrer.

— Vous en avez assez ? demanda-t-il en ouvrant la porte.

— Vous venez me questionner ? demanda miss Hazelstone.

Elle espérait bien se faire cuisiner.

— Je ne vous apporte pas votre déjeuner, si c'est ce que vous pensez.

— Bon, fit miss Hazelstone, allons-y.

Le konstable Oosthuizen semblait abasourdi.

— Vous êtes une drôle de vieille buse. Et gâteuse si vous voulez mon avis.

— Qu'allez-vous faire de moi ?

— Vous foutre dehors avec mon pied au cul, fit le konstable. Je n'ai pas envie de vous voir encombrer le poste de police.

— Je suis miss Hazelstone, de Jacaranda, recherchée pour meurtre. Il est de votre devoir de m'arrêter.

— Et moi, je suis la reine d'Angleterre. Allons, débarrassez-moi le plancher avant que je ne me fâche.

— Je vous répète que je suis recherchée pour meurtre, insista miss Hazelstone.

— On ne doit sûrement pas vous rechercher pour autre chose...

Le konstable reprit son dictionnaire médical et se mit à lire un article concernant la gynécomastie.

Miss Hazelstone tenta de lui faire entendre raison.

— Que dois-je faire pour me faire arrêter si vous ne m'arrêtez pas pour un meurtre ? demanda-t-elle.

— Vous pouvez toujours essayer de vous taper un Cafre, suggéra le konstable. En général, ça fait merveille.

— Mais c'est justement ce que j'ai fait pendant les huit dernières années, lui dit miss Hazelstone.

— Allons, je doute que vous en ayez les moyens.

Ce fut la seule réponse qu'elle reçut car le konstable se disait en reprenant sa lecture qu'elle devait être atteinte de cette gynécomastie dont il venait d'apprendre qu'elle se traduisait par un développement anormal des seins chez l'homme.

— Si vous ne voulez pas m'arrêter, je vous demanderai de me faire raccompagner chez moi, dit miss Hazelstone.

Le konstable Oosthuizen savait faire des compromis.

— Où habitez-vous ? demanda-t-il.

— A la résidence de Jacaranda, bien évidemment.

— J'aurais dû m'en douter, fit le konstable.

Tout heureux de s'en débarrasser, il l'emmena dans la cour du poste de police.

— Raccompagnez ce vieil homme à Jacaranda, dit-il au chauffeur de la voiture de police qui partait à ce moment-là.

Et avec toute la rapidité et la déférence à laquelle elle était habituée, elle fut conduite et déposée devant la porte de Jacaranda. La voiture n'avait pas été arrêtée aux barrages, et pour cause.

14

Le lieutenant Verkramp était impatiemment attendu par le kommandant van Heerden pour l'interrogatoire du prisonnier. Il boitilla jusqu'au bureau du gouverneur pour se rendre au rapport.

— Je suis bien mal en point, fit-il tout grincheux. Les médecins ne voulaient pas que je quitte l'hôpital.

— Assurément, lieutenant, fit le kommandant avec contentement. Assurément. Mais puisque vous êtes là, ne perdons pas notre temps. J'ai besoin de votre aide.

— De quoi s'agit-il cette fois ? demanda Verkramp.

Le kommandant avait toujours besoin de son aide, mais c'était bien la première fois qu'il le reconnaissait.

— Voici le dossier de la famille Hazelstone, dit le kommandant. A l'intérieur se trouve le rapport que vous avez envoyé au boss. Je l'ai lu, et je dois dire, lieutenant, que vous avez fait preuve d'une plus grande perspicacité que je ne vous l'accordais.

Le lieutenant sourit. Il n'était pas dans les habitudes du kommandant de faire de tels compliments.

— Vous écrivez là, poursuivit le kommandant en tapant sur le rapport, que les Hazelstone sont connus pour leurs sympathies pour la gauche et le communisme. Je voudrais savoir ce qui vous a amené à écrire cela.

— Tout le monde sait qu'ils sont marxistes, dit Verkramp.

— Moi, pas, fit le kommandant. Et je voudrais bien savoir ce qui vous le fait penser.

— Eh bien, tout d'abord, le neveu de miss Hazelstone est à l'université.

— Ce n'est pas suffisant pour en faire un coco.

— Il croit en l'évolution des espèces.

— Hum..., fit le kommandant avec doute.

Il savait que c'était une doctrine subversive, mais la seule existence de Els la rendait irréfutable.

— Quoi d'autre ? demanda-t-il.

— J'ai inspecté la bibliothèque. C'est plein de littérature communiste. Il y a *L'Insigne rouge du courage, Beauté noire,* la collection complète des œuvres de Dostoïevski, et même le livre de Bertrand Russell qui est à l'index, *Pourquoi je ne suis pas chrétien.* Je vous assure que ce sont tous des livres dangereux.

Le kommandant van Heerden se sentait impressionné. Verkramp avait été plus perspicace encore qu'il ne l'avait imaginé.

— Cela me semble assez concluant, dit-il. Et au sujet du frère, Jonathan Hazelstone. Vous dites qu'il a un casier judiciaire.

— C'est exact. Il habite en Rhodésie et il a fait de la prison.

— Il se dit évêque.

— Il peut dire ce qu'il veut, fit Verkramp. Cela ne change rien. J'ai vérifié les faits auprès de la police rhodésienne. Vous trouverez le télégramme qu'ils m'ont retourné dans le dossier.

Le kommandant sortit le télégramme.

— Je ne sais par quel bout le prendre. C'est en code ou quelque chose dans le genre. Lisez-le vous-même, fit-il en tendant le télégramme à Verkramp.

Le lieutenant jeta un œil sur les hiéroglyphes.

— C'est pourtant assez clair, fit-il au bout d'un moment. « Jonathan Hazelstone deux ans prêtre Bulawayo trois ans charge Barotse actuellement trois semaines synode Umtali. » Il faudrait être le dernier des crétins pour ne pas comprendre, dit-il.

— Alors, je suis un crétin, trancha le kommandant. Traduisez-le-moi.

Verkramp poussa un soupir. Voilà ce qui arrivait quand on avait affaire à un kommandant illettré.

— C'est très simple. Il a fait deux ans à la prison de Bulawayo pour avoir détruit par le feu un immeuble. Trois ans pour avoir tué un indigène Barotse pendant que ce dernier faisait la sieste et trois semaines à Umtali pour avoir réuni une assemblée illégale.

Le kommandant van Heerden réfléchit un moment.

— Comment ça, réuni une assemblée ? demanda-t-il.

— Vous avez bien entendu parler des escrocs, non ? Il a fait acheter de fausses actions et d'autres trucs aux gens.

— Ah bon ? C'est donc ça ? J'aurais cru qu'on lui aurait donné plus de trois semaines pour une chose pareille. Après tout, il en a pris pour trois ans pour avoir tué un négro. C'était un peu raide.

Le kommandant était soulagé de savoir qu'il avait tiré le bon numéro. Il n'avait plus aucun doute. L'affaire tenait parfaitement debout. Un homme qui avait tué un Barotse pendant que le pauvre bougre dormait n'était pas du genre à hésiter quand il s'agissait de trucider un cuisinier zoulou.

— Eh bien, nous n'avons plus besoin que de bons petits aveux. Je compte sur vous pour les trouver demain matin sur mon bureau.

Le lieutenant Verkramp frissonna.

— Si vous en avez besoin si rapidement, il vaut mieux vous adresser à Els. Ma méthode nécessite que le prisonnier soit tenu éveillé au moins trois jours, et dans le cas d'un professionnel blindé comme ce type il faudrait plus encore.

— Je ne peux pas demander cela à Els. Nous ne pouvons nous permettre de voir clopiner en plein tribunal un Hazelstone, sans ongles et avec des couilles comme des citrouilles. Imaginez ce que l'avocat de la défense en ferait. Réfléchissez un peu ! Non, l'interrogatoire doit être mené discrètement et je vous en confie la responsabilité, dit le kommandant en ayant recours à la plus basse flatterie. Faites-en ce que vous voulez, mais faites en sorte qu'il soit encore entier quand vous en aurez fini.

C'est avec cette *carte blanche*[1] que le kommandant mit fin à l'entretien et commanda son dîner.

Dans le quartier de haute sécurité, Jonathan Hazelstone n'eut pas droit au dîner. En aurait-il eu, il est peu probable qu'il eût réussi à l'avaler. Il venait d'apprendre par le vieux gardien les raisons pour lesquelles il jouissait du privilège extraordinaire d'être pendu au CIEL.

— C'est en rapport avec que'qu'chose qu'a dit vot'grand-père dans son discours inaugural d'la prison, lui expliqua le gardien. Il avait dit qu'il voulait

1. En français dans le texte.

qu'les potences soient bien entret'nues pour l'cas où sa famille voudrait les utiliser.

— Je suis persuadé qu'il ne pensait pas à mal, fit tristement l'évêque que l'affreux legs de son grand-père étonnait.

— Vot'père, l'regretté juge, ça c'était quelqu'un qu'aimait l'échafaud. Y avait des types, y z'ont pris leur dernier repas dans cette même cellule où vous vous trouvez, eh bien, y m'disaient qu'ils étaient sûrs qu'ils sortiraient libres comme l'air, eh bien j'vous fiche mon billet, vot'vieux n'en avait rien à foutre, il enfilait la robe noire et il les condamnait. Paf.

— La réputation de mon père m'a toujours désolé.

— Moi, j'm'en f'rais pas pour ça. C'est l'échafaud qui m'foutrait des sueurs froides, si j'étais à vot'place.

— J'ai une confiance totale en la justice des hommes.

— On n'l'a pas utilisé d'puis vingt ans, poursuivit le gardien. C'est pas sûr.

— Ah non ? s'enquit l'évêque. Et c'est exceptionnel ?

— 'L'est infesté d'horloges de la mort[1]. V's'aurez d'la chance si v's'arrivez en haut des marches vivant, si vous voulez mon avis, fit le gardien avant de s'en aller en traînant le pas dans le couloir pour laisser la place dans L'ENFER au lieutenant Verkramp et au konstable Els.

L'interrogatoire allait commencer.

Bien qu'il se ressentît encore de ses blessures, le lieutenant Verkramp était déterminé à appliquer au prisonnier la technique sud-africaine standard.

---

1. Vrillettes.

— Je vais lui passer de la pommade, expliqua-t-il à Els, et lui faire croire que je suis un type sympa, et vous, vous serez le sale mec.

— Est-ce que je peux utiliser la gégène ? demanda Els avec convoitise.

— Il est trop important. Et vous ne devez pas cogner trop fort non plus.

— Qu'est-ce qu'on va bien pouvoir faire, alors ? fit Els qui ne pouvait concevoir qu'on pût obtenir sans violence les aveux d'un innocent.

— Le garder éveillé jusqu'à ce qu'il n'en puisse plus. Ça a toujours marché, croyez-moi.

Le lieutenant Verkramp s'installa au bureau et, après avoir ordonné qu'on lui amène le prisonnier, il afficha un air de compassion. Mais pour l'évêque, à son arrivée dans la pièce, l'expression du lieutenant ne suggérait qu'une hostilité contrite et haineuse. Dans les heures qui suivirent, cette première impression s'avéra à tout le moins d'un optimisme délirant. Les efforts de compassion du lieutenant avaient convaincu l'évêque qu'il avait affaire à un homosexuel sadique affligé d'une overdose d'hallucinogènes. Il n'y avait assurément pas d'autre explication aux ouvertures que lui faisait le lieutenant, ni à la version biscornue de sa propre vie que Verkramp élaborait avec insistance. Tout ce que l'évêque se rappelait avoir fait dans son existence changeait complètement de sens aux yeux de Verkramp.

Par exemple, ce n'étaient pas des cours de théologie qu'il aurait suivis à Cambridge. Il y aurait été initié à la théorie marxiste-léniniste par un homme qu'il avait toujours pris pour un professeur anglican éminent, mais qui était en fait un théoricien du parti, formé à Moscou. Au fur et à mesure que les heures se traînaient, le peu de prise que l'évêque avait sur la réalité se réduisit à néant. Les illusions qu'il avait nourries sa vie durant s'évanouirent pour faire place à de nouvelles certitudes auxquelles l'esprit dérangé de son accusateur désirait instamment le faire souscrire.

Quand ils en arrivèrent aux événements de la veille l'évêque, qui n'avait rien mangé depuis trente-six heures et venait de passer six heures les mains sur la tête, était prêt à avouer le meurtre de l'intégralité des forces de la police sud-africaine si cela pouvait lui permettre de s'asseoir cinq minutes.

— Je les ai tués avec un lance-roquettes à canon multiple que m'a procuré le consul de Chine à Dar-es-Salaam, répétait-il lentement tandis que Verkramp notait sa déclaration.

— Bon, fit enfin le lieutenant. Voilà qui est tout à fait concluant.

— Heureux de vous l'entendre dire. Maintenant, si vous n'y voyez pas d'inconvénient, je voudrais qu'on me laisse penser à mon avenir, dit l'évêque.

— Je pense que pour ça, vous pouvez vous reposer sur nous, dit le lieutenant. Il n'y a plus qu'un point que je voudrais éclaircir. Pourquoi avez-vous tué le cuisinier de votre sœur ?

— J'ai découvert que c'était un agent de la CIA, fit l'évêque maintenant très au fait des rouages de la pensée de Verkramp.

Depuis belle lurette, il avait compris qu'il ne servait plus à rien d'argumenter. De toute évidence l'esprit de Verkramp carburait aux romans d'espionnage, et c'était le genre d'explication qu'on pouvait lui faire avaler.

— Ah, c'est vrai ? fit Verkramp en prenant mentalement note d'enquêter auprès des cuisiniers de Piemburg pour savoir combien d'entre eux étaient payés par les Américains.

Quand Verkramp en eut fini avec lui, l'évêque avait atteint la conclusion qu'il n'avait qu'une seule chance d'échapper à l'exécution capitale que lui avait réservée son grand-père : se concocter une confession si absurde qu'elle ne pourrait être acceptée par le juge lors du procès, ou qu'elle lui permettrait de plaider la maladie mentale. « Pendu pour pendu... » se dit-il quand Els arriva pour prendre le relais de l'interrogatoire. Il se demandait quels nouveaux crimes il pourrait bien ajouter à sa liste. Le konstable se faisait une joie de lui en suggérer quelques-uns.

— Qu'est-ce que j'apprends ? Vous voulez que les honnêtes gens se mettent à épouser des Cafres ? commença Els.

Il savait qu'il était censé interroger un communiste, et la seule chose qu'il savait des communistes, c'était qu'ils voulaient que les Blancs épousent les Noires.

— Je ne me souviens pas d'avoir préconisé la chose publiquement, fit l'évêque prudemment.

— Je ne pense pas que vous l'ayez fait en public, effectivement, dit Els dont le goût pour les relations sexuelles avec les Noires avait toujours été limité à la plus stricte intimité. Vous auriez été arrêté.

L'évêque était perplexe.

— Pourquoi ? demanda-t-il.

— Pour apologie publique des négresses, voyons. Mais dans le privé, c'est autre chose, hein ? On crache pas dessus.

— Il est exact que j'y ai un peu pensé.

— Allons ! Reconnaissez que vous ne vous êtes pas contenté d'y penser. Vous l'avez bel et bien fait.

L'évêque ne voyait pas ce qu'il y avait de mal à l'admettre.

— Eh bien, une fois ou deux j'ai soulevé le problème. Je l'ai exposé dans des réunions du conseil paroissial.

— Lors de réunions, hein ? fit Els. Des sortes de groupes de rencontre ?

— Je suppose que l'on peut les présenter ainsi, dit l'évêque qui n'avait jamais encore entendu l'expression.

Els le lorgna.

— J'imagine que vous le présentez autrement aussi ?

— Je le leur ai présenté tout net, d'homme à homme, fit l'évêque qui se demandait ce que cela pouvait avoir affaire avec le meurtre de policiers.

Els avait du mal à concevoir qu'on puisse le présenter d'homme à homme et le dire net en même temps.

— Je n'ai pas tourné autour du pot.

— Je ne pense pas qu'il en soit besoin avec un homme, acquiesça Els.

— Oh, il y avait aussi des femmes, fit l'évêque. C'est le genre de chose où le point de vue d'une femme peut aider.

— Vous pouvez le dire.

— Cela peut paraître étrange, mais j'ai trouvé les femmes plus réceptives à la chose que les hommes.

— Cela ne m'étonne pas de vous.

— Bien sûr, ce n'est pas quelque chose que la plupart des gens peuvent accepter d'emblée. Je le leur présente graduellement, mais dans l'ensemble ils ont pu se rendre compte qu'il n'y avait rien à redire.

— Bon Dieu ! fit Els. Vous avez dû vous payer de sacrées partouses.

— J'espère que je ne vous ennuie pas, fit l'évêque avec espoir.

— Rien de ce qui touche au sexe ne m'ennuie.

— Me permettez-vous de m'asseoir ? dit l'évêque de façon impromptue, profitant de l'intérêt évident que Els lui accordait.

— Je vous en prie.

Els ne se lassait pas des histoires de groupes et autres perversions de l'évêque.

— Bon, eh bien ! fit l'évêque après s'être assis. Où en étais-je ?

— Vous m'expliquiez combien les femmes aimaient les têtes à queues, fit Els.

— Ah bon ? C'est incroyable. Je n'en avais aucune idée.

Et à mesure que la nuit avançait, le konstable Els se laissait ravir par le prisonnier. Enfin il avait rencontré un homme sympathique, un homme pour lequel n'existaient pas la honte, le remords, ni le regret, mais une vocation sans égale pour la luxure.

C'était difficile pour l'évêque, car son imagination était loin d'être à la hauteur. Face à une curiosité si dévorante, il tenta néanmoins de faire face. Els, fasciné par les descriptions d'orgies nocturnes avec chasubles et soutanes, l'écoutait avec passion. Entre autres informations des plus précieuses, le konstable apprit que l'évêque Hazelstone portait des barrettes et possédait une crosse pastorale en caoutchouc.

— Pourquoi en caoutchouc ? lui demanda le kommandant van Heerden dans la matinée quand il lut les aveux signés.

— Pour mieux se la foutre au cul, expliqua Els. Il l'utilise pour les communions solennelles.

— Vraiment ? fit le kommandant avant de relire l'étonnant document.

Si le quart de ce que l'évêque avait confessé était vrai, pensa-t-il, ce salaud aurait dû être pendu depuis des années.

15

Tandis que le procès de Jonathan Hazelstone se préparait, le kommandant van Heerden se débattait avec le problème que lui posait la disparition de la sœur du prisonnier. Malgré une chasse à l'homme des plus intenses, miss Hazelstone échappait toujours à la police. Le kommandant augmenta la récompense offerte pour sa capture, mais aucune information digne de ce nom ne fut enregistrée au standard du commissariat de Piemburg.

La seule consolation que le kommandant en tirait c'était que miss Hazelstone ne lui avait pas posé de problème supplémentaire. Elle n'avait communiqué ni avec son avocat, ni avec les journaux hors de sa circonscription.

— C'est une vieille diablesse rusée, dit-il au lieutenant Verkramp.

Et il s'inquiéta de noter que renaissait en lui l'admiration qu'il avait éprouvée pour elle auparavant.

— Je ne m'inquiéterais pas pour cette vieille garce. Elle fera probablement son apparition au procès, répondit Verkramp avec optimisme.

Le kommandant remarqua que la chute du lieutenant ne l'empêchait pas de dire des choses intentionnellement contrariantes pour son officier supérieur.

— Si vous êtes si malin, de quel côté pensez-vous que nous devrions commencer les recherches ? grogna le kommandant.

— 'L'est certainement installée à Jacaranda en train de se marrer.

Et Verkramp se retira pour compulser une liste de cuisiniers noirs connus pour apprécier le poulet du Maryland.

— Connard sarcastique, murmura le kommandant. Un de ces jours, quelqu'un lui fera sa fête.

En fait, ce fut une initiative de Els qui amena la capture de miss Hazelstone. Depuis sa bagarre avec le doberman, il n'avait cessé de regretter d'avoir abandonné le corps de l'animal sur la pelouse de Jacaranda.

— J'aurais dû le faire empailler. Il ferait bien dans la salle de police, dit-il au kommandant dans un moment de laisser-aller.

— J'aurais cru qu'il avait été bien assez bourré, avait répliqué le kommandant. En plus, on n'a jamais vu de chien empaillé !

— Il y a plein de lions et de phacochères et de trucs dans l'entrée de Jacaranda. Je ne vois pas pourquoi je ne mettrais pas un chien empaillé dans la mienne.

— Vous vous mettez à avoir de ces idées de grandeur...

Els sortit demander au gardien de L'ENFER des renseignements sur l'empaillage des chiens. Il lui semblait que le vieil homme devait être au courant de ce genre de choses.

— Faut l'emporter au taxidermiste, lui expliqua ce dernier. Y en a un au musée, mais j'vous conseille d'lui d'mander un d'vis d'abord. C't'un travail qui coûte cher.

— Ça m'est égal, fit Els.

Et ils allèrent ensemble voir l'évêque pour le questionner sur le chien.

— Il me semble qu'il avait un pedigree, leur dit l'évêque.

— Qu'est-ce que c'est, un pedigree ? demanda Els.

— Un arbre de famille, fit l'évêque qui se demandait si la mort du chien allait être ajoutée à la liste de ses crimes.

— Chochotte ! Un arbre de famille ? ! fit Els à l'intention du gardien. Il n'aurait pas pu pisser contre les lampadaires comme tous les autres chiens ?

— Trop gâté, à mon avis, dit le gardien. Y m'fait plus penser à un chien d'salon qu'à un doberman. Je n'suis plus surpris qu'vous ayez pu l'tuer si facil'ment. 'L'est probablement mort de peur.

— Alors là, sûrement pas ! Je me suis battu comme un diable. Le chien le plus féroce que j'aie jamais vu, fit Els, bien embêté.

— Je n'le croirai que quand je l'verrai, dit le gardien.

Et Els prit instantanément la décision d'aller chercher le doberman pour laver son honneur.

— Permission de faire un tour à Jacaranda, fit-il au kommandant un peu plus tard.

— Permission pour quoi faire ? fit le kommandant incrédule.

— Aller à Jacaranda. Je veux récupérer le corps du chien.

— Vous devez avoir perdu la tête, Els. Vous devriez en avoir marre de ce maudit endroit.

— C'est un endroit plutôt bien, répondit Els dont les souvenirs du parc étaient assez différents de ceux du kommandant.

— C'est un endroit sacrément moche et vous y avez fait bien assez de dégâts. Je vous interdis d'y remettre les pieds, vous m'entendez ?

Els alla passer sa colère sur quelques détenus noirs dans la cour de la prison.

Ce soir-là, le kommandant van Heerden décida de faire un contrôle surprise des barrages routiers autour de Piemburg. Il commençait à sentir que sa décision de couper Piemburg du monde extérieur avait un effet néfaste sur le moral de ses hommes. Par ailleurs, il se disait que miss Hazelstone avait peu de chance de se trouver dehors à onze heures du soir et que, dans le cas contraire, elle ne pourrait pas le voir dans sa voiture de police. Il décida donc de faire sa ronde à un moment où ses hommes avaient de bonnes chances d'être endormis à leur poste.

— Conduisez lentement, dit-il à Els quand il se fut installé à l'arrière de la voiture. Je suis là pour observer.

Pendant une heure, les hommes en faction aux coins des rues et aux barrages furent harassés de questions.

— Qu'est-ce qui vous permet de croire qu'elle n'est pas passée déguisée en nègre ? demanda-t-il à un sergent, posté sur la route de Vlockfontein, qui se plaignait du nombre de voitures qu'il avait à fouiller.

— Nous les avons toutes contrôlées, mon kommandant, fit le sergent.

— Contrôlées ? Comment les avez-vous contrôlées ?

— On leur a fait le test de la peau, mon kommandant.

— Le test de la peau ? Jamais entendu parler !

— Avec un morceau de papier de verre, mon kommandant. On leur frotte la peau et si le noir s'en va, c'est qu'elles sont blanches. Sinon, noires.

Le kommandant était impressionné.

— Bonne initiative, sergent, fit-il en démarrant.

Ce ne fut qu'un peu plus tard, et alors qu'il suivait la route de la colline pour en inspecter le barrage, que Els s'aperçut que le kommandant s'était endormi.

— C'est juste le vieux qui fait sa ronde, fit Els au konstable en faction.

Il s'apprêtait à faire demi-tour pour rentrer à la prison quand il se rendit compte qu'ils étaient très près du parc de Jacaranda. Il regarda par-dessus son épaule pour observer la silhouette assoupie à l'arrière de la voiture.

— Permission de pousser jusqu'à Jacaranda demandée, mon commandant, fit-il doucement.

A l'arrière, le kommandant ronflait comme un bienheureux.

— Merci, mon kommandant ! fit Els, un sourire aux lèvres.

Et la voiture dépassa le barrage, escaladant la colline jusqu'à Jacaranda. De part et d'autre de la route les phares éclairaient les panneaux qui semblaient des annonces publicitaires pour clubs de vacances macabres : *Peste bubonique, la dernière plage* et *Rage, réserve de chasse*. Inconscient de sa destination, le kommandant van Heerden dormait bruyamment quand la voiture passa les grilles de Jacaranda et descendit lentement la longue allée en faisant crisser le gravier.

Els gara la voiture devant le porche et sortit sans bruit dans la nuit pour récupérer son trophée. Il faisait sombre et des nuages cachaient la lune. Il eut donc quelques difficultés à retrouver la dépouille du doberman.

« C'est curieux, se dit-il en cherchant sur la pelouse. J'aurais pu jurer que j'avais laissé le bougre ici. »

Il continua de chercher la bête.

A l'arrière de la voiture, le kommandant van Heerden ronflait plus fort que jamais. Il glissa sur le côté et se cogna la tête contre la vitre. Instantanément il se réveilla et regarda au-dehors.

— Els ! cria-t-il. Pourquoi vous êtes-vous arrêté ? Pourquoi les phares sont-ils éteints ?

Aucune réponse réconfortante ne lui parvint du siège du conducteur. Le kommandant, terrifié à l'arrière de la voiture, se demandait où avait bien pu passer ce con de Els quand un nuage s'écarta doucement de devant la lune, dévoilant le porche de la maison de Jacaranda. Avec un geignement, il se tapit sur les coussins et se maudit d'avoir été assez bête pour quitter la prison. Au-dessus de lui, la façade de l'immense demeure se dessinait, avec ses effrayantes fenêtres sans lumière, lourdes de menaces. Claquant des dents de terreur, le kommandant ouvrit la porte et mit un pied dans la cour. L'instant d'après, il était à la place du chauffeur et cherchait les clés. Elles avaient disparu.

— J'aurais dû me douter que ce salaud me gardait un chien de sa chienne, grommela-t-il tout en se promettant que le doberman ne serait pas le seul à se faire empailler.

Il attendit le retour de Els, mais ce dernier continuait de rechercher l'introuvable Toby. Et plus les minutes passaient, plus la terreur du kommandant grandissait.

« Je ne vais pas passer la nuit ici, pensa-t-il. Je dois aller le chercher. »

Il descendit de voiture et se faufila à pas de loup dans le jardin. Autour de lui, les buissons prenaient des formes étranges et fantasmagoriques, et la lune, qui s'était montrée si lumineuse quelques instants auparavant, se cacha derrière un nuage. Dans la nuit noire le kommandant van Heerden, qui n'osait pas appeler, trébucha sur un parterre de fleurs et s'étala face contre terre. « Des églantiers », se dit-il avec amertume en portant les mains à son visage. Lorsqu'il se releva, il put voir de ses yeux et entendre de ses oreilles deux choses qui le firent sursauter. Le moteur de la voiture ronronnait dans la cour de devant (Els avait trouvé le doberman et s'en allait). Et quand les phares éclairèrent a giorno la façade de la demeure, le kommandant se figea dans le parterre de fleurs, fixant dans le ciel nocturne quelque chose de bien plus sinistre que la maison elle-même. Une légère colonne de fumée s'élevait, lentement mais régulièrement, d'une des cheminées de la maison abandonnée. Le kommandant van Heerden n'était pas seul.

Il porta la main à son cœur, trébucha sur les roses, et perdit connaissance. Quand il revint à lui, après ce qu'il choisit d'appeler ensuite sa première crise cardiaque, ce fut pour reconnaître une voix qu'il espérait n'avoir plus jamais à entendre.

— On rêve de vin et de roses, kommandant ? demandait la voix.

Quand le kommandant leva les yeux, il put voir se dessiner, contre les nuages à la dérive, l'élégante silhouette de miss Hazelstone. Elle portait les mêmes habits que la première fois qu'il l'avait vue et non, grâce à Dieu, l'affreux costume rose saumon.

— Vous ne pensez tout de même pas passer la nuit ici ? poursuivit-elle. Venez chez moi. Je vous ferai du café.

— 'Veux pas de café, grommela le kommandant en se dégageant du buisson d'églantiers.

— Vous n'en voulez peut-être pas, mais il est clair que vous avez besoin de dessaouler. Je ne saurais tolérer que des flics ivres se promènent dans mon jardin en piétinant mes parterres de fleurs à cette heure de la nuit.

Subjugué par cette autorité à laquelle il n'avait jamais pu résister, le kommandant se retrouva une fois encore dans le salon de la résidence de Jacaranda. La pièce était plongée dans l'obscurité, mais la lampe d'un appareil de projection luisait sur une table basse.

— J'étais en train de me repasser quelques films avant de les brûler, dit miss Hazelstone.

Le kommandant comprit alors d'où venait la légère colonne de fumée qu'il avait vue sortir de la cheminée.

— Je ne pourrai les revoir en prison, et puis je trouve qu'il vaut mieux oublier le passé. Qu'en pensez-vous, kommandant ?

Il ne pouvait qu'acquiescer. Il aurait donné n'importe quoi pour pouvoir oublier le passé. Malheureusement, celui-ci n'était que trop présent dans son esprit. Bloqué par sa propre angoisse et son sens de la déférence que les battements irréguliers de son cœur rendaient plus perceptibles, le kommandant s'octroya le droit de s'asseoir dans un fauteuil bas dont il pensait ne jamais se relever, tandis que miss Hazelstone allumait une lampe de chevet.

— Il reste du café de ce soir, fit-elle. Je vais devoir vous le réchauffer, j'en ai peur. Habituellement je vous en aurais offert du frais, mais je suis plutôt à court de gens de maison en ce moment.

— Je n'ai pas besoin de café, dit le kommandant qui regretta ses paroles aussitôt.

Il aurait pu s'échapper si miss Hazelstone avait été dans la cuisine. Alors que là, elle l'observait, hésitant avant de s'asseoir en face de lui dans le fauteuil à bascule.

— Comme vous voulez, dit-elle. Vous n'avez pas l'air trop cuité. Seulement un peu pâle.

— Je ne suis pas saoul. C'est mon cœur.

— Dans ce cas, le café est la pire des choses pour vous. C'est un stimulant, vous savez. Il faut que vous évitiez tout stimulant.

— Je le sais.

Il se fit un silence que miss Hazelstone interrompit au bout d'un moment.

— Je suppose que vous êtes enfin venu m'arrêter.

Il n'y aurait rien eu de plus agréable pour le kommandant, mais il n'arrivait pas à en trouver l'énergie. Médusé par la demeure et l'attitude de douce mélancolie qu'il trouvait si fascinante chez la vieille dame, il se cala dans son fauteuil et écouta les palpitations de son cœur.

— J'imagine que Jonathan a déjà avoué, dit miss Hazelstone pour entretenir la conversation, par pure politesse.

Le kommandant acquiesça.

— Quel gâchis ! poursuivit-elle. Le pauvre garçon souffre d'un tel complexe de culpabilité. Je pense que c'est dû à son enfance irréprochable. Le sentiment de culpabilité est bien souvent le substitut de la pire méchanceté. Vous devez souvent voir cela dans votre profession, kommandant.

Dans sa profession, le kommandant l'admettait, c'était assez fréquent. Il se sentit envahi une fois encore non seulement par la déférence, mais par ce sentiment de malaise que les propos de miss Hazelstone avaient le don d'induire en lui.

— Je n'ai jamais souffert de cette faiblesse, continua miss Hazelstone, très collet monté. Le moins que je puisse dire, c'est que j'ai eu du mal à trouver quelque chose à faire qui ne soit désespérément bon. Comme le diable, moi aussi j'ai ressenti combien le Bien est affreux. C'est si ennuyeux, mais, si j'ose dire, vous, vous n'avez pas l'occasion d'en être saturé. A en avoir la nausée.

— J'oserais dire que vous avez raison, fit le kommandant dont les nausées venaient de sources totalement différentes.

— Comme vous avez pu vous en douter, j'ai fait de mon mieux pour apporter un peu de gaieté dans ma vie, poursuivit miss Hazelstone. J'écris des articles pour les journaux, vous savez.

Le kommandant ne le savait que trop bien.

— Un petit article de temps en temps sur la mode et l'art de vivre.

— J'ai lu quelques-uns de vos articles.

— J'espère bien que vous n'avez pas suivi mes conseils. Je me suis follement amusée en réalisant les plus affreuses combinaisons de couleurs. Et tout le monde a suivi mes recommandations à la lettre. Je pense pouvoir dire honnêtement que j'ai rendu plus de maisons inhabitables que tous les termites d'Afrique du Sud.

Le kommandant van Heerden la fixa, abasourdi.

— Mais enfin, pourquoi avoir fait une chose pareille ? demanda-t-il.

— Un sentiment de devoir moral, murmura miss Hazelstone. Mon frère consacrait sa vie à la diffusion de la lumière et de la bonté. Je n'ai fait que tenter de rétablir l'équilibre. Si les gens choisissaient de suivre mes conseils et posaient du papier peint marron à côté de rideaux orange, de quel droit les aurais-je contrariés ? A des gens qui pensent que d'avoir la peau rose rend civilisé, et que la peau noire fait d'un homme un sauvage, on peut tout faire avaler.

— Vous voulez dire que vous ne croyez pas à l'apartheid ? demanda le kommandant stupéfait.

— Franchement, kommandant, c'est une question ridicule, répondit miss Hazelstone. Est-ce que je me comporte comme quelqu'un qui y croirait ?

Le kommandant dut reconnaître que ce n'était pas vraiment le cas.

— On ne peut vivre avec un Zoulou pendant huit ans et admettre la ségrégation raciale. A ce propos, les films que j'étais en train de regarder sont consacrés à Fivepence. Cela vous ferait plaisir d'en voir un ?

Le kommandant hésita. Ce qu'il avait déjà vu du cuisinier ne le mettait pas en condition de désirer en connaître davantage.

— J'apprécie votre délicatesse, dit miss Hazelstone. Mais vous n'avez pas à avoir de scrupules. Cela ne m'ennuie en aucune façon de vous faire partager mes souvenirs.

Elle commença la projection. L'instant d'après, le kommandant vit sur l'écran, qui se trouvait à l'autre bout de la pièce, l'objet de la passion de miss Hazelstone se promener dans le parc de Jacaranda tel qu'il était quelques étés plus tôt.

Le film avait été tourné dans le même coin du parc où l'acteur devait être assassiné. A première vue, le kommandant eut l'impression qu'il n'y avait jamais eu de meurtre et qu'il avait rêvé les événements de la veille. L'impression ne dura pas longtemps. Alors que l'image de Fivepence s'agrandissait sur l'écran, le kommandant en vint à préférer la réalité qu'il avait vécue à la scène fantasmagorique qu'il visionnait maintenant. Il trouva que le cadavre de Fivepence avait quelque chose de presque sain. Vivant, le Zoulou était carrément malade.

Il cabriolait sur la pelouse comme une grosse nymphe noire, s'arrêtant un moment pour caresser le buste de sir Theophilius avant d'embrasser passionnément sa bouche muette. Puis il allait et venait dans le parc en exposant ses charmes répugnants dans une succession de tourbillons destinés à mettre en valeur le pire de ses attributs. Il portait une robe pourpre très courte avec une passementerie violette. Comme le kommandant l'avait imaginé, elle était en caoutchouc. Tandis que Fivepence exécutait sa dernière pirouette et achevait sa danse par une révérence, le kommandant comprit pourquoi miss Hazelstone l'avait tué. A voir le film, il l'avait bien cherché.

Miss Hazelstone éteignit le projecteur.

— Eh bien ? fit-elle.

— Je crois comprendre pourquoi vous l'avez tué, fit le kommandant.

— Vous ne comprenez rien du tout, trancha miss Hazelstone. Votre esprit primaire a trouvé cela horrible. Pour moi, c'est beau.

Elle fit une pause.

— C'est la vie même. Un Noir qui imite une Blanche, esquisse les pas d'un ballet qu'il n'a jamais vu, porte des habits dont le matériau est tout à fait incompatible avec la chaleur du climat sur une pelouse importée d'Angleterre, embrasse le visage de marbre d'un homme qui a exterminé son peuple, le tout filmé par une femme qui est considérée par tout le monde comme l'arbitre du bon goût. Rien ne pouvait mieux exprimer la qualité de la vie sud-africaine.

Le kommandant van Heerden était sur le point de dire qu'il ne la trouvait pas très patriote, quand miss Hazelstone se leva.

— Je vais chercher ma valise. Je l'ai déjà préparée, dit-elle en se dirigeant vers la porte.

Au même moment, une forme sombre se propulsa à travers la porte-fenêtre et la plaqua au sol.

Il avait fallu pas mal de temps au konstable Els pour localiser le corps du doberman dans le noir : l'odeur l'avait guidé jusqu'au dépotoir derrière la maison où miss Hazelstone avait déposé le chien. Els le rapporta précautionneusement à la voiture. Il posa le corps dans le coffre, remonta dans la voiture, mit en route le moteur et conduisit lentement, soulagé que le kommandant ne se soit pas réveillé. Ce ne fut qu'à mi-chemin de la colline que l'absence de ronflements à l'arrière l'amena à comprendre son erreur. Jurant ses grands dieux, il fit demi-tour pour reprendre le chemin du parc. Il s'arrêta dans l'allée et chercha tout autour. Pas plus de kommandant van Heerden que de beurre en branche.

Il quitta la voiture et fit le tour de la maison ; il se retrouva devant la fenêtre du salon éclairé où le kommandant et miss Hazelstone discutaient. Dans l'obscurité, Els se demanda ce qui se passait. « Le fieffé renard », se dit-il enfin. Il commençait à comprendre pourquoi le kommandant babillait aimablement avec une femme dont la tête était mise à prix. Il savait maintenant pourquoi le kommandant avait tant à cœur de faire porter le meurtre de Fivepence à Jonathan Hazelstone.

« Cette vieille fripouille lui fait la cour », pensa-t-il, et le konstable en éprouva plus de respect encore pour le kommandant.

Quand il faisait la cour à quelqu'un, il était toujours obligé d'utiliser la violence ou le chantage, et il comprenait fort bien que le kommandant, dont la séduction était égale à la sienne, fût obligé d'employer des méthodes draconiennes pour s'attirer les charmes d'une femme telle que miss Hazelstone.

— Il arrête son frère pour meurtre et met à prix la tête de la vieille. Belle manière de se faire une dot ! s'exclama Els, cherchant un moyen de contrarier le plan.

En un bond il fut au milieu de la pelouse et aussitôt après dans la pièce. Tout en se ruant sur la fiancée du kommandant, il hurla : « A moi la récompense ! C'est moi qui l'ai capturée ! » Depuis le sol il leva les yeux vers le kommandant et fut surpris de le voir si soulagé.

16

Pour le kommandant van Heerden, le passage de miss Hazelstone de sa condition de maîtresse de Jacaranda à celle de pensionnaire de l'hôpital psychiatrique de Fort Rapier fut une triste histoire. En voyant la civière sur laquelle on transportait la vieille dame qui passait pour la dernière fois en revue les portraits de ses ancêtres dans le hall envahi de fougères, il comprit qu'il assistait à la fin d'une époque. Plus jamais Jacaranda ne tiendrait le haut du pavé aux yeux de la bonne société du Zoulouland. Plus jamais elle ne serait le nec plus ultra de la présence britannique en Afrique, ni l'emblème de la vie aristocratique. Plus de garden parties, plus de grands bals, plus de ces dîners pour lesquels miss Hazelstone avait une telle réputation, plus rien d'important n'arriverait à l'intérieur de ces murs. Il éteignit les lumières et, dans la maison obscure, se sentit envahi par le sentiment d'une grande perte. L'ancienne arrogance sur laquelle il avait aiguisé sa propre servilité n'était plus. Il était libre, et avait été l'artisan de sa propre liberté. C'était la dernière chose qu'il désirait.

Ce fut un cortège qui remonta l'allée et passa le portail distordu, un cortège funèbre de motos et de voitures de police qui accompagnaient l'ambulance dans laquelle miss Hazelstone dormait du sommeil de ceux qui ont absorbé de forts sédatifs. Le chauffeur de la voiture de tête se trouvait être le konstable Els, heureux de savoir qu'il avait gagné une juste récompense. Derrière lui, dans l'obscurité, le kommandant van Heerden réfléchissait à l'étrangeté du sort qui avait fait d'une créature telle que le konstable l'instrument de la chute des Hazelstone.

Ce n'était pas comme si Els était intelligent, pensa le kommandant, alors que la procession avançait en serpentant dans les rues non éclairées de Piemburg. Il n'y avait rien non plus de vaguement intentionnel dans ses actes qui pût justifier leurs effets. Els n'était que chance, hasard et trivialité.

« L'entropie faite homme », se dit le kommandant en ouvrant la fenêtre.

La voiture commençait à puer de manière tout à fait intolérable.

— Els, dit le kommandant. Vous devriez prendre un bain.

— Moi, mon kommandant ?

— Oui, vous, Els ! Vous puez.

— Ce n'est pas moi, mon kommandant. C'est Toby.

— C'est qui, ce Toby ?

— Le doberman, mon commandant. Il est un peu fait.

— Vous voulez dire que vous avez mis la carcasse d'un chien pourri dans la voiture ? cria le kommandant.

— Oh non ! mon kommandant. Il est dans le coffre.

Le kommandant s'apprêtait à dire qu'il n'était pas question de partager sa voiture avec un doberman en voie de putréfaction quand ils passèrent les portes de Fort Rapier et remontèrent l'allée de l'hôpital.

Sous la clarté de la lune, les bâtiments du fort ressemblaient beaucoup à ce qu'ils avaient été quand la garnison occupait les baraquements. Quelques barrières avaient été ajoutées ici et là pour transformer un établissement prévu à l'origine pour empêcher les gens d'entrer en quelque chose qui les empêchait de sortir, mais l'atmosphère n'était pas altérée. L'irrationnel y avait toujours ses droits.

« Les vieilles traditions sont dures à tuer », pensa le kommandant quand la voiture s'arrêta le long du terrain de parade. Il sortit de la voiture et tapota un canon qui avait servi à Paardeberd (où son grand-père avait dormi sous les bombardements), et se dressait maintenant tel un pensionnaire de métal, surveillant les folies d'une autre génération.

Tandis qu'on transportait miss Hazelstone dans une cellule réservée aux fous furieux, le kommandant van Heerden expliqua son cas au directeur, le docteur Herzog, à qui l'on avait enjoint de sortir illico de son lit pour s'occuper de l'affaire.

— Vous ne pouviez pas attendre le matin ? demanda-t-il, grincheux. Je ne me suis couché qu'à une heure.

— Je ne me suis pas encore couché, moi. Et de toute façon, il s'agit d'une urgence. Miss Hazelstone est une sorte de célébrité, et son internement risque de provoquer des réactions publiques.

— Bien sûr qu'elle est célèbre, et il y en aura, des réactions, fit le docteur. C'est la principale bienfaitrice de cet hôpital.

— Ainsi elle avait tout préparé pour son propre avenir. Elle doit rester ici jusqu'à ce qu'elle se décide à crever.

— Qui a fait son diagnostic ? demanda le docteur Herzog.

— Moi, fit le kommandant.

— Je ne vous aurais pas cru qualifié pour le faire.

— Je sais reconnaître un fou criminel quand j'en vois un. Le chirurgien de la police et son médecin traitant arriveront dans la matinée, et vous recevrez les papiers d'internement en temps et en heure.

— Ce n'est pas très régulier.

— C'est tout à fait irrégulier. Mais si vous voulez vraiment le savoir, nous avons des preuves tout ce qu'il y a de plus irréfutable qu'elle a tué quelqu'un. Je ne rentrerai pas dans les détails, mais je peux vous assurer que nous avons assez de preuves pour l'inculper de meurtre. Je pense que vous comprendrez que le procès d'une personne aussi éminente n'est pas bon pour le pays.

— Mon Dieu ! fit le docteur. Qu'advient-il du Zoulouland ? D'abord son frère, et maintenant miss Hazelstone.

— Exactement, dit le kommandant. Triste reflet de notre époque.

S'étant assuré qu'on interdirait toute visite pour miss Hazelstone et qu'elle n'aurait aucun accès à la presse ou à ses avocats, le kommandant se retira. L'aurore se levait quand il traversa l'immense terrain de parade. Quelques silhouettes grises avaient déjà émergé des cellules et se promenaient tristement en traînant les pieds dans le pâle soleil du matin.

« Si on avait pu prévoir que ça finirait comme ça... », songea le kommandant. Mais sa pensée ne se fixait pas tant sur miss Hazelstone que sur la splendeur des soldats de l'Empire, qui avaient jadis arpenté le terrain dans leurs beaux habits rouges. Il resta un moment à imaginer les régiments qui étaient passés devant la tribune sur laquelle s'était tenu le grand-père de miss Hazelstone avant de s'en aller mourir sur la colline de Majuba ou à Spion Kop. Il se détourna et rejoignit sa voiture puante.

Quand miss Hazelstone se réveilla et qu'elle se retrouva couchée dans une salle commune, elle eut du mal à comprendre où elle était. Le décor et l'alignement des lits lui rappelèrent son internat, mais ses compagnons actuels n'avaient rien des filles gaies et insouciantes de son enfance. Non qu'elles aient été réellement gaies, pensa-t-elle en se rallongeant et en observant le plafond, impatientes plutôt, ce qui pouvait passer pour de la gaieté. Il n'y avait absolument rien de gai ni d'impatient dans les personnages qu'elle pouvait voir maintenant. Retirés dans les provinces les plus éloignées de leur propre imagination, les patients erraient distraitement parmi les obstacles de la réalité. Miss Hazelstone les regarda et eut envie de suivre leur exemple. Seule sa fierté l'en empêcha. « Quel manque de classe ! », se dit-elle. Elle s'assit au bord de son lit et chercha ses habits.

Les jours suivants, elle s'accrocha grincheusement à son arrogance, rejetant de toutes ses forces les mondes irréels que les autres patients cherchaient à lui imposer.

— C'est possible, dit-elle à un patient qui s'était présenté comme Napoléon, encore que j'en doute. Je suis, quant à moi, miss Hazelstone du domaine de Jacaranda.

Jusqu'au personnel qui apprit à ses dépens qu'il valait mieux ne pas s'adresser à elle par un simple « Hazelstone ».

— Miss Hazelstone, je vous prie, fit-elle, cinglante, à une sœur qui avait fait cette erreur.

— Il faut savoir garder les apparences, expliqua-t-elle au docteur von Blimenstein, la psychiatre qui avait été chargée de s'occuper de la nouvelle patiente, et qui essayait vainement d'obtenir de miss Hazelstone qu'elle reconnût les origines sexuelles de sa maladie.

Le docteur von Blimenstein était si totalement éclectique dans son approche qu'il était difficile de dire quelle était son école psychologique. Elle était surtout connue pour ses prescriptions d'électrochocs à doses illimitées pour les malades noirs. Avec les Blancs, elle insistait particulièrement sur la culpabilité sexuelle qui, d'après elle, était la cause de toutes leurs psychoses. Cette méthode était si efficace qu'elle avait réussi à guérir un gardien du vivarium de Durban de sa crainte obsessionnelle des serpents. Le malheureux proclamait qu'il avait attrapé cette phobie en se faisant mordre à quarante-huit reprises par des serpents aussi venimeux et variés que des vipères heurtantes, des cobras, des vipères du Gabon, des ringhals et autres aspics, chacune de ces morsures l'ayant amené à deux doigts de la mort. Le docteur von Blimenstein l'avait convaincu que ses peurs résultaient du sentiment de frustration éprouvé en prenant conscience que son pénis n'était ni aussi long ni aussi puissant qu'un python adulte. Puis, elle l'avait renvoyé travailler au vivarium où il s'était fait mordre trois semaines plus tard, cette fois-là mortellement, par un mamba noir dont il essayait de mesurer la longueur en la comparant à son membre en érection dont il savait qu'il faisait très exactement six pouces de long. « Neuf pieds, trois pouces », conclut-il en posant la tête du mamba contre son *glans penis*. Ce fut la dernière chose qu'il put conclure car le mamba plongea ses crocs dans son pendant symbolique avec une férocité que justifiait l'absurdité de la comparaison. Après quoi, le docteur von Blimenstein s'écarta de la psychanalyse à laquelle elle préféra une approche béhavioriste.

Dans le cas de miss Hazelstone, elle décida qu'il n'y avait pas de risque d'un résultat aussi tragique. Aussi avait-elle encouragé sa patiente à enregistrer ses rêves afin d'en passer en revue la signification symbolique. L'ennui, c'était que miss Hazelstone ne rêvait jamais et que les semblants de rêves qu'elle fournissait au docteur étaient par trop terre à terre. De plus, ils étaient pleins de phallus et de vagins que tous les efforts d'interprétation symbolique ne pouvaient transformer en rien d'autre.

— Et si l'on parlait de serpents ? Ou bien de flèches ? s'enquit miss Hazelstone quand le docteur lui eut expliqué combien tout cela était difficile.

— Je n'ai encore jamais entendu personne rêver de pénis, fit le docteur.

— Probablement des rêves dus à la satisfaction d'un désir, répondit miss Hazelstone qui continua de décrire un de ses rêves dans lequel une créature nommée Els se battait avec un chien noir sur une pelouse.

— Extraordinaire ! dit le docteur von Blimenstein, archétype parfait.

Et elle se mit à parler de l'Autre qui se battait avec la Libido instinctuelle.

— C'est vrai, j'y ai pensé à ce moment-là, reconnut miss Hazelstone.

Après plusieurs semaines de rêves, le docteur commença à penser qu'il pourrait écrire une monographie sur *L'Archétype du policier dans la psychologie de l'Afrique du Sud*.

Quant à miss Hazelstone, ces entretiens lui apportaient une coupure dans la vie monotone de Fort Rapier.

— La folie est si morne, expliquait-elle au docteur. On pourrait croire que les fantasmes sont intéressants. Pourtant, il faut reconnaître que la folie est un piètre substitut de la réalité.

Mais en fait, à bien regarder autour d'elle, il ne lui semblait pas qu'il y eût une différence significative entre la vie à l'hôpital psychiatrique et la vie en Afrique du Sud dans son ensemble. C'étaient les fous noirs qui faisaient tout le travail tandis que les cinglés blancs tiraient leur flemme tout en se prenant pour Dieu le Père.

« Je suis persuadée que le Tout-Puissant a plus de dignité, se dit miss Hazelstone en observant les silhouettes aller et venir sans but précis sur les terrains. Et je suis sûre qu'il n'a pas de rêves de grandeur. »

L'évêque du Barotseland ne fut pas surpris d'apprendre que sa sœur avait finalement été retrouvée et qu'elle était internée à l'hôpital psychiatrique de Fort Rapier.

— Elle n'a jamais été très nette, expliqua-t-il au kommandant qui était venu lui annoncer la nouvelle personnellement.

Il fit encore preuve de ce manque de loyauté familiale que le kommandant déplorait de trouver chez le représentant d'une lignée aussi illustre, en ajoutant :

— C'est mieux pour elle. Elle aurait dû se faire interner depuis longtemps.

L'évêque semblait avoir perdu toutes ses illusions, et en tout cas avoir cessé de croire qu'elle n'était qu'un peu excentrique.

— J'ai beaucoup d'admiration pour miss Hazelstone, fit froidement le kommandant. C'était une femme remarquable et le Zoulouland sera très affecté par sa perte.

— Vous en parlez comme si elle était déjà morte, dit l'évêque dont les pensées de mort étaient notoirement fréquentes depuis qu'il avait intégré L'ENFER. J'imagine que, dans un certain sens, elle a une vie meilleure.

— Elle n'en sortira que morte, grogna le kommandant. Au fait, votre procès commence la semaine prochaine. Si vous désirez ajouter quelque chose pour votre défense, vous feriez mieux de vous mettre à y réfléchir dès maintenant.

Et le kommandant était parti, convaincu que Jonathan Hazelstone n'avait que le sort qu'il méritait.

L'évêque, seul à nouveau dans sa cellule, jugea qu'il n'y avait vraiment rien qu'il pût ajouter à ses aveux. Personne au monde ne pourrait décemment croire qu'il avait commis tous ces délits et il pensait que même un expert des rituels de la Haute Église aurait du mal à démêler les délits des pratiques ecclésiastiques les plus courantes. Il s'allongea sur le matelas à même le sol qui lui faisait office de lit et imagina le moment du verdict qui le libérerait sûrement.

« Cela n'ira probablement même pas aussi loin, pensa-t-il gaiement, l'affaire sera classée avant. »

Comme toujours, les événements donnèrent tort à l'évêque du Barotseland. Le magistrat chargé de l'affaire n'était autre que le juge Schalkwyk, dont la mère était décédée dans un camp de concentration britannique et qui était connu tout à la fois pour sa surdité et pour sa haine de tout ce qui était anglais. L'avocat de la défense, maître Leopold Jackson, était lui aussi handicapé par un bec-de-lièvre qui rendait ses plaidoiries à peu près inaudibles. De toute façon, il avait la réputation de déférer à l'autorité des juges. Il avait été choisi pour conduire la défense de l'accusé par les héritiers de ce dernier, des cousins éloignés qui vivaient dans un quartier pauvre du Cap et espéraient, en accélérant le cours de la justice, éviter toute nouvelle publicité néfaste au renom de la famille. Maître Jackson ne fut autorisé à voir son client que quelques jours avant le début du procès, et encore, en présence du konstable Els.

L'entrevue eut lieu dans L'ENFER et fut marquée d'emblée par un malentendu total.

— Fous dites que vous avez figné les aveux. F'est très embêtant, dit maître Jackson.

— Je l'ai fait sous la contrainte, dit l'évêque.

— C'est faux, fit Els. Ça s'est passé ici.

— Fous la contrainte, dit maître Jackson. Alors fa ne tiendra pas debout.

— J'espère bien que non, dit l'évêque.

— C'est impossible ! dit Els. Des aveux ne peuvent pas se tenir debout.

— De quelle manière fous a-t-on forfé à le faire ?

— On m'a obligé à rester debout.

— C'est faux, dit Els. Je vous ai laissé vous asseoir.

— Oui, c'est vrai, dit l'évêque.

— Alors fous ne l'avez pas fait fous la contrainte.

— Je viens de vous le dire. Ça s'est passé ici, dit Els.

— Je l'ai fait partiellement sous la contrainte.

— Ne l'écoutez pas, fit Els. Je sais où ça s'est passé. Ça s'est passé ici même.

— Est-fe que fa f'est paffé ici ? demanda maître Jackson.

— Foui, fit l'évêque en écho.

— Vous voyez, je vous l'avais bien dit, fit Els.

— Il femblerait qu'il y ait une confufion, dit maître Jackson. Qu'afez-fous avoué ?

— Sodomie avec crosse pastorale pendant la communion, dit Els rapidement, éludant ainsi les délits mineurs.

— Quelle étrange forte de délit ! dit maître Jackson.

— A qui le dites-vous ! dit Els.

— Je croyais que f'était une affaire capitale.

— C'en est une, dit Els. Je m'en réjouis à n'en plus finir.

— La communion n'est pas un crime pour la loi fud-africaine.

— Si, si c'est avec la crosse dans le cul, fit Els.

— Il y avait d'autres délits dans ma confession, dit l'évêque.

— Comme quoi ? demanda maître Jackson.

— Un meurtre, fit l'évêque.

— Lesbianisme, précisa Els.

— Lefbianifme ? F'est impoffible. Un homme ne peut pas commettre le délit de lefbianifme. Fous êtes fûr qu'il f'agit de la bonne affaire ?

— Certain, fit Els.

— Fela vous ennuierait-il de laiffer mon client me dire les chofes de lui-même ? demanda maître Jackson à Els.

— Je ne cherchais qu'à vous aider, dit Els, mécontent.

— Bon, alors, poursuivit maître Jackson. Est-il frai que fous avez avoué être une lefbienne ?

— Eh bien, oui.

— Et un meurtrier ?

— Cela paraît étrange, non ? fit l'évêque.

— F'est fantaftique. Qu'avez-vous confeffé d'autre ?

L'évêque hésita. Il ne désirait pas que maître Jackson fasse objection à ses aveux avant qu'on ne les lise au tribunal. Tout dépendait de l'absurdité du document et maître Jackson n'était pas homme à le comprendre.

— Je crois que je préfère que l'affaire suive son cours, dit-il.

Puis il argua du fait qu'il était fatigué pour reconduire l'avocat hors de sa cellule.

— On fe referra le jour J, dit maître Jackson joyeusement, en sortant de l'Enfer.

Toutefois, ce ne fut pas la faute de maître Jackson si les aveux de Jonathan Hazelstone ne parvinrent pas au tribunal dans leur version complète. La conscience professionnelle du lieutenant Verkramp l'avait poussé à en envoyer une copie au BOSS, à Pretoria. Le chef du Bureau de la Sécurité d'État trouva le document sur son bureau un matin et lut le truc du début à la fin avec un sentiment de plus en plus grand d'incrédulité. Non qu'il ne fût habitué à lire des aveux extravagants. Après tout, le Département de la Sécurité était créé pour les fabriquer, et il pouvait se vanter de sa réputation dans ce domaine. Trois mois d'isolement ou plusieurs jours passés debout, sans dormir, à subir des interrogatoires incessants, avaient tendance à produire quelques foutues confessions. Mais celle que Verkramp lui avait envoyée rendait toutes les autres fadasses.

« Ce type est cinglé », conclut-il après avoir parcouru un catalogue de crimes allant de la nécrophilie à la flagellation. Après une conférence au sommet avec les membres les plus éminents du gouvernement, le BOSS décida d'intervenir dans l'intérêt de la civilisation occidentale incarnée par la république d'Afrique du Sud, et d'utiliser les pouvoirs que lui avait conférés le Parlement. Il ordonna la suppression des neuf dixièmes des aveux. Quant au juge Schalkwyk, il devait juger, convaincre du crime et condamner le prisonnier, sans appel possible, pour le meurtre d'un cuisinier zoulou et de vingt et un policiers. Aucun autre chef d'accusation ne devait être énoncé et aucune preuve pouvant porter préjudice à la sécurité de l'État ne devait être présentée devant la cour. Malgré ses protestations, le vieux juge fut tenu d'obéir conformément à la loi sud-africaine. Jonathan Hazelstone devait être pendu, il ne devait pas y avoir d'erreur judiciaire. Mais il allait être pendu, somme toute, pour une broutille.

Le procès eut lieu à Piemburg, dans la salle même du tribunal où le père de l'accusé s'était taillé une belle réputation.

— Les fieilles faleurs éfoluent, n'ef'pas ? murmura Jonathan à son avocat, en s'installant dans le box des accusés.

Maître Jackson n'était pas content.

— Fela fous fa bien, de fous moquer de mon défaut, dit-il. D'après fe que j'ai entendu dire, il faut f'attendre au pire.

Pour une fois, maître Jackson avait raison. L'évêque ressentit le véritable choc du procès quand il découvrit que ses aveux avaient été expurgés. A l'occasion de l'ajournement qui suivit l'annonce qu'il ne serait jugé que pour meurtre, il consulta son avocat.

— Je devrais plaider la folie.

— F'est votre unique chanfe, lui conseilla maître Jackson.

— Mais je suis innocent ! Je n'ai rien à voir avec le meurtre des vingt et un policiers.

— Fi je puis me permettre, f'est dommage que fous ayez afoué les avoir tués.

— J'y ai été obligé. Mais enfin, pourquoi les aurais-je tués ?

— Je n'en ai pas la moindre idée. Les motifs de mes clients ont toujours été un myftère pour moi. Le fait est que les preufes contre fous femblent affez concluantes. Fous poufiez le faire et l'arme a été troufée fur fous. Qui plus est, fous avez afoué que fous les afiez tués. Je vous confeille de changer votre défenfe. Ne plaidez pas l'innofenfe mais la culpabilité et auffi la folie.

— Mais je ne fuis pas fou ! cria l'évêque.

— Je ne fuis pas là pour me faire infulter.

— Je fuis désolé, dit l'évêque. Je veux dire « je suis désolé ».

— Je fais changer mon système de défenfe. Fe fera la folie.

— Vous avez probablement raison, dit l'évêque.

— Fa vaut mieux que d'être pendu, dit maître Jackson.

Ils retournèrent dans la salle d'audience. Le procès avançait rapidement. Dès la fin de l'après-midi, le procureur avait présenté les charges d'accusation sans que maître Jackson ait fait la moindre tentative de défense raisonnée. Il comptait sur l'indulgence de la cour au vu de l'irresponsabilité évidente de l'accusé.

Dans son résumé aux jurés, qui avaient été sélectionnés parmi les proches parents des policiers assassinés, le juge Schalkwyk parla avec une brièveté et un degré d'impartialité qu'on ne lui connaissait pas.

— Vous avez écouté, marmonna-t-il, bien que lui n'ait rien pu entendre en raison de sa surdité, le ministère public vous dire que l'accusé a commis ces crimes. Vous avez vu de vos propres yeux la confession signée de l'accusé, et vous avez entendu la défense plaider l'irresponsabilité de son client. Alors maintenant, vous devez vous poser la question de savoir si un homme qui tue vingt et un policiers, puis signe des aveux complets, est réellement quelqu'un de dérangé. Il est de mon devoir de vous faire remarquer que plaider l'irresponsabilité à la lumière de preuves aussi flagrantes n'est pas le fait d'un malade mental. C'est un acte éminemment rationnel et qui indique un degré de perception que l'on ne peut trouver que dans un esprit intelligent et sain. Je pense donc qu'il ne faut pas prendre en considération la question de l'irresponsabilité dans vos délibérations. Vous ne devez vous préoccuper que du problème de la culpabilité. Il n'y a pas l'ombre d'un doute dans mon esprit que le défendant a commis les meurtres dont il est accusé. Il en a eu — comme vous avez pu l'entendre lors de la présentation experte des preuves par la partie civile — et l'occasion et les moyens. Lorsqu'on l'a arrêté, il avait sur lui les armes du crime et cherchait à s'en débarrasser. Son portefeuille et son mouchoir ont été retrouvés sur les lieux du crime, et il n'a donné aucune explication plausible pour leur présence en ces lieux. Enfin, il a reconnu dans des aveux signés qu'il était l'auteur des assassinats. Je ne pense pas avoir à en dire plus long. Vous et moi savons que le défendant est coupable. Maintenant, retirez-vous et revenez vite nous l'annoncer.

Les jurés quittèrent la salle en file indienne. Deux minutes plus tard, ils étaient de retour. Leur verdict était unanime. Jonathan Hazelstone était coupable de meurtre vingt et une fois un quart.

En rendant sa sentence, le juge Schalkwyk se départit du manque de rondeur dont il avait fait preuve lors de son résumé. Il prit en considération une précédente charge d'accusation concernant une infraction au code de la route. L'accusé n'avait pas annoncé comme il convenait son intention de tourner à gauche à un carrefour. Comme le fit remarquer le juge, c'était une menace pour l'existence même de la Constitution sud-africaine qui se basait sur une série de virages à droite.

— Vous êtes une menace pour les valeurs occidentales, fit le juge. Et il est du devoir de cette cour d'étouffer le communisme.

Il donna l'ordre d'emmener le prisonnier pour être pendu jusqu'à ce que mort s'ensuive. Il s'apprêtait à quitter la salle quand maître Jackson demanda à avoir un mot en privé avec lui.

— Je défirerais attirer l'attenfion de Votre Honneur fur un privilège que poffède la famille Hafelstone, gargouilla-t-il.

— La famille Hazelstone n'a plus aucun privilège, et j'en suis fort aise.

— Il f'agit d'une prérogatife qui perdure. Elle date du temps de fir Theophiliuf.

— Comment ça, qui perdure ? Il n'est plus question qu'il dure. Il va être bientôt pendu.

— Je feux parler du prifilège d'être pendu dans la prifon de Piemburg. Il a été accordé à la famille à perpétuité, essaya d'expliquer maître Jackson.

— Maître ! hurla le juge. Vous me faites perdre mon temps ainsi que celui de la cour, sans parler de celui de votre client auquel il en reste bien peu en l'occurrence. La perpétuité a pour intérêt de préserver quelque chose de l'oubli. L'intérêt de la sentence que je viens de passer a un but tout à fait opposé. Je ne pense pas avoir à vous en dire plus, et je vous conseillerais d'en faire autant.

Maître Jackson fit un dernier effort.

— Ef-fe que mon client peut être pendu dans la prifon de Piemburg ? cria-t-il.

— Bien sûr ! hurla le juge. Cela va de soi. C'est l'un des privilèges de la famille Hazelstone.

— Merfi, fit maître Jackson.

Tandis que la salle se vidait, Jonathan Hazelstone fut ramené dans sa cellule, en état de choc.

17

Ce fut dans un état de choc à peu près semblable que le gouverneur Schnapps apprit qu'il lui revenait de présider à la première pendaison depuis vingt ans dans la prison de Piemburg. Non qu'il fût le moins du monde dégoûté ou contrarié à l'idée d'avoir à assister à une exécution. En sa qualité d'officier pénitentiaire, il avait en son temps assisté à quantité de pendaisons, la plupart officieuses (il s'agissait de détenus noirs désireux d'échapper une fois pour toutes au régime qu'il leur avait imposé). D'ailleurs les pendaisons, et tout particulièrement les pendaisons officielles, le remplissaient de satisfaction. Non, le choc qui l'assommait venait de considérations totalement différentes.

Il y avait par exemple le fait que le gibet n'avait pas été utilisé depuis vingt ans, si ce n'était comme entrepôt de tout un bric-à-brac. Le gouverneur inspecta lui-même LE CIEL, et le peu qu'il put en voir à travers les seaux et les rouleaux de jardin qui s'y trouvaient entassés l'amena à conclure que l'échafaud n'était pas en état pour la pendaison de qui que ce fût. On pouvait en dire autant des futurs bourreaux. Le vieux gardien accepta volontiers de mettre au courant celui qui serait sélectionné mais refusa catégoriquement de procéder lui-même à l'exécution, arguant du fait que la Maison de la Mort n'était pas sûre. Quant aux tentatives du gouverneur de convaincre les autres gardiens d'accepter le job de bourreau, elles n'eurent aucun succès. Personne ne semblait désirer accompagner Jonathan Hazelstone dans sa dernière balade si cela impliquait de grimper l'escalier branlant du CIEL.

En désespoir de cause, le gouverneur téléphona au bourreau officiel de Pretoria pour lui demander de venir passer une journée à Piemburg, mais ce dernier était bien trop occupé.

— Il n'en est pas question, expliqua-t-il à Schnapps. J'ai trente-deux clients ce jour-là et d'ailleurs je ne fais jamais dans la pendaison individuelle. Je ne me souviens même pas du jour où j'ai pendu un homme seul pour la dernière fois. Je les fais toujours par paquets de six et, de toute façon, je dois penser à ma réputation. Je pends plus de gens à l'année que tout autre bourreau dans le monde, plus que tous les autres bourreaux du monde libre mis ensemble, en fait. Si l'on devait apprendre que j'ai pendu un homme seul, on pourrait penser que j'ai perdu la main.

En dernier ressort, le gouverneur Schnapps remit en cause le principe du privilège des Hazelstone.

— Je ne comprends pas pourquoi ce Hazelstone aurait ce privilège. Tout le monde est pendu à Pretoria. Moi, ça me paraît aberrant qu'un type qui a descendu vingt et un policiers puisse se prévaloir d'un privilège qui n'est pas accordé aux meurtriers ordinaires, domestiques ou jardiniers.

— Je regrette, mais je n'y peux rien, lui dit le procureur. Le juge Schalkwyk a reconnu le privilège, je ne puis revenir sur sa décision.

— Mais enfin, comment la famille Hazelstone a-t-elle jamais acquis le droit d'être pendue à Piemburg ?

Le procureur compulsa ses dossiers.

— Cela date du discours qu'a fait sir Theophilius lors de l'inauguration de la prison en 1888. A l'occasion de ce discours, sir Theophilius a dit, je cite : « La peine capitale et la flagellation sont essentielles pour la paix et la tranquillité du Zoulouland. Elles donnent aux indigènes le sentiment de la supériorité innée de l'Homme blanc. C'est pourquoi, en déclarant cette prison ouverte, je voudrais ajouter que j'ai la conviction que le futur même de la civilisation blanche dans ce continent noir a besoin, j'irais même jusqu'à dire, dépend, de l'utilisation fréquente du gibet que j'ai eu le privilège de voir ici, ce jour. Triste pour ce pays sera le jour où la trappe de la potence s'ouvrira pour la dernière fois et j'espère qu'aucun membre de ma famille ne vivra pour le voir. » Fin de citation.

— Tout cela est très louable. Mais je ne vois pas en quoi cela veut nécessairement dire qu'il faille garder le gibet pour l'usage exclusif de la famille Hazelstone.

Le procureur se saisit d'un autre document.

— Voilà. Nous avons ici la réaction du juge Hazelstone au transfert à Pretoria de toutes les exécutions. On avait demandé au juge ce que, d'après lui, son père avait voulu dire dans son discours. Sa réponse fut la suivante, je cite : « C'est tout à fait clair. Le gibet et la famille Hazelstone restent ou meurent ensemble. Mon père pensait, et il pensait justement, que notre famille se devait de donner l'exemple au Zoulouland. Je ne vois pas d'exemple meilleur que d'avoir notre gibet personnel dans la prison de

Piemburg. » Fin de citation. Assez concluant, vous ne trouvez pas ?

Le gouverneur Schnapps devait reconnaître que ça l'était. Il rentra à la prison sans avoir réglé le problème du bourreau.

Finalement, ce fut le konstable Els qui devint bourreau officiel. Il s'était longuement demandé comment dépenser l'argent de la récompense gagnée en capturant miss Hazelstone, et se réjouissait à l'avance de la cérémonie qui aurait lieu dans la salle d'exercices du commissariat, et au cours de laquelle le chef de la police lui remettrait le chèque. En fin de compte, il avait décidé que le montant demandé par le taxidermiste du musée de Piemburg pour empailler Toby n'était pas excessif.

— Je vais faire empailler le doberman, annonça-t-il un jour au kommandant van Heerden.

— Alors, je suppose que vous ne verriez pas d'inconvénient à gagner un peu d'argent de poche, fit le kommandant.

— Comment ça ? demanda Els, soupçonneux.

— Rien de très compliqué. Vous connaissant, cela ne vous demandera aucun effort particulier. En fait, à bien y penser, je me demande comment il se fait que vous ne vous y soyez pas encore essayé. Je ne vois personne de plus qualifié que vous pour cette tâche.

— Hum..., fit Els qui n'appréciait pas le ton enjôleur du kommandant.

— J'irais même jusqu'à dire que vous devez être doué pour ça.

Els chercha quels étaient les sales boulots dont on avait besoin au commissariat.

— De quoi s'agit-il ? demanda-t-il brusquement.

— C'est le genre de travail que vous aimerez sûrement. Et pour une fois, vous pourrez le faire en toute légalité.

Els réfléchit à ce qu'il aimerait vraiment faire d'illégal. S'envoyer en l'air avec des femmes noires ?

— Bien sûr, vous toucheriez le salaire habituel, poursuivit le kommandant.

— Le salaire habituel ?

— Je crois que c'est vingt-cinq rands. Encore que cela ait dû augmenter.

— Hum..., fit Els qui commençait à penser que ses oreilles lui jouaient des tours.

— Ce n'est pas mal pour une partie de plaisir, dit le kommandant qui savait que le konstable avait tué au moins quinze personnes dans l'exercice de ses fonctions, et vingt et une pour son seul plaisir. Bien sûr, la méthode requiert un peu d'apprentissage.

Le konstable Els fouilla sa mémoire pour trouver une méthode qu'il n'aurait pas encore utilisée. Pour autant qu'il s'en souvînt, il avait mis en pratique toutes les positions du livre et quelques autres en plus.

— A quelle méthode pensez-vous ? s'enquit-il.

Le kommandant commençait à se lasser de la modestie de Els.

— A une corde autour d'un cou et un plongeon de dix pieds, répondit-il, cinglant. Cela devrait suffire au commencement.

Els était épouvanté. Si les choses devaient commencer ainsi, il n'osait penser à la suite.

— Ça n'est pas un peu risqué ?

— Bien sûr que non. Pas plus de danger que dans une maison.

Els ne trouvait pas que c'était moins risqué que dans aucune des maisons auxquelles il pouvait penser.

— Évidemment, si vous avez peur..., commença le kommandant.

— Je n'ai pas peur. Si vraiment vous voulez que je le fasse, je le ferai. Mais je refuse de prendre la responsabilité de ce qui arrivera à la pauvre bonne femme. On ne peut quand même pas jeter de dix pieds de hauteur une femme avec une corde autour du cou, sans lui faire de mal, même si c'est une Cafre. Quant à l'empaillage...

— Mais bordel, de quoi parlez-vous, Els ? demanda le kommandant. Qui a dit qu'il s'agissait de femmes ? Je parlais de la pendaison de Jonathan Hazelstone. Je vous propose le travail de bourreau et vous continuez de vous comporter comme un obsédé sexuel. Vous allez bien ?

— Oui, mon commandant. Je vais bien maintenant.

— Eh bien, vous voulez le faire, oui ou non ?

— Oh oui ! Je le pendrai, pour sûr ! Je n'y vois aucun inconvénient.

Et Els était parti s'exercer sur l'échafaud de la prison de Piemburg.

— Je suis le bourreau, annonça-t-il avec panache. Je viens d'être nommé officiellement.

Une fois seul dans son bureau, le kommandant écouta les battements de son cœur. Depuis la nuit où il s'était retrouvé seul dans le jardin de Jacaranda, il savait qu'il n'allait pas bien.

« C'est toutes ces cavalcades et ces sauts par les fenêtres, s'était-il dit. Ça n'est pas bon pour un homme de mon âge. »

Il avait consulté son médecin à plusieurs reprises. Chaque fois celui-ci lui répétait qu'il manquait d'exercice.

— Mais vous êtes fou ! Je n'ai pas arrêté de courir dans tous les sens.

— Vous êtes trop gros. C'est ça qui ne va pas.

— Je me suis évanoui deux fois, insistait le kommandant. La première à Jacaranda, et la seconde en pleine audience.

— Mauvaise conscience, probablement, fit le docteur avec gaieté.

Le kommandant était parti, fou de rage, et avait déchargé sa colère sur le lieutenant Verkramp.

Le kommandant van Heerden eut sa troisième crise cardiaque au cours de la cérémonie de remise de la récompense au konstable Els par le chef de la police, dans la salle d'exercices du commissariat. Dès qu'il avait appris que la récompense serait remise par le chef de la police en personne devant une assistance de cinq cent soixante-dix-neuf policiers et leurs familles, le kommandant avait regretté de l'avoir promise à Els. L'idée de ce dernier se levant pour faire un discours de remerciement n'avait rien d'enthousiasmant pour le kommandant.

— Écoutez, Els, lui dit-il avant de monter sur l'estrade où l'attendait le chef de la police. Vous n'avez pas besoin de dire autre chose que « merci beaucoup ». Je ne veux pas avoir à écouter un long discours.

Le konstable avait acquiescé. Il n'était pas fait pour les discours, ni longs, ni courts. Les deux hommes entrèrent dans la salle.

La suite de la soirée s'avéra pire que tout ce que le kommandant avait pu imaginer. Le chef de la police venait tout juste d'apprendre le nouvel honneur conféré au konstable Els, aussi avait-il décidé de terminer son discours en annonçant la nouvelle à l'assemblée.

— C'est pourquoi je demande au konstable Els de venir chercher sa récompense. Peut-être devrais-je dire au bourreau Els, fit-il enfin.

Un immense éclat de rire et d'applaudissements salua la remarque.

— Vous avez raison, appelez-le « le Bourreau » ! cria quelqu'un et une autre voix hurla : « Els le Tueur de Cafres » !

Le chef de la police leva la main pour imposer le silence tandis que Els grimpait péniblement sur l'estrade.

— Nous savons tous que le konstable Els a apporté une contribution vitale à la solution du problème racial en Afrique du Sud, poursuivit-il au milieu des rires. Je crois pouvoir dire honnêtement qu'ils sont peu nombreux, les hommes de la police sud-africaine qui ont eu à faire face à autant d'obstacles que le konstable Els, dans l'établissement d'une Afrique du Sud racialement pure et réellement blanche. Mais je ne me réfère pas maintenant à l'excellence des objectifs du konstable, ni aux sacrifices qu'il a jugé bon de faire dans la poursuite de notre rêve commun, une Afrique du Sud sans Noirs. Je veux parler maintenant de ses nouvelles fonctions. Il a été choisi pour assurer la pendaison de l'homme responsable de nos rangs dégarnis ce soir.

Il fit une pause pour se tourner vers Els.

— J'ai le grand plaisir de vous remettre ce chèque en récompense de la capture d'une dangereuse criminelle, fit-il en secouant la main de Els. Bourreau Els, vos camarades policiers peuvent être fiers de vous !

Des tonnerres d'applaudissements saluèrent la nouvelle de la nomination de Els. Ce dernier prit le chèque et se retourna pour rejoindre sa place.

— Dieu merci, fit tout haut le kommandant.

Mais aussitôt s'élevèrent les cris de « Un discours ! Un discours ! » et « Dis-nous comment tu vas t'y prendre pour tuer le salopard ». Els, qui se tenait gauchement, au bord de l'estrade, se laissa finalement persuader de dire quelque chose.

— Eh bien..., fit-il avec hésitation. Je suppose que vous aimeriez savoir comment je compte dépenser cet argent.

Il s'arrêta. Le kommandant ferma les yeux.

— Eh bien, avant tout, j'ai l'intention de fourrer un doberman.

L'auditoire approuva dans un hurlement de rire et le kommandant ouvrit un instant les yeux pour voir comment le chef de la police prenait la chose. Il n'avait pas l'air d'apprécier.

— C'est un chien, monsieur, chuchota-t-il précipitamment.

— Je sais que c'est un chien. Je sais ce qu'est un doberman, fit le chef de la police froidement, et avant que le kommandant ait pu expliquer la vraie nature des intentions de Els, le konstable reprit :

— Il est grand et noir, et il est mort depuis plusieurs semaines. Ce ne sera donc pas un boulot facile.

L'auditoire était enchanté. Des cris et un martèlement de bottes accueillirent la nouvelle.

— Est-ce que vos hommes ont pour habitude de fourrer les chiens ? demanda le chef de la police.

— Il n'utilise pas le mot dans son sens habituel, monsieur, lui répondit désespérément le kommandant.

— J'en suis tout à fait conscient, dit le chef de la police. Je sais très précisément ce qu'il veut dire.

— Je ne pense pas, monsieur, commença le kommandant, mais Els avait repris la parole et il dut se taire.

— Il est plutôt raide. Cela rend difficile l'accès à ses entrailles.

— Vous devez l'arrêter ! cria le chef de la police au kommandant van Heerden, quand la salle explosa d'un rire hystérique.

— Vous ne comprenez pas, monsieur ! cria le kommandant en réponse. Il a tué le chien et...

— Cela ne me surprend pas. Dommage qu'il ne se soit pas tué du même coup.

Autour d'eux, un bruit infernal faisait rage dans la salle. Le konstable Els ne voyait pas ce qu'il y avait de si drôle dans ce qu'il avait dit.

— Vous pouvez rire ! cria-t-il par-dessus le vacarme. Vous pouvez rire, mais je parie que vous n'avez pas de chien avec un arbre de famille. Mon chien à moi, il avait un arbre spécial...

Le reste de sa phrase fut noyé dans les rires.

— Je n'ai pas l'intention d'écouter ces cochonneries plus longtemps ! s'écria le chef de la police.

— Si vous attendiez un peu, monsieur, s'égosilla le kommandant, je vous expliquerais ce qu'il veut dire. Il veut emporter le chien chez un taxidermiste.

Mais le chef de la police s'était déjà levé et quittait l'estrade.

— Dégueulasse, fit-il à son adjudant en montant dans sa voiture. Le mec est un maniaque sexuel.

Derrière lui, Els était descendu dans la salle et expliquait à un policier en civil du premier rang comment il allait le fourrer, lui, s'il continuait de rire. Sur l'estrade, le kommandant van Heerden venait d'avoir sa troisième attaque.

Dans la prison de Piemburg, Jonathan Hazelstone ne partageait pas la croyance de sa sœur en la dignité de

Dieu. Après une vie passée au service du Seigneur, et un mois dans L'ENFER, il se sentait désormais incapable de croire que ce qui avait choisi de se révéler à lui dans les profondeurs de la piscine pouvait être bénéfique, même vaguement. Quant à la raison de la chose, l'évêque avait une manière de voir le monde et sa façon de tourner qui l'amena à supposer que son Créateur n'avait pas toute sa tête.

— Disons qu'il avait réellement besoin de se reposer le Septième Jour, dit-il au gardien qui insistait pour lui apporter son soutien. Et pour ce qui est de Sa Bonté, je pense que les faits parlent d'eux-mêmes. Le responsable de la Création du Monde, quel qu'il soit, n'avait sûrement rien de bon en tête à ce moment-là. Plutôt le contraire, si vous voulez mon avis.

Le vieux gardien était outré.

— Vous êtes bien le premier de tous ceux qui ont occupé cette cellule à ne pas vous convertir avant la pendaison.

— Cela doit tenir au fait que je suis innocent.

— Oh, si c'est ça..., dit le gardien en bâillant. Vous dites tous la même chose.

Il se retira en traînant les pieds pour conseiller le konstable Els qui s'entraînait au CIEL. Seul dans sa cellule, l'évêque s'allongea par terre et écouta les bruits qui lui parvenaient depuis l'échafaud. A les entendre, il risquait moins de mourir d'une fracture des vertèbres cervicales que d'une forme atroce de hernie étranglée.

Le bourreau Els ne trouvait pas son nouveau travail si facile. D'abord, il en avait marre de tous les efforts supplémentaires que cela occasionnait. Il avait dû vider l'abri du gibet de tout le bric-à-brac qui s'y était accumulé depuis vingt ans, et, avec l'aide d'une demi-douzaine de détenus noirs, avait déménagé plusieurs tonnes de vieux meubles, de rouleaux de jardin, de chats à neuf queues mis au rancart, et de seaux hygiéniques corrodés, avant de pouvoir commencer à préparer l'échafaud. Mais quand l'abri fut vidé, il ne savait toujours pas ce qu'il devait faire.

— Tirez le levier, lui expliqua le vieux gardien, quand Els lui demanda comment marchait l'engin.

Après être tombé six mètres plus bas que le plancher de l'abri quand la trappe s'était ouverte sous lui, Els avait pigé le truc. Il l'essaya sur plusieurs détenus noirs qui se trouvaient là, inconscients du danger, et il lui sembla que leur disparition se passait de manière tout à fait satisfaisante. Il fut déçu qu'on ne l'autorisât pas à l'essayer pour de bon.

— Ce n'est pas possible, lui avait dit le vieux gardien. Ce n'est pas légal. La meilleure chose que je puisse vous suggérer, c'est un sac de sable.

« Vieux con tatillon ! », pensa Els en envoyant les prisonniers remplir des sacs de sable.

Ceux-ci faisaient des doublures acceptables et ne se plaignaient pas lorsqu'on leur passait le nœud coulant autour du cou (on ne pouvait pas en dire autant des prisonniers noirs). Le problème, c'était que leur fond éclatait chaque fois qu'on les pendait. Els retourna en ENFER demander conseil au vieux gardien.

— Il n'est plus là, lui dit l'évêque.

— Où est-il passé ? demanda Els.

— Il est en congé de maladie. Des problèmes d'estomac.

— C'est pareil avec les sacs, dit Els.

Le kommandant van Heerden ne partageait pas le fatalisme de l'évêque. Si sa troisième crise cardiaque l'avait convaincu que lui aussi était en danger de mort, il venait de trouver un moyen d'y parer. Il y avait été aidé par le konstable Oosthuisen, dont la grande expérience de la chirurgie lourde constituait une source inégalée d'informations médicales.

— La chose la plus importante, c'est de trouver un donneur sain, lui expliqua le konstable. Après c'est de la rigolade en comparaison de mon opération.

Le kommandant avait pris la fuite pour éviter d'avoir à écouter la description d'une intervention dans laquelle figurait si mémorablement la plus grande partie de l'appareil digestif du konstable Oosthuisen.

Assis à son bureau, il entendit le lieutenant Verkramp exposer bien fort le cas de son oncle qui était décédé d'un arrêt cardiaque. Depuis quelque temps, le kommandant avait remarqué qu'une fantastique proportion de la famille Verkramp avait succombé à ce qui semblait à l'évidence un défaut héréditaire, et que leur manière de passer l'arme à gauche avait été uniformément atroce. Il ne pouvait que souhaiter qu'il en fût de même du lieutenant. La sollicitude de ce dernier commençait à lui taper sur les nerfs, et il ne pouvait plus supporter de l'entendre prendre constamment des nouvelles de sa santé.

— Je me sens très bien, merde ! fit-il à Verkramp pour la ennième fois.

— Ah ! fit tristement Verkramp. C'est l'impression que l'on a bien souvent. Prenez mon oncle Piet, par exemple. Il se sentait très bien le jour de sa mort. Mais ça lui est tombé dessus tout d'un coup.

— J'imagine que cela n'a pas été rapide.

— Oh non ! L'agonie a été très longue.

— Je m'en serais douté.

— C'était affreux. Il...

— Je ne veux pas entendre un mot de plus ! cria le kommandant.

— Je pensais seulement que vous aimeriez savoir, dit Verkramp en sortant dire au konstable Oosthuisen que l'irritabilité était le symptôme irréfutable d'une maladie de cœur incurable.

Pendant ce temps, le kommandant essaya de s'occuper l'esprit en imaginant une réponse caustique et appropriée au chef de la police qui lui avait écrit pour lui ordonner de veiller à ce que les hommes dont il avait le commandement fassent un maximum d'exercices de plein air, et lui laisser entendre même qu'il serait peut-être bon de prévoir un bordel pour la caserne de Piemburg. C'était bien la preuve que la confession du konstable Els travaillait encore le chef de la police.

— Comment écrivez-vous « taxidermiste » ? demanda-t-il au konstable Oosthuisen.

— Oh, moi, à votre place, je ne m'adresserais pas à eux, répliqua le konstable. C'est un bon chirurgien qu'il vous faut.

— Je ne pensais pas m'adresser à un taxidermiste, s'égosilla le kommandant. Je veux juste savoir comment on écrit le mot.

— La première chose à faire, c'est de trouver un bon donneur, poursuivit le konstable.

Et le kommandant renonça à terminer sa lettre.

— Pourquoi n'en parlez-vous pas à Els ? Il devrait pouvoir vous en procurer un.

— Je ne veux pas d'un Cafre, déclara fermement le kommandant. Plutôt mourir.

— C'est exactement ce qu'a dit mon cousin le jour [illegible] a passé l'arme à gauche.

— La ferme ! gronda le kommandant.

Il retourna dans son bureau et s'y enferma. Il s'assit à sa table de travail et se mit à réfléchir à la possibilité que Els lui procure un donneur. Une demi-heure plus tard, il décrochait son téléphone.

Ce fut avec étonnement que Jonathan Hazelstone apprit que le kommandant van Heerden lui demandait la permission de lui rendre visite. Il fut plus surpris encore par la manière dont sa requête était formulée. Le kommandant van Heerden ne quémandait pas à proprement parler un entretien avec l'évêque, mais son message faisait état de son désir « d'une entrevue dans la chapelle de la prison, loin des regards indiscrets, pour discuter d'un problème d'intérêt commun ». Jonathan se gratta les méninges pour trouver ce qu'ils pouvaient bien avoir en commun, mais mis à part sa prochaine exécution, pour laquelle le kommandant devait éprouver un intérêt considérable à en juger par le mal qu'il s'était donné pour y arriver, il ne voyait vraiment rien. Au début, il fut tenté de refuser, mais le vieux gardien, qui n'avait plus d'ennuis intestinaux depuis que Els avait cessé de déchirer ses sacs, le persuada d'accepter.

— On n'sait jamais. I's'peut qu'il ait d'bonnes nouvelles pour vous, lui dit le gardien.

Et l'évêque avait accepté de se rendre au rendez-vous.

Ils se rencontrèrent dans la chapelle de la prison un après-midi, juste une semaine avant la date prévue pour l'exécution. L'évêque, solidement enchaîné et les menottes aux poignets, fit sonner ses fers pour rejoindre le kommandant qui l'attendait assis sur un banc. Sur la proposition du kommandant, les deux hommes remontèrent l'allée centrale et s'agenouillèrent l'un à côté de l'autre devant la balustrade de l'autel, hors d'écoute des gardiens qui se trouvaient près de la porte d'entrée. Au-dessus d'eux, filtrant à travers les vitraux dont les édifiantes scènes d'horreur avaient été sculptées dans le verre teinté de la fin du XIXe, la lumière du soleil éclaboussait la chapelle d'un sang marron-pourpre.

Pendant que le kommandant faisait vite fait une petite prière, l'évêque, qui avait décliné son invitation à en faire autant, observa les vitraux et fut frappé d'une profonde terreur. Il ne s'était jamais rendu compte auparavant de la quantité de manières qu'il y avait de mettre des gens à mort. Les vitraux fournissaient un très large catalogue d'exécutions allant de la simple crucifixion à la mort sur le bûcher. Sainte Catherine sur la roue méritait tout à fait sa réputation d'artificière, en conclut l'évêque, quant à saint Sébastien, il aurait fait une publicité idéale pour des pelotes à épingles. L'un après l'autre, les martyrs affrontaient leur terrible destin avec un degré de réalisme qui semblait élever l'artiste au rang de génie, et d'un génie morbide qui plus était. L'évêque fut particulièrement sensible à la chaise électrique de l'un des vitraux. Avec un mélange de réalisme — réelle obsession victorienne — et de haute tragédie, le personnage était peint sur la chaise, enveloppé d'une aura de particules bleu électrique. L'évêque fut heureux d'avoir accepté l'entrevue. Voir ces tableaux, c'était comprendre que sa propre fin sur le gibet, aussi manquée qu'elle pût l'être en raison de l'incompétence de Els, était certainement préférable aux souffrances qui y étaient dépeintes.

« J'imagine qu'il faut savoir être reconnaissant des moindres bienfaits », se dit-il au moment où le kommandant baragouinait une dernière prière dont l'évêque trouva qu'elle était, en la circonstance, assez bizarrement formulée.

— Pour ce que nous sommes sur le point de recevoir, Seigneur, nous te rendons grâce. Amen.

— Eh bien ? fit l'évêque après un instant de silence.

— Vous serez heureux d'apprendre que votre sœur s'en tire bien, à Fort Rapier, chuchota le kommandant.

— C'est gentil à vous.

— Oui, elle se porte à merveille.

— Hum..., fit l'évêque.

— Elle a pris du poids. Mais c'est le genre de chose à laquelle on peut s'attendre avec la nourriture des hôpitaux.

Il s'interrompit et l'évêque se demanda quand il se déciderait à en venir au fait.

— L'embonpoint est à éviter. L'obésité est la cause de plus de morts prématurées que le cancer.

— Vraiment ? dit l'évêque qui avait perdu treize kilos depuis qu'il était en prison.

— Surtout à partir d'un certain âge, souffla le kommandant.

L'évêque se tourna pour le regarder en face. Il commençait à soupçonner le kommandant de se laisser aller à une plaisanterie de mauvais goût.

— Vous n'êtes pas là pour me faire une leçon sur les dangers de l'embonpoint, j'espère ? Pour autant qu'il m'en souvienne, votre message disait que vous vouliez discuter de quelque chose qui nous intéressait tous les deux, et, sincèrement, l'obésité ne fait pas partie de mes préoccupations.

— Je ne pense pas, en effet, fit tristement le kommandant.

— Alors ?

— Moi, cela me cause des ennuis.

— Je ne vois pas en quoi cela me concerne.

— Il peut y avoir toutes sortes de complications. C'est l'une des causes principales des maladies de cœur.

— On dirait, à vos façons, que je suis en danger de coronarite aiguë, mais je doute qu'un tel luxe me soit accordé.

— Je ne pensais pas exactement à vous.

— Je veux bien vous croire.

— Je pensais plutôt à ma propre obésité, poursuivit le kommandant.

— Bon, écoutez. Si c'est tout ce dont vous vouliez me parler, je crois que je vais retourner dans ma cellule. J'ai des choses autrement plus importantes à penser que votre santé pendant les quelques heures qui me restent à vivre.

— Je craignais que vous ne me disiez cela, fit le kommandant avec chagrin.

— Je ne vois pas ce que vous pouvez attendre d'autre. Vous n'êtes quand même pas venu chercher ma sympathie ! Ayez un peu de cœur.

— Merci, fit le kommandant.

— Pardon ?

— Merci.

— Pourquoi « merci » ?

— Pour le cœur.

— Pour quoi ?

— Le cœur.

L'évêque l'observa avec incrédulité.

— Le cœur ? fit-il enfin. Mais bon Dieu, de quoi parlez-vous ?

Le kommandant van Heerden hésita un moment avant de poursuivre.

— J'ai besoin d'un nouveau cœur.

— Il ne m'a pas échappé qu'un changement de cœur vous ferait le plus grand bien, mais franchement, je crains que vous ne soyez allé trop loin pour qu'aucune de mes prières puisse vous aider. De toute façon, j'ai bien peur d'avoir perdu la foi dans le pouvoir de la prière.

— J'ai déjà essayé les prières, dit le kommandant. Elles n'ont eu aucun effet positif. J'ai toujours mes palpitations.

— Peut-être que si vous vous repentiez sincèrement...

— Ça ne sert à rien. Je suis condamné, dit le kommandant.

— Métaphoriquement, je suppose que nous le sommes tous, dit l'évêque. Il se trouve que c'est la condition même de l'Homme. Mais si cela ne vous fait rien, laissez-moi vous dire qu'en ce qui me concerne, je suis, et de loin, sacrément plus condamné que vous, et que c'est à vous que je dois d'être pendu vendredi prochain.

Il se fit un long silence dans la chapelle, pendant lequel les deux hommes considérèrent leur avenir respectif. Il fut rompu par le kommandant.

— Je me demande si vous accepteriez de faire quelque chose pour moi, dit-il enfin. Une dernière faveur.

— Une dernière faveur ?

— Une toute petite chose, réellement, quelque chose dont vous n'aurez plus besoin.

— Vous avez un sacré toupet de venir me demander de vous coucher sur mon testament ! dit l'évêque en colère.

— Il ne s'agit pas de votre testament, dit le kommandant, désespéré.

— Ah non ? Mais alors, bon Dieu, de quoi s'agit-il ?

— Votre poitrine.

— Qu'est-ce qu'elle a, ma poitrine ?

— Un cœur.

— Vous n'arrêtez pas de me parler de mon cœur, dit l'évêque. J'aimerais que cela cesse. C'est bien assez pénible de savoir qu'on va mourir, sans qu'on vienne vous enquiquiner avec votre cœur. On dirait que vous voulez le truc.

— Je le veux, fit simplement le kommandant.

— Quoi ! s'écria l'évêque en se débattant pour se remettre debout dans un grand bruit de ferraille. Vous voulez quoi ?

— Seulement votre cœur. J'en ai besoin pour une transplantation.

— Mais je rêve ! ! ! hurla l'évêque. C'est ça, je dois être fou ! Ce n'est pas possible ! Vous voulez dire que vous vous êtes donné tout ce mal seulement pour pouvoir récupérer mon cœur pour une transplantation ?

— Je ne me suis pas donné de mal. Je n'avais rien à faire cet après-midi.

— Je ne parle pas de cet après-midi ! hurla l'évêque. Je vous parle des meurtres et du procès et du fait que j'ai été condamné à mort pour des crimes que je n'ai pas commis, et vous le savez bien. Vous avez fait tout ça, juste pour pouvoir m'arracher le cœur du corps et le coller à la place du vôtre ? C'est incroyable. Vous êtes un vampire. Vous êtes...

L'évêque ne trouvait pas de mots pour exprimer son abjection.

Le kommandant van Heerden était scandalisé, lui aussi. Jamais personne ne l'avait encore traité de quelque chose d'aussi déshonorant.

— Oh, mon Dieu ! cria-t-il en retour. Pour qui me prenez-vous ?

Il put s'apercevoir que ce n'était pas la question à poser. Ce pour quoi l'évêque le prenait était clair. Pendant un terrible instant, il eut l'impression que le prisonnier enchaîné et menotté allait se jeter sur lui. Puis, assez brusquement, la fureur de l'évêque se dissipa et le kommandant le vit lever les yeux vers l'un des vitraux. En suivant le regard de l'évêque, il se trouva face au portrait particulièrement macabre d'un martyr éviscéré et écartelé, qu'on était en train de pendre. Pour le kommandant, le changement d'attitude du prisonnier ne pouvait s'expliquer que par une intervention miraculeuse. Pour une raison qui lui échappait, le vitrail avait communiqué une sensation de paix et de sérénité à son âme.

Et c'était un peu vrai. En fait, Jonathan Hazelstone venait de se rendre compte tout à coup que le second verset des *Signes avant-coureurs* de Herbert devait être révisé. Ce qu'ils voulaient, ce n'était pas son esprit. C'était son cœur.

Soyez bons, laissez-moi ma meilleure chambre
Et mon cœur, et tout ce qu'il contient.

Lorsqu'il se tourna vers le kommandant, l'évêque était la charité chrétienne personnifiée.

— C'est bon, dit-il avec calme. Si vous voulez mon cœur, vous pouvez le prendre, bien sûr.

Et sans un mot de plus, il se détourna de la balustrade de l'autel et descendit l'allée, toujours dans ses bruits de chaînes. Ce faisant, il recomposa les vers.

Soyez mauvais, et prenez ma meilleure chambre
Et mon cœur…

De joie, il se mit à sourire, C'était extraordinairement approprié, pensa-t-il. Il souriait toujours béatement quand le kommandant van Heerden, succombant à l'émotion, le rattrapa et lui prit sa main emprisonnée pour la secouer aussi vigoureusement que le permettaient les menottes.

— Vous êtes un vrai gentleman, haleta-t-il. Un vrai gentleman anglais.

— *Noblesse oblige*[1], murmura l'évêque, dont le cœur souffrait d'une faiblesse chronique depuis que, enfant, il avait eu un rhumatisme articulaire aigu.

1. En français dans le texte.

18

L'évêque était encore dans une bonne disposition d'esprit lorsque Els vint lui rendre visite pour le peser en prévision de la chute.

— Ah, vous pouvez sourire, lui dit Els en le traînant hors de sa cellule pour le pousser sur une bascule. C'est facile pour vous. Vous n'avez rien à faire. C'est moi qui me paye tout le boulot.

— Chacun de nous a son rôle à jouer.

— A jouer ? Parce que vous trouvez que je joue ? Je suis obligé de travailler à m'en faire péter les tripes.

— Tant que vous n'en êtes pas là où je risque d'arriver..., lui dit l'évêque, mal à l'aise. Au fait, comment vous en sortez-vous avec vos sacs ?

— Je me suis exercé avec à n'en plus finir. Mais je n'y arrive toujours pas. C'est probablement une histoire de poids et de hauteur de chute.

Il essaya de lire le poids sur la bascule.

— Je n'y comprends rien. Vous arrivez à lire votre poids, vous ?

L'évêque lui apporta son aide.

— Trois cent quatre-vingt-dix-huit livres, dit-il.

Els consulta un petit fascicule noir : *Le Livre du bourreau*. Il l'avait emprunté au vieux gardien.

— Vous êtes trop lourd, finit-il par dire. Là-dedans, ils ne vont que jusqu'à trois cents livres. Vous êtes sûr que c'est ce qu'il y a d'inscrit sur la bascule ?

L'évêque vérifia.

— Très exactement trois cent quatre-vingt-dix-huit livres.

— Bon, eh bien, je ne sais pas quoi faire. C'est comme si vous n'aviez pas à tomber.

— C'est une bonne idée, dit Jonathan avec espoir. Peut-être les hommes gros ne commettent-ils pas de meurtres ?

— En tout cas, s'ils en commettent, personne ne les pend. Peut-être qu'on les fusille.

L'un dans l'autre, il aimait mieux tirer. C'était plus rapide et cela lui demandait beaucoup moins d'efforts.

— Non, non ! fit l'évêque précipitamment. Ils doivent être pendus, c'est une obligation.

Il réfléchit un instant.

— Quelle est la longueur de la chute qu'ils donnent pour un homme de deux cents livres ? demanda-t-il.

Els consulta son petit abrégé.

— Six pieds, fit-il enfin.

— Alors trois pieds devraient suffire.

— Pourquoi ?

Els n'aimait pas du tout l'idée d'une chute raccourcie. Cela le faisait trop penser à une tentative d'évasion.

— Si vous doublez le poids, il faut diviser la longueur de la chute par deux, expliqua l'évêque.

Els n'était pas assez fou pour tomber dans le panneau.

— Mais non ! Si vous doublez le poids, vous devez doubler la distance.

L'évêque essaya de lui expliquer.

— Plus une personne est lourde, plus la distance nécessaire pour lui casser le cou est courte. Un homme léger a besoin d'une chute bien plus longue pour obtenir l'énergie nécessaire.

Els chercha à comprendre. C'était très difficile pour lui.

— Pourquoi de l'énergie ? demanda-t-il. Personne ne m'en a demandé.

— L'énergie, c'est le produit de la masse d'un corps en mouvement par sa vitesse.

— Je croyais que cela provoquait la mort, dit Els.

— Oui, mais vous ne pouvez pas avoir de mort sans énergie. C'est impossible.

— Ah non ? fit Els. Eh bien, ne vous inquiétez pas. Moi, je ferai un sacré carton.

Inquiété par cette constante référence au tir, l'évêque fit une nouvelle tentative.

— Quand un homme est pendu, comment meurt-il ? demanda-t-il.

Els y réfléchit.

— Par pendaison, finit-il par dire.

— Et pendre quelqu'un, ça veut dire qu'on lui fait quoi ?

— On le fait tomber dans un trou avec une corde autour du cou.

— Qu'est-ce qui se passe alors ?

— Il meurt.

— Oui, fit patiemment l'évêque. Mais que fait la corde ?

— Elle le retient.

— Mais non, elle lui brise la nuque.

Els n'était pas dupe.

— Oh que non ! dit-il. J'ai essayé avec des sacs, et ce n'est pas leur cou qui se brise. Ce sont les fonds qui lâchent. Ça fait un gâchis à n'en plus finir.

L'évêque frissonna.

— Je veux bien vous croire. Bon, eh bien, vous ne voulez pas que cela m'arrive, n'est-ce pas ? C'est pour ça qu'il vous faut trouver la bonne distance pour ma chute.

— Oh, cela ne devrait pas vous arriver, le rassura Els. Le vieux gardien dit que ce sera l'inverse avec vous. Il dit que c'est votre tête qui...

L'évêque ne voulait pas savoir ce que le vieux gardien avait dit. Il en avait plus qu'assez de son intérêt morbide pour son anatomie.

— Écoutez, si vous tenez à faire de la pendaison votre métier, vous devez vous débrouiller pour que cette exécution soit un succès. Personne ne voudra plus de vous si vous faites un fiasco de votre première pendaison.

Els lança vers l'évêque un regard pathétique.

— Je le sais, fit-il. Mais qu'est-ce que j'y peux si votre poids ne figure pas dans le livre ?

— Vous pourriez m'alléger, suggéra l'évêque en regardant ses menottes et ses chaînes.

— D'accord, fit Els, enchanté. Je vous mets au régime sec dès à présent.

— Je ne parlais pas de ça, dit l'évêque qui ne pouvait imaginer régime plus sec que celui auquel il était déjà soumis. Ce que j'avais en tête, c'était que vous m'enleviez toutes ces chaînes et que vous me pesiez sans. Je crois que vous me trouveriez nettement plus léger.

— Je crois que je ne vous retrouverais plus du tout, oui.

— Eh bien, si vous refusez de m'enlever ces chaînes, je ne vois vraiment pas comment je pourrais vous aider, dit l'évêque avec lassitude.

— Si je vous les enlevais, je suis sûr que vous ne m'aideriez pas plus.

— Dans ce cas, je ne sais que vous conseiller. Vous ne pouvez pas connaître mon poids réel avec toutes ces chaînes sur moi, et si vous ne voulez pas me les ôter...

Il s'arrêta au souvenir d'une des scènes des vitraux de la chapelle.

— Vous n'avez tout de même pas l'intention de me pendre enchaîné ?

— Non. Il y a tout un lot de lanières de cuir et un sac de toile pour votre tête.

— Doux Jésus ! Quelle horrible façon de mourir ! murmura l'évêque.

— J'ai mis du cirage sur les lanières et je les ai astiquées. Elles font très chic, poursuivit Els.

L'évêque ne l'écoutait plus. Il venait de trouver une manière de contourner le problème du poids.

— Je sais ce qu'on peut faire. Allez chercher un autre jeu de chaînes et de menottes et apportez-les ici. Nous les pèserons toutes seules.

— Je ne vois pas en quoi cela peut nous aider. Je viens juste de vous dire qu'on enlèvera les chaînes ce jour-là. Vous ne croyez tout de même pas que j'ai astiqué ces lanières pour rien !

L'évêque commençait à penser qu'il ne pourrait jamais rien lui faire comprendre.

— Quand nous saurons combien pèsent les chaînes, nous pourrons soustraire leur poids des trois cent quatre-vingt-dix-huit livres, et nous saurons combien je pèse, moi.

Els réfléchit à la proposition, mais au bout d'un long moment il hocha la tête.

— Ça ne marchera pas.

— Mais pourquoi, nom d'une pipe ?

— Je n'ai jamais su faire les soustractions à l'école, finit-il par confesser.

— Ça ne fait rien. J'étais très bon en calcul. C'est moi qui ferai l'opération.

— Qu'est-ce qui me dit que vous ne tricherez pas ?

— Cher bourreau Els, j'ai deux bonnes raisons de désirer autant que vous que la pendaison se passe bien. Peut-être même trois. La première, c'est que si vous prévoyez une chute trop courte, je vais m'étrangler à mort et cela ne me tente vraiment pas. La seconde, c'est que si elle est trop longue, il est probable que vous me décapiterez.

— Ce ne sera pas ma faute. C'est votre tête qui s'en ira toute seule.

— Exact, fit l'évêque précipitamment. Il n'y a rien de mieux que d'appeler les choses par leur foutu nom, n'est-ce pas, même si ça n'est pas le bon ?

— Et la troisième raison ? demanda Els qui se fichait de savoir comment on faisait pour appeler les choses par de faux noms.

— Ah oui ! La troisième. J'allais presque l'oublier. Eh bien, il se trouve que, ostensiblement, vous êtes un bourreau-né, et que même si vous avez encore beaucoup à apprendre sur les pendaisons, j'aime voir les gens utiliser leurs dons. Oui, je sais, le sac de toile ! poursuivit l'évêque après que Els l'eut interrompu pour lui annoncer qu'il ne pourrait rien voir sur l'échafaud. Mais je parle métaphoriquement. Et pour parler métaphoriquement, j'espère que vous ferez mieux encore, disons, que vous atteindrez le top niveau de votre profession.

— Vous pensez vraiment que je pourrais être un bon bourreau ? demanda ardemment Els.

— J'en suis persuadé, répondit l'évêque. Je le ressens dans chacun de mes os. Vous vous ferez un nom parmi les bourreaux du monde entier.

Ayant donné à Els l'assurance dont ce dernier avait un besoin désespéré, l'évêque retourna dans sa cellule et Els alla chercher un autre jeu de chaînes et de menottes. Ils finirent par découvrir que Jonathan Hazelstone pesait cent quatre-vingts livres et que la chute devrait durer sept pieds.

Si l'évêque avait du mal à persuader Els de le tuer correctement, le kommandant van Heerden se rendait compte qu'il était presque aussi difficile de persuader les chirurgiens de l'hôpital de Piemburg d'entreprendre l'opération dont il avait besoin pour sauver sa peau. Ils ne cessaient de faire des objections ridicules et le kommandant trouvait particulièrement irritante leur persistance à ne rien trouver de défectueux dans son cœur. Quand il se fut débarrassé de cette difficulté en les menaçant de les poursuivre pour tentative de meurtre s'ils n'abondaient pas dans le sens de son propre diagnostic, ils passèrent une autre heure à discuter des problèmes éthiques que posait la transplantation du cœur d'un criminel dans le corps d'un homme qui, comme ils le firent remarquer, était si manifestement non violent. Le kommandant eut tôt fait de les rassurer sur ce point, mais il se mit réellement en colère quand ils abordèrent le problème technique du rejet et qu'ils essayèrent de lui expliquer qu'il était plus que probable que les tissus du condamné n'étaient pas compatibles avec ceux d'un Afrikander pur sang comme le kommandant van Heerden.

— Cherchez-vous à me faire croire que je ne suis pas un être humain ? hurla-t-il au docteur Erasmus, le chef de l'équipe de transplantation. Seriez-vous en train de m'accuser d'être une saloperie de nègre ?

— Je n'ai rien dit de tout ça, protesta le docteur Erasmus. Vous ne semblez pas comprendre. Chaque être humain a un type de tissu propre, et le vôtre est probablement différent de celui du donneur.

— C'est bien ce que je pensais ! Vous me dites que j'ai du sang de couleur dans les veines, s'égosilla le kommandant. Vous laissez entendre que je ne peux pas avoir un cœur anglais parce que j'ai du Cafre en moi. C'est bien ce que vous voulez dire, n'est-ce pas ?

— Sûrement pas ! Il n'y a aucune raison pour qu'on ne vous implante pas un cœur de Cafre, fit désespérément le docteur Erasmus.

Il trouvait la violence du kommandant van Heerden tout à fait intolérable.

— Et voilà ! Vous l'avez lâché. Vous venez de dire que je pouvais avoir un cœur de Cafre ! cria le kommandant.

— Je n'ai pas voulu dire que vous deviez en avoir un à tout prix. Mais il n'y a aucune raison pour qu'on n'utilise pas le cœur d'un Noir pour un corps de Blanc, pas plus qu'il n'y en a pour que des organes de Blancs ne soient pas transplantés chez des Noirs.

De toute sa vie, le kommandant n'avait jamais entendu violation aussi flagrante des concepts de base de l'apartheid.

— Toutes les saloperies de raisons du monde, hurla-t-il, que les organes d'un Blanc n'entreront jamais dans un Noir ! Il est interdit à tous les Blancs de mettre la moindre partie de leur corps dans celui des Noirs. C'est contraire à c't'enculée de loi.

Le docteur Erasmus n'avait jamais entendu parler de la *Loi enculée*, mais il en déduisit qu'il s'agissait de la *Loi contre l'immoralité*, en argot de police.

— Vous vous méprenez, dit-il. Je ne faisais pas référence à des organes sexuels.

— Et voilà encore ! beugla le kommandant. Je vais vous faire arrêter pour incitation à l'homosexualité interraciale si vous ne la fermez pas.

Le docteur Erasmus se tut un instant avant de reprendre :

— Calmez-vous, kommandant, fit-il avec douceur. Pour l'amour du ciel, calmez-vous. Si vous continuez comme ça, vous allez vous faire du mal.

— C'est à vous que je vais faire du mal, espèce de salaud ! hurla le kommandant qui n'était pas prêt à accepter les ordres d'un cochon de docteur qui le soupçonnait d'avoir du sang de couleur dans les veines. Je connais bien les gens de votre espèce. Vous êtes un ennemi de l'Afrique du Sud, voilà ce que vous êtes. Vous êtes un sale communiste. Je vous ferai arrêter aux termes de la *Loi contre le terrorisme*, et nous verrons si vous aimez toujours autant les transplantations d'organes.

— Au nom de votre santé, je vous en prie, arrêtez de crier, supplia le docteur.

— Ma santé ? Qui parle de ma santé ? C'est de la vôtre que vous devriez vous préoccuper si vous ne faites pas ce que je vous dis, s'écria le kommandant, avant de prendre tout à fait conscience de ce que le docteur Erasmus voulait dire.

Ce ne fut qu'au prix d'un énorme effort de volonté qu'il arriva à se calmer. Il n'avait plus aucun doute quant à la nécessité de changer de cœur. Le docteur Erasmus venait de l'admettre à sa manière.

D'une voix posée, et avec l'autorité que lui conféraient toujours ses pouvoirs d'exception, le kommandant van Heerden donna ses ordres aux membres de l'équipe chirurgicale. Ils devaient s'occuper des préparatifs nécessaires à la transplantation et avaient l'ordre de ne divulguer l'information ni à la presse, ni au public, ni aux membres de leur famille. L'opération devait avoir lieu dans le secret le plus absolu. Ce fut la seule nouvelle sympathique que les docteurs purent glaner de l'exposé du kommandant.

Et ils tiraient leur seule consolation de leur assurance que le corps du kommandant van Heerden rejetterait à coup sûr, ou presque, le nouveau cœur. Comme le docteur Erasmus le fit remarquer au kommandant, il allait au suicide. Mais le kommandant n'était pas dupe. Cela faisait des années qu'il mangeait à la cantine de la police, et si son estomac arrivait à garder la nourriture qui y était servie, il n'y avait aucune raison pour que son corps rejette un cœur en parfait état.

En quittant l'hôpital, le kommandant souffrait toujours de l'affront qu'avait subi la bonne réputation de sa famille, mais il était content de la manière dont il avait contrôlé la situation. Il décida qu'il était temps d'aller faire une visite à Fort Rapier. Son intérêt pour le sort de miss Hazelstone ne s'était pas atténué malgré les événements du mois précédent, et son respect pour la vieille dame avait même grandi devant sa remarquable résignation face à l'adversité qui s'était abattue sur la famille Hazelstone. Les rapports en provenance de Fort Rapier indiquaient tous que miss Hazelstone avait conservé toute sa dignité et son sens des prérogatives sociales, dans une situation qui aurait induit un sentiment de dépendance, sinon d'infériorité, chez une femme moins forte de caractère. Elle n'avait succombé à aucune des tentations de la folie. Elle n'errait pas en traînant la savate, perdue dans quelque monde intérieur, et elle ne s'imaginait pas être une autre.

— Je suis miss Hazelstone, de Jacaranda, insistait-elle face à toutes les tentatives d'en faire une patiente modèle, avec des problèmes justiciables d'une psychothérapie.

Au lieu de se conformer à l'indolence qui était la marque du comportement des autres patients, elle s'était trouvé toutes sortes d'intérêts pour occuper son temps. L'histoire de Fort Rapier et le rôle qu'avaient joué ses ancêtres dans la création de la garnison la fascinaient tout particulièrement.

— Mon grand-père était gouverneur du Zoulouland quand ce fort fut construit, expliqua-t-elle au docteur Herzog quand elle le rencontra alors qu'il traversait le terrain de parade.

Elle étonna le directeur par sa connaissance de l'histoire militaire.

— Sur ce même terrain de parade, les *Greys*, le régiment du pays de Galles et le douzième de hussards ont défilé devant mon grand-père avant de partir pour la guerre contre les Zoulous, dit-elle au docteur, subjugué, puis elle poursuivit en lui donnant des détails sur les uniformes des différents corps et le comportement des officiers en commandement.

— Vous avez une mémoire fantastique, dit-il, pour vous souvenir de tout cela !

— Cela fait partie de l'histoire de ma famille, fit miss Hazelstone avant de se lancer dans l'explication des erreurs commises durant la campagne, et tout particulièrement à la bataille de Isandhlwana.

Le docteur Herzog était si impressionné par son enthousiasme, sa connaissance de la guerre des Boers et surtout le rôle qu'y avait joué son propre grand-père, qu'il l'invita à prendre le thé chez lui. La discussion se prolongea jusqu'au dîner.

— Tout à fait extraordinaire, dit-il à sa femme quand miss Hazelstone retourna à l'hôpital. Je ne savais pas que mon grand-père était responsable de notre victoire à Magersfontein.

Le jour suivant, il envoya un mémorandum au personnel, avec pour instruction d'apporter à miss Hazelstone l'aide et les encouragements dont elle pourrait avoir besoin pour poursuivre son étude de l'histoire militaire et du rôle qu'y avait joué le Fort Rapier.

— Il est de notre devoir d'encourager les patients à poursuivre leurs violons d'Ingres, particulièrement quand ces derniers ont de bonnes chances d'être profitables à l'hôpital, expliqua-t-il au docteur von Blimenstein qui se plaignait que miss Hazelstone ne suivît plus ses séances de thérapie.

— Miss Hazelstone espère publier l'histoire de Fort Rapier, or notre réputation ne peut que bénéficier de cette publicité. Ce n'est pas tous les jours que des fous publient une histoire militaire.

Le docteur von Blimenstein faisait quelques réserves sur ce point, mais elle n'en parla pas et miss Hazelstone avait continué ses recherches avec un enthousiasme grandissant. Elle avait découvert les archives d'un régiment au fond d'une malle dans la cour qui était devenue la cantine du personnel après avoir été, dans le temps, le mess des officiers. Cela l'amena à exhumer des reliques plus intéressantes encore : des uniformes abandonnés dans la réserve du caporal.

— Nous devrions donner un grand spectacle historique costumé, expliqua-t-elle au directeur. Nous avons les uniformes, et même s'ils ont besoin d'être rafistolés par-ci, par-là parce que les termites les ont attaqués, il ne peut y avoir aucun doute. Ils sont authentiques. Et puis, cela donnera du travail aux patients. Il est si important pour le moral d'avoir un objectif commun et quelque chose à espérer.

Le docteur Herzog avait été emballé par l'idée.

— Un spectacle historique sur Fort Rapier ? Quelle merveilleuse idée !

Et son esprit avait joué avec l'idée d'une journée portes ouvertes au cours de laquelle le public et la presse pourraient voir le travail extraordinaire que l'on faisait pour les malades mentaux au Zoulouland.

— On pourrait commencer par un défilé, poursuivit miss Hazelstone, suivi de tableaux commémoratifs des hauts faits d'armes de notre histoire.

— Je ne veux pas de simulacre de bataille, fit-il, inquiet.

— Oh non ! Il ne s'agit pas de ça, le rassura miss Hazelstone. Je pensais plutôt à des représentations statiques des événements.

— Nous ne pouvons nous permettre que les patients s'excitent.

— Tout à fait, fit miss Hazelstone qui avait cessé depuis longtemps de se considérer comme une malade. Je suis d'accord avec vous. Il nous faudra veiller à ce que toute l'affaire soit conduite avec une réelle discipline militaire. Je pensais inclure dans les pantomimes un tableau de la défense héroïque de sa ferme par votre grand-père, lors de la sixième guerre des Cafres.

Le docteur était flatté.

— Ah bon ? fit-il. Je n'avais pas la moindre idée que ma famille eût joué un rôle si important dans l'histoire militaire de notre pays.

— Les Herzog étaient pratiquement le pendant afrikander des Hazelstone, lui dit-elle.

Assuré que le spectacle allait rehausser la réputation de la famille Herzog au même titre que celle de l'hôpital, le directeur donna son accord.

Pendant les semaines qui suivirent miss Hazelstone se lança dans les préparatifs avec un entrain qu'elle communiqua aux autres pensionnaires de Fort Rapier. Elle prit en main toute l'organisation avec l'autorité naturelle qu'on était en droit d'attendre de la petite-fille de sir Theophilius, et avec la perfection dans le moindre détail que sa richesse rendait possible. Des balles de tissu rouge furent commandées à Durban à ses frais, les patients s'occupant de la fabrication des nouveaux uniformes dans la lingerie.

— C'est sûr que cela met de l'animation, dit le docteur Herzog au docteur von Blimenstein alors qu'ils observaient miss Hazelstone aligner une escouade de maniaques dépressifs sur le terrain de parade.

— Je ne peux m'empêcher de m'inquiéter, lui répondit le docteur von Blimenstein. Faut-il vraiment inclure la bataille de la Rivière de Sang au programme ? Je suis persuadée que cela aura des effets néfastes sur les malades noirs.

— Notre principale responsabilité concerne les Blancs. Et de leur faire revivre les grands événements du passé ne peut que les aider à mieux les comprendre. J'ai tout espoir qu'en y participant nos malades arriveront à comprendre qu'il y a encore une place pour eux en Afrique du Sud. J'aime à penser que ce spectacle est une thérapie de groupe à grande échelle.

— Mais enfin, docteur, vous ne considérez quand même pas la folie comme une simple question de morale ? demanda le docteur von Blimenstein.

— Si ! Et si ce n'est pas le cas, ce devrait l'être. Qui plus est, ajouta le directeur, le spectacle assurera la sublimation d'une partie de leur agressivité.

Sur le terrain de parade, l'escouade de miss Hazelstone défilait devant la tribune que les charpentiers avaient installée entre les deux canons de campagne.

— Tête à droite... Droite ! hurla miss Hazelstone, et aussitôt deux cents paires d'yeux se rivèrent sur le docteur Herzog. Le directeur salua.

— Tête de face... Face !

Et l'escouade poursuivit sa marche.

— Très impressionnant, fit le docteur Herzog. Quel dommage qu'on n'y ait pas pensé plus tôt.

— J'espère seulement qu'on n'aura pas à le regretter, dit avec pessimisme le docteur von Blimenstein.

Le jour du spectacle approchait et miss Hazelstone avait à faire face à de nombreux problèmes. L'un d'eux concernait les sagaies des combattants zoulous. Le docteur Herzog était inflexible sur ce point.

— Il est hors de question que des centaines de patients noirs se mettent à courir partout en brandissant des lances. Dieu seul sait ce qui pourrait arriver.

Finalement le problème fut résolu. On acheta un millier de lances en caoutchouc qui avaient été utilisées pour le tournage d'un film, un ou deux ans plus tôt.

La musique et les effets sonores qui devaient souligner les tableaux posaient un autre problème.

— Je voudrais l'ouverture *1812* de Tchaïkovski, expliqua miss Hazelstone au chef de l'orchestre de l'hôpital.

— Nous ne pouvons atteindre ces hauteurs, objecta le chef, et de toute manière, nous n'avons pas de canon.

— Nous pourrions utiliser les canons de campagne.

— On ne va pas se mettre à lâcher de telles détonations dans l'hôpital. Cela aurait un effet épouvantable sur les anxieux.

Finalement, il fut décidé que l'orchestre se limiterait à de simples marches comme *Colonel Bogey* et à des airs du style *Goodbye Dolly Grey*. Un enregistrement de l'ouverture *1812* serait diffusé par haut-parleurs pour accompagner les scènes de batailles.

Une répétition costumée eut lieu la veille du spectacle, à laquelle assistèrent le directeur et le personnel de l'hôpital.

— C'est superbe ! dit après coup le docteur Herzog. On s'y croirait ! Cela fait tellement vrai !

Ce fut par le plus grand des hasards que le kommandant van Heerden choisit de faire sa visite à l'hôpital l'après-midi du spectacle. Contrairement au maire et aux autres notables de Piemburg, il n'avait pas été invité parce que l'on avait pensé que cela risquait de déplaire à miss Hazelstone.

— Il est hors de question de mettre la vieille dame hors d'elle. Si la police est présente, cela va lui rappeler l'exécution de son frère, avait dit le directeur.

Quand sa voiture arriva aux abords de Fort Rapier, le kommandant put remarquer qu'un air de fête avait envahi l'hôpital.

— J'espère qu'elles ne sont pas trop ouvertes, dit-il au chauffeur qui remplaçait Els, au moment où la voiture passait sous une bannière annonçant *Journée Portes Ouvertes*.

Ils roulèrent jusqu'au terrain de parade, orné des drapeaux des régiments. Le kommandant sortit de la voiture.

— Content que vous ayez pu vous libérer, kommandant, fit le docteur Herzog en le dirigeant vers la tribune où le maire et les membres du conseil municipal étaient déjà installés.

Le kommandant regarda nerveusement autour de lui avant de s'asseoir.

— Que se passe-t-il ? demanda-t-il à l'un des conseillers municipaux.

— C'est une sorte de coup de poing publicitaire pour encourager l'intérêt du public pour les malades mentaux.

— Drôle d'endroit pour cela. Je croyais que tout le monde ici était fou à lier. Grands dieux, regardez-moi ces Cafres !

Un détachement de Zoulous schizophrènes traversait le terrain pour prendre sa place dans le tableau.

— Qui a bien pu leur donner ces lances ?

— Oh, ce n'est rien. Elles sont en caoutchouc, lui dit le conseiller.

Le kommandant s'effondra dans son fauteuil, terrifié.

— Ne me dites rien. Toute cette histoire a été montée par miss Hazelstone, n'est-ce pas ?

— Tout juste ! Elle l'a même financée. Ce n'est pas un mal, d'ailleurs. Je frémis à l'idée de tout ce que cela peut coûter.

Le kommandant n'écoutait plus. Il se leva et chercha désespérément un moyen de s'enfuir, mais la foule au pied de la tribune était trop dense pour qu'il puisse la traverser. En face, le défilé venait de commencer. Il se laissa retomber dans son fauteuil.

Au son de l'orchestre, les régiments se formèrent et avancèrent vers la tribune. Dans leurs tuniques rouges, et en rangs curieusement bien formés pour des malades mentaux, ils défilaient, tournant la tête une fois arrivés à la hauteur du directeur. La silhouette familière de miss Hazelstone marchait à leur tête. Pendant une fraction de seconde, le kommandant se crut dans le hall d'entrée de Jacaranda, en train d'observer le portrait de sir Theophilius. L'uniforme de miss Hazelstone était la réplique de celui que le vice-roi arborait sur le tableau. Son visage était en partie caché par un casque colonial orné de plumes, et sur sa poitrine se trouvaient les étoiles et les médailles des campagnes désastreuses de son grand-père. Derrière le premier régiment, celui des *Welsh Guards,* il en arrivait d'autres, ceux des différents comtés d'Angleterre, moins au pas que les gardes (il avait été difficile de trouver assez de caractériels pour faire les choses vraiment comme il faut), mais c'était assez approprié et ils traînaient la patte avec détermination. Après ce furent les régiments d'Écosse, recrutés parmi les malades de sexe féminin, portant le kilt, que menait une névrosée chronique jouant de la cornemuse. En dernier se trouvait un détachement d'hommes-grenouilles en combinaison de caoutchouc et les palmes aux pieds, qui avaient du mal à garder le pas.

— Agréable touche de modernisme, vous ne trouvez pas ? murmura le docteur Herzog à l'oreille du maire tandis que vingt visages de fous tournaient leur masque vers la tribune.

— J'espère que ces Cafres ne s'approcheront pas trop, fit anxieusement le maire.

Il n'avait aucune raison de s'en faire. Les malades noirs n'avaient pas le privilège de défiler devant la tribune. Miss Hazelstone les préparait seulement pour le premier tableau.

Dans l'intervalle, le kommandant van Heerden avait quitté son siège pour rejoindre le directeur.

— Je croyais vous avoir dit de garder miss Hazelstone sous stricte surveillance, lui dit-il, en colère.

— Elle a fait des progrès formidables depuis qu'elle est parmi nous, lui répondit le docteur Herzog. Nous aimons voir nos patients pratiquer leur violon d'Ingres.

— Peut-être vous, mais pas moi ! Il se trouve que celui de miss Hazelstone est le meurtre, et vous la laissez organiser une parade militaire. Ma parole, vous devez être cinglé !

— Il n'y a rien de tel que de laisser les patients défouler leurs pulsions agressives.

— Elle l'a déjà bien assez fait. Si j'ai un conseil à vous donner, c'est d'arrêter ce truc avant qu'il soit trop tard.

Mais le premier tableau débutait. Un carré de chariots en carton se trouvait au milieu du terrain, et tout autour se rassemblaient les Zoulous schizophrènes, leurs lances à bout de bras. Au bout de quelques minutes, les Zoulous s'allongèrent sur le bitume dans des attitudes qui étaient censées représenter une agonie mortelle.

— La Rivière de Sang, expliqua le directeur.

— Très réaliste, fit le maire.

— Complètement dingue ! dit le kommandant.

Une série d'applaudissements polis salua la fin de la bataille. Pendant l'heure qui suivit, l'histoire de l'Afrique du Sud se déroula devant les spectateurs en une série de batailles à vous figer le sang, au cours desquelles les Noirs étaient invariablement massacrés par les Blancs.

— On pourrait croire qu'ils seraient fatigués de tomber, de se relever et de tomber encore, dit le maire quand les Zoulous imitèrent pour la ennième fois l'agonie. Enfin, j'imagine que cela entretient leur condition physique.

— Du moment que ces salopards ne gagnent pas, c'est tout ce que je demande, dit le kommandant.

— Je crois qu'ils triomphent dans une partie du final, dit le docteur. C'est la bataille de Isandhlwana. Les Britanniques se trouvèrent à court de munitions et furent tous massacrés.

— Quoi ? Vous avez accepté que des Noirs battent des Blancs ? ! C'est fou ! ! ! En plus, c'est illégal. Vous encouragez la haine raciale.

Le docteur en était interloqué.

— Je n'avais pas pensé à cet aspect de la question.

— Eh bien ! Vous feriez mieux d'y penser dès à présent. Vous êtes hors la loi. Vous devez interrompre le spectacle. Je n'ai pas l'intention de rester sans rien faire à la vue d'une chose aussi outrageante, conclut fermement le kommandant.

— Moi non plus, fit le maire.

Plusieurs conseillers opinèrent du chef en signe d'agrément.

— Je ne vois pas comment je le pourrais, dit le docteur Herzog. Ils sont sur le point de commencer.

Au milieu du terrain, miss Hazelstone venait d'organiser l'implantation du camp britannique et dirigeait la mise en place des vieux canons. Plusieurs centaines de mètres plus loin, l'armée zouloue était rassemblée, prête pour son heure de gloire.

— J'insiste pour que vous fassiez cesser le spectacle, dit le kommandant.

— Moi aussi, fit le maire qui se sentait encore mal à l'aise face aux lances en caoutchouc.

Le docteur hésita.

— Oh, la, la ! J'aurais vraiment préféré être prévenu plus tôt de l'illégalité de la chose. Je ne vois vraiment pas ce que je peux faire maintenant, dit-il avec angoisse.

— Eh bien, si vous ne voulez pas interrompre cette bataille, je m'en chargerai, fit le kommandant.

— Le brave homme ! dit le maire, approuvé bruyamment par ses conseillers.

Avant même qu'il ait pu mesurer les conséquences probables de son intervention, le kommandant se retrouva porté jusqu'au pied de la tribune, puis lâché sur le terrain de parade. Il avança lentement vers les deux armées, prenant conscience au fur et à mesure de sa position délicate. Au milieu du carreau, à mi-chemin entre les deux forces antagonistes de cinglés, il se mit à regretter sa décision précipitée. D'un côté, cinq cents Zoulous schizophrènes piaffaient et agitaient férocement leurs lances, tandis que, de l'autre, un nombre équivalent de Blancs fous furieux attendaient avec détermination la défaite que leur connaissance des événements rendait plus insupportable encore.

Le kommandant van Heerden s'arrêta et leva la main. Le silence se fit dans les deux armées.

— C'est le kommandant van Heerden qui vous parle ! s'écria-t-il. Je vous ordonne de vous disperser et de réintégrer vos chambres. Ceci est un rassemblement illégal. Vous contrevenez à la *Loi contre les attroupements*.

Il s'interrompit et attendit que les armées se retirent. Il n'y eut aucun mouvement dans ce sens. Alors que ses paroles s'envolaient au loin, des deux côtés on observait l'adversaire avec des yeux fous, et des murmures jaillirent dans les rangs. Miss Hazelstone ne s'avança qu'après avoir fini d'installer les canons de campagne. Du côté zoulou, un combattant de haute taille s'avança lui aussi.

— Qu'est-ce que c'est que ces sornettes ? cria miss Hazelstone.

— Vous m'avez entendu. Cette bataille constitue une infraction caractérisée. J'insiste pour que vous vous dispersiez.

Dans l'espace qui séparait les armées, le kommandant van Heerden trouvait son nouveau rôle de garant de la paix publique de plus en plus difficile à tenir.

— Vous n'avez pas le droit d'intervenir dans notre spectacle, ni de l'interrompre, insista miss Hazelstone. Et il ne s'agit pas d'une infraction.

— Nous avons gagné, dit le chef zoulou. Nous avons gagné la bataille de Isandhlwana et nous la gagnerons encore.

— Il vous faudra passer sur mon corps, pour ça, fit le kommandant qui regretta aussitôt d'avoir prononcé ces mots.

Les murmures dans les rangs des deux armées indiquaient clairement que l'esprit de belligérance gagnait du terrain.

Dans la tribune, les spectateurs commençaient aussi à s'agiter.

— Ces haches sont bien en caoutchouc aussi ? s'inquiéta le maire lorsqu'il vit plusieurs Zoulous brandir des hachoirs à la place des lances.

— J'ose l'espérer, fit le directeur.

— Il me semble que les Britanniques sont en train d'amorcer les canons, fit le maire.

— C'est impossible, lui répondit le directeur. Ils n'ont pas d'amorces.

— Je les vois pourtant mettre quelque chose dans leur gueule. Et regardez ces Zoulous. Ils fixent un truc au bout de leur lance. A mon avis, ce sont des aiguilles à tricoter. A moins que ce ne soient des rayons de vélo.

L'inquiétude du maire n'était rien en comparaison de la panique que commençait à ressentir le kommandant. Miss Hazelstone et le chef zoulou s'étaient engagés dans une dispute amère concernant le sort de la bataille de Isandhlwana.

— Mon grand-père y était, dit miss Hazelstone.

— Le mien aussi, fit le Zoulou.

— Pas le mien, dit le kommandant. De toute façon, je me fous de savoir qui a gagné cette bataille, car personne ne va la gagner ici. Je vous somme de retirer vos forces.

— C'est nous qui gagnerons, dit le Zoulou. Nous avons perdu tout l'après-midi. Nous avons le droit de gagner cette fois-ci.

— Ridicule, fit miss Hazelstone. C'est mon grand-père qui a remporté la victoire, un point c'est tout.

— Mon grand-père a raconté à mon père et mon père m'a raconté que votre grand-père avait pris la fuite, dit le Zoulou.

— Comment osez-vous ? ! fut le cri déchirant de miss Hazelstone. Comment osez-vous insulter un Hazelstone ?

Le kommandant van Heerden était horrifié lui aussi. Il savait d'expérience l'issue inéluctable de toute altercation entre miss Hazelstone et un Zoulou. Tandis que la vieille dame se débattait avec l'épée qui pendait à sa ceinture et que le chef zoulou cherchait refuge derrière son immense bouclier, le kommandant van Heerden fit une dernière tentative pour restaurer l'harmonie.

— Je vous ordonne de quitter le terrain de parade ! hurla-t-il en sortant son revolver de son holster, mais il était trop tard.

D'un mouvement montant de son épée, miss Hazelstone frappa le bras du kommandant. Le coup de feu se perdit au loin, mais dans un grondement les deux armées de malades mentaux se précipitèrent l'une contre l'autre.

L'épée de miss Hazelstone balaya l'air, le Zoulou para le coup de son bouclier, le kommandant tourna les talons et déguerpit. Un seul regard vers les schizophrènes zoulous l'avait convaincu que s'il existait une sauvegarde, ce ne pouvait être qu'auprès de l'armée britannique, aussi se précipita-t-il vers les lignes des tuniques rouges qui avançaient. Il regretta aussitôt sa décision. Chargeant au pas de course, le régiment de femmes paranoïaques en kilt, avec toujours à sa tête la joueuse de cornemuse dépressive qui entamait *The Road to the Isles*, déferla sur le kommandant. Il n'eut que le temps de faire demi-tour et de courir dans le même sens qu'elles avant de se faire bousculer et jeter au sol. Il resta à plat ventre et fut piétiné par plusieurs personnes avant que le régiment s'éloigne et qu'il puisse lever la tête pour observer la scène autour de lui.

On pouvait voir d'emblée que les Zoulous n'étaient pas prêts à renoncer à leur victoire. Désemparés un moment par la charge des paranos, ils s'étaient ressaisis et avaient contre-attaqué à bon escient. Utilisant leurs courtes lances en caoutchouc, pourvues à présent d'aiguilles à tricoter, ils se frayaient un chemin à coups de pique de manière très efficace. Sur le flanc, les *Welsh Guards* tentaient désespérément de se défendre, mais leurs fusils de bois n'étaient pas à la hauteur des sagaies. Quand le régiment de *Black Watch* défaillit et amorça un mouvement de retraite, le kommandant van Heerden se remit péniblement sur ses pieds et courut devant lui. Tout autour de lui, le terrain de parade résonnait des cris de guerre des hordes zouloues, des hurlements des femmes blessées et des sons grinçants de la cornemuse. Pour ajouter au vacarme, un magnétophone fit jaillir dans les haut-parleurs les accents de l'ouverture *1812*. Au centre de la bataille, on pouvait voir s'agiter le casque colonial de miss Hazelstone. Le kommandant réussit à atteindre le camp des Britanniques. Il s'effondra dans une des tentes.

Dans un premier temps, les spectateurs de la tribune trouvèrent la représentation historique très convaincante. La charge vaillante des Britanniques et la retraite qui en résulta avaient un air d'authenticité dont les tableaux précédents avaient manqué.

— C'est d'un réalisme fantastique, fit le maire qui venait de voir un garde se faire transpercer par une lance.

— La musique aide aussi, dit le directeur.

Le maire ne pouvait qu'acquiescer.

— Il me semble que les gens crient beaucoup.

— Je suis sûr que c'est bon pour les patients, continua le docteur Herzog. Cela tend à les débarrasser de leurs problèmes.

— Sûrement, fit le maire. Mais à les débarrasser d'autres choses aussi. Il y a un type, là-bas, qui vient de perdre une jambe, me semble-t-il.

Sur le terrain de parade, les signes d'une réalité effarante commençaient à apparaître à travers le spectacle. Il devenait de plus en plus dur de faire la part de la réalité et celle de la fiction. Les tragédies historiques et contemporaines se mêlaient inextricablement. Par endroits, la mort était mimée en une série de violentes contorsions dont le réalisme dépassait de beaucoup les agonies de ceux dont la mort n'avait rien de feint, tant s'en fallait. Bon nombre de patientes du régiment de *Black Watch* se firent violer par les guerriers zoulous aux accents de Tchaïkovski, tandis que le détachement d'hommes-grenouilles qui n'avaient jamais approché Isandhlwana même de loin se jeta dans la bataille avec toute la fougue que lui permettaient ses palmes.

Depuis la tente dans laquelle le kommandant avait rampé pour s'abriter, ce dernier pouvait voir les servants d'un canon le pointer sur la foule des combattants. Il fut affolé de voir miss Hazelstone, sans son casque colonial et couverte de sang, diriger les opérations.

— Plus de chlorate et moins de sucre, l'entendit-il dire à un homme qui remplissait de poudre ce qui se trouvait être une taie d'oreiller.

Le kommandant n'attendit pas plus longtemps. Il ne connaissait que trop bien l'adresse remarquable de miss Hazelstone avec les armes de gros calibre, pour risquer de se trouver dans son champ de tir. Se dépêtrant de la toile de tente et résistant aux assauts passionnés d'un soldat des *Black Watch* qui avait rampé près de lui, il se précipita vers la tribune pour y chercher refuge. Il n'avait pas fait vingt mètres qu'il entendit miss Hazelstone donner l'ordre de tirer. L'instant d'après, un rideau de flammes enveloppa le camp britannique. Une énorme explosion le plaqua au sol, et le souffle lui fit traverser le terrain. Il ferma les yeux et se mit à prier. Des morceaux du canon passaient au-dessus de sa tête, mêlés à ceux des combattants qui avaient été interrompus dans leur lutte. Miss Hazelstone ne s'était pas contentée de faire tirer le canon, elle l'avait fait exploser. Arrêté dans sa glissade par le socle de la tribune, le kommandant van Heerden releva la tête et balaya du regard le chaos qui s'ensuivait. Les acteurs du tableau observaient une immobilité tout à la fois nouvelle et convaincante. Il était clair que personne n'avait gagné la bataille de Isandhlwana.

Le terrain de parade était jonché de corps de Blancs et de Noirs, et les survivants avaient perdu tout intérêt pour l'histoire. Avec toutes les marques saines de l'instinct de survie, ils rampaient vers l'infirmerie.

Seuls, les membres du personnel semblaient avoir perdu la tête. Le kommandant pouvait entendre le docteur Herzog, au-dessus de lui dans la tribune, chercher encore à assurer le défunt maire que les lances étaient bien en caoutchouc. Le kommandant trouva ses allégations parfaitement erronées. Ce qui avait touché le maire ne pouvait être que d'une manière autrement mortelle.

Le kommandant attendit que le docteur Herzog soit emmené avant de quitter sa cachette en rampant. Il se releva et regarda autour de lui. Non seulement l'histoire avait été mimée, pensa-t-il, mais elle venait de se dérouler une fois encore. Ce n'était pas seulement le passé, mais aussi le présent et le futur de l'Afrique du Sud qui étaient représentés dans la dévastation qui s'offrait à sa vue. Se frayant un chemin à travers les corps, il se dirigea vers un grand cratère qui trouait le milieu du terrain. A côté se trouvaient les restes du casque colonial orné de plumes et l'une des étoiles que miss Hazelstone avait arborés.

— Un dernier souvenir, murmura-t-il en les ramassant.

Puis, toujours abasourdi et chancelant, il fit demi-tour et se dirigea vers sa voiture.

19

Le matin de son exécution, on refusa à Jonathan Hazelstone le privilège habituel d'un copieux petit déjeuner pour la raison qu'avant toute opération chirurgicale lourde, les patients devaient se contenter d'une légère collation. Au lieu des œufs au bacon dont il raffolait, on ne lui octroya qu'une tasse de café et la visite d'un prêtre anglican. Jonathan eut du mal à définir lequel des deux lui était le plus désagréable. Dans l'ensemble, il pensa qu'il préférait encore le café.

Ses liens avec l'Église avaient pris un rude coup au moment de son procès, et l'évêque en était arrivé à la conclusion que le refus des autorités religieuses de témoigner en sa faveur tenait à la jalousie de ses collègues — il le savait — pour sa rapide promotion à l'évêché. Ce qu'il ne savait pas, c'était qu'une partie de ses aveux, soigneusement sélectionnée par Els, avait été présentée à l'archevêque.

— Je savais ce gars progressiste, marmonna l'archevêque en lisant l'incroyable document, mais sincèrement, il a dépassé les bornes, cette fois.

Et il se souvint que Jonathan Hazelstone avait reconnu utiliser tous les moyens possibles pour attirer les gens vers l'Église. « Une Haute Église pour le rituel, une Basse Église pour l'approche, c'est ma manière de procéder », avait dit Jonathan, et l'archevêque avait maintenant la preuve qu'il le pensait vraiment. Combiner la sodomisation avec la génuflexion devait faire partie de la Haute Église, la Basse étant celle de la vengeance. Il n'était pas étonnant que sa congrégation ait grandi si vite.

— Moins on en dit, mieux on se porte, conclut l'archevêque.

Bref, l'Église se débarrassa de lui.

Le chapelain qui vint passer avec lui ses dernières heures n'était pas sud-africain. Il s'était avéré impossible de persuader le moindre pasteur digne de ce nom de répondre aux besoins d'un homme qui avait jeté le discrédit sur ses habits de prêtre. Jusqu'à l'évêque de Piemburg qui déclina l'invitation.

— Il est des moments où un homme aime à se retrouver seul, expliqua-t-il au gouverneur Schnapps au téléphone.

Et il était sûrement de ceux-là. Il était ensuite retourné à la rédaction de son sermon sur la fraternité des hommes.

Finalement, ce fut le chapelain du collège de Cambridge, en visite à Piemburg à l'occasion de ses grandes vacances, qui fut emmené à la prison pour s'occuper des besoins spirituels du prisonnier.

— Je crois savoir qu'il y a un échantillonnage particulièrement intéressant de figues de Barbarie dans le jardin de la prison, expliqua le vicaire de Piemburg au chapelain, lequel était beaucoup plus intéressé par les besoins physiques des rocailles que par les besoins spirituels de ses confrères. Il avait saisi l'occasion de la pendaison pour voir une orgie de figuiers de Barbarie.

Debout dans la cellule, il ne savait quoi dire.

— N'auriez-vous pas été dans la Marine, par hasard ? finit-il par demander.

Jonathan Hazelstone secoua la tête.

— Je me demandais, poursuivit le chapelain. Il y avait un aspirant sur le *HMS Clodius* en 43, je pense, ou était-ce en 44 ? Son nom était Hazelnut[1].

— Le mien est Hazelstone, dit l'évêque.

— Ah bon ? que je suis distrait ! On rencontre tellement de monde dans ma profession.

— J'imagine, fit l'évêque.

Le chapelain s'arrêta. Il regarda les menottes et les chaînes.

— Est-ce que vous portez ces machins tout le temps ? s'enquit-il. Ils doivent être terriblement inconfortables !

— Seulement avant la pendaison...

Le chapelain eut l'impression qu'il y avait une note d'amertume dans cette remarque. Il se rappela la raison de sa visite.

— Y a-t-il quelque chose que vous aimeriez me dire ? demanda-t-il.

L'évêque avait une foule de choses à lui dire, mais il n'en voyait pas l'intérêt.

— Non, fit-il. Je me suis déjà confessé.

Le chapelain eut un soupir de soulagement. Ces cérémonies lui paraissaient si désagréables.

— Je n'ai encore jamais assisté à une exécution, finit-il par grommeler.

— Moi non plus, fit l'évêque.

— C'est moche, poursuivit le chapelain. Moche, mais nécessaire. Enfin, on dit que la pendaison est rapide et sans douleur. Si je peux me permettre, vous serez soulagé quand ce sera terminé.

---

1. Noisette.

L'évêque, dont la croyance en la vie éternelle s'était évanouie en même temps que la foi, ne trouvait pas le terme « soulagé » approprié. Il essaya de changer de sujet.

— Vous venez souvent par ici ? demanda-t-il.

— A la prison ?

— En Afrique du Sud. Encore que ce soit presque la même chose.

Le chapelain ignora la remarque. Fervent champion de l'idéologie sud-africaine lorsqu'il s'asseyait à la table d'honneur de son collège, il n'avait que faire des libéraux.

— J'essaie de m'échapper au moins une fois par an vers des climats plus estivaux. Les étudiants sont de tels mécréants de nos jours, et j'ai une véritable passion pour les plantes. L'Afrique du Sud est pleine de merveilleux jardins.

— Alors peut-être apprécierez-vous ce poème, dit l'évêque en se mettant à réciter *Les Signes avant-coureurs*.

Merveilleux langage enchanteur, canne à sucre,
Miel de rose, vers quels lieux vous envolez-vous ?

Il récitait encore quand le gouverneur Schnapps et le bourreau Els arrivèrent. Tandis qu'on lui retirait les chaînes et qu'on lui emprisonnait les bras dans un harnais, il poursuivit :

La vraie Beauté là-haut ; la nôtre est une flamme
Qui, si on la suit, nous éclairera plus loin encore.
La beauté et les mots devraient aller de pair.

— Quelle merde, ces boucles ! fit Els qui avait des difficultés avec les lanières.

La procession solennelle quitta L'ENFER pour la lumière brillante du soleil. Trébuchant entre Els et le vieux gardien, Jonathan Hazelstone regarda une dernière fois autour de lui. De façon incongrue, il y avait une ambulance blanche devant la Maison de la Mort qui, elle, était peinte en noir. A l'étonnement de tous, le condamné se mit à rire.

— La faible pâleur blanchit la porte ! s'écria-t-il.

Les présages sont là. Voyez, voyez les signes !
Blanche est leur couleur, et gare à ma tête...

Les deux ambulanciers fixèrent avec terreur ce dément dont on les avait chargés de récupérer le corps pour la transplantation cardiaque.

Mais doivent-ils s'emparer de mon cœur ?
Déranger les idées lumineuses qui y ont mûri ?...

Le petit groupe se dépêcha de monter l'escalier qui menait à l'échafaud. Le vieux gardien aida Els à placer l'évêque sur la trappe avant de se précipiter en bas de l'échelle. Il traversa la cour à toute allure pour retourner dans son bureau. Ce n'était pas par délicatesse, mais il n'avait pas envie de se trouver aux abords de l'échafaud quand Els tirerait sur le levier. De toute façon, il avait une excuse valable pour son absence : il devait téléphoner à l'hôpital dès que l'ambulance quitterait la prison.

Debout sur la trappe, l'évêque continuait de réciter. Le gouverneur Schnapps demanda au chapelain ce qu'était un présage. Ce dernier lui répondit qu'il pensait que c'était probablement une espèce de la famille des orchidacées, à moins qu'il ne s'agît d'un capitaine Présage sous les ordres duquel il aurait servi pendant la guerre. Els, lui, cherchait à placer le sac de toile sur la tête de l'évêque. Il avait du mal car l'évêque était très grand, et le sac prévu pour une tête beaucoup plus petite. Il ne pouvait obtenir de l'évêque qu'il plie les jambes puisque les lanières lui interdisaient tout mouvement. Finalement, le gouverneur Schnapps dut soulever Els pour qu'il puisse enfiler la cagoule dans la bonne position. On dut recommencer l'opération quand il fut question de passer le nœud de la corde autour du cou du condamné. Mais alors, Els tira si fort sur la corde que l'évêque ne put poursuivre sa récitation.

La grisaille doit-elle faire de moi une...

— Pour l'amour de Dieu, Els, détendez-moi cette saloperie ! cria le gouverneur quand le poème s'interrompit dans un étranglement. Vous êtes censé le pendre là en bas, pas l'étrangler ici.

— Il paraît qu'elles poussent mieux sur un sol sablonneux, dit le chapelain.

— Est-ce que c'est assez détendu pour vous ? demanda Els après avoir relâché le nœud de telle sorte qu'il bâillait sur les épaules de l'évêque.

Il en avait assez de tous ces gens qui se mêlaient de son travail. Si ce con de gouverneur s'y connaissait si bien, il n'avait qu'à s'occuper de la pendaison lui-même.

— De quoi parlez-vous ? demanda le gouverneur au chapelain.

— Des orchidacées.

— *Chiffe molle !* (L'évêque venait de terminer sa phrase.)

Els s'approcha du levier.

— *Jusqu'à présent, ils m'ont épargné.*

La voix de l'évêque parvenait étouffée à travers le sac de toile. Els tira sur le levier et la silhouette encapuchonnée disparut par la trappe dans le puits au-dessous, et sa voix, déjà indistincte, fut remplacée par un terrible « floc ! ». Les panneaux de la trappe se refermèrent en claquant. L'échafaud brinquebala de façon alarmante sous l'impact. Le chapelain, ramené au but de sa visite par les indications de mortalité humaine dont il venait d'être le témoin, se fendit d'une prière pour le mort.

— Prions pour l'âme du disparu, où qu'il soit désormais, dit-il en inclinant la tête.

Le gouverneur Schnapps et Els fermèrent les yeux et écoutèrent sa prière, tête baissée. Pendant quelques minutes le chapelain marmonna on ne savait quoi avant de conclure par : « *Que ton serviteur aille en paix. Amen.* »

— Amen, reprirent en chœur le gouverneur et Els.

Les hommes sur l'échafaud relevèrent la tête. Els se dirigea vers le puits pour y jeter un œil. La corde ne se balançait plus, mais pendait mollement. Els se posa quelques questions. Alors que ses yeux s'accoutumaient à l'obscurité qui régnait en bas, il se mit à comprendre qu'il manquait quelque chose. Le nœud de la corde pendait, tout lâche et vide. La prière du chapelain avait donc été exaucée : où qu'il fût, le serviteur de Dieu avait assurément disparu, et manifestement d'une seule pièce. Le puits de l'échafaud était totalement vide.

En tombant dans l'éternité, l'évêque avait trouvé ses dernières paroles parfaitement appropriées, et il était heureux de n'avoir pas atteint la ligne suivante qui disait « *Vous êtes toujours mon Dieu* », parce qu'il ne croyait plus en Dieu. Il se prépara à l'affreux choc à son cou, mais la douleur lui vint d'une tout autre extrémité.

« Les crétins », pensa-t-il en touchant le sol. Puis il roula sur le côté à travers la porte ouverte et jusque dans la cour ensoleillée. Son sac de toile s'était déchiré et ses jambes le faisaient décidément beaucoup souffrir, mais il était clair que si fractures il y avait, ce n'était pas au cou. Il resta immobile, attendant que Els vienne le chercher pour une seconde tentative, aussi ne fut-il pas surpris de se sentir soulever par les pieds et les épaules.

L'instant suivant, il se retrouva allongé sur une civière et embarqué dans une ambulance. Dès que les portes eurent claqué, l'ambulance démarra en trombe, s'arrêta un moment, le temps que l'on ouvre les portes de la prison, et se propulsa dans la rue, toutes sirènes hurlantes.

Elle laissait derrière elle une Maison de la Mort qui commençait à répondre aux prédictions du vieux gardien. Il faut dire que ç'avait été la débandade quand le bourreau affolé, qui cherchait encore à voir dans le fond du puits, avait glissé et attrapé la jambe du gouverneur pour ne pas tomber. Les parois de l'échafaud basculèrent alors vers l'intérieur, et ce fut dans un bruit d'effondrement de maçonnerie que gouverneur, bourreau et chapelain disparurent sous un épais nuage de poussière noire. Le vieux gardien dans son bureau remercia sa bonne étoile :

— J'l'avais bien dit, qu'c'était pas sûr, murmura-t-il en décrochant le téléphone pour appeler l'hôpital.

Tandis que l'ambulance fonçait à travers les rues de Piemburg, Jonathan Hazelstone sentit l'interne lui détacher les lanières des bras et des jambes. Une main se faufila dans sa chemise pour tâter son cœur.

— C'est bon, il bat encore, entendit-il l'interne dire au chauffeur.

Jonathan retint son souffle jusqu'à ce qu'il retire la main. Puis il se détendit lentement. Autour de lui, les bruits de la ville filtraient à travers le sac de toile, et il se rendit compte que ce qui l'attendait risquait de lui faire paraître la mort par pendaison infiniment préférable.

A l'intérieur de l'hôpital, on avait reçu du vieux gardien l'annonce de l'exécution, mais aussi la demande instante de l'envoi de plusieurs autres ambulances à la prison pour la prise en charge des victimes de l'effondrement de la Maison de la Mort. L'atmosphère tendue qui régnait déjà dans l'hôpital se transforma en panique générale. Le kommandant avait été préparé pour son opération. Il était déjà sous anesthésie générale et on l'emmenait, inconscient, sur sa civière, dans la salle d'opération. Tandis que les chirurgiens se préparaient pour la transplantation, les ambulanciers, eux, se précipitaient vers leur véhicule, et tout le monde s'affairait pour recevoir le flux prévu des victimes de la prison. Les infirmières, qui s'affolaient déjà d'avoir à s'occuper de la quantité de fous blessés dans le massacre de Fort Rapier, essayaient de se préparer pour ce nouveau désastre. Quand l'ambulance qui transportait Jonathan Hazelstone arriva à la morgue, elle fut prise dans la confusion générale.

— Retournez tout de suite à la prison ! cria d'une fenêtre un garçon de salle aux deux ambulanciers qui portaient le donneur à la morgue et le déposaient sur un brancard à roulettes. Il y a eu un accident grave, là-bas.

Les deux hommes rejoignirent leur ambulance précipitamment et se remirent en route. Seul dans la morgue, l'évêque quitta son brancard et arracha le sac de toile de dessus son visage avant de regarder autour de lui. Sous les draps qui couvraient des formes immobiles sur les paillasses, il trouva ce qu'il cherchait. Quand les deux garçons de salle vinrent chercher le donneur pour la transplantation, le corps qui gisait bien au chaud sous son drap blanc et la tête recouverte du sac de toile grise contenait un cœur bien trop froid et depuis bien trop longtemps arrêté pour aider le commandant van Heerden.

Alors que l'opération commençait, ce qui restait de feu l'évêque du Barotseland grimpait allégrement, bien qu'en claudiquant légèrement, la colline de Jacaranda. Tout en crapahutant, il chantait :

Même si vous partez, je ne passerai ; passez votre chemin :
Car Vous êtes toujours mon Dieu. C'est tout ce que vous pouvez
Dire, peut-être en mieux.
Allez, oiseaux du printemps : laissez ses droits à l'hiver.
Laissez une pâle lueur blanchir ma porte.
Que tout à l'intérieur soit plus vivant
Qu'avant.

Jonathan Hazelstone commençait à penser que malgré tout, il avait peut-être des raisons de recouvrer sa foi.

La panique qui régnait dans l'hôpital de Piemburg, quand l'ambulance de l'évêque était arrivée, n'était rien en comparaison du chaos et de l'hystérie qui s'empara de la salle d'opération quand le corps du donneur arriva sur son brancard. L'ouverture de la cage thoracique du kommandant van Heerden avait déjà été pratiquée quand on s'aperçut que le responsable de l'exécution, quel qu'il fût, avait dans l'ensemble fait du trop bon travail. Le corps présentait de multiples blessures de la pire espèce. La seule chose exempte de fractures était son cou. Il était non seulement fracturé de partout, mais il était surtout mort depuis quarante-huit heures au moins. Et quand le corps se révéla par la suite être celui d'une femme de quatre-vingt-neuf ans, les chirurgiens comprirent que ce qui leur était apparu stupide au premier abord, pour ne pas dire criminel, commençait à ressembler à de la folie pure.

Le docteur Erasmus était dans tous ses états.

— Qui a osé dire que ce truc battait encore ? hurla-t-il en frappant l'objet flétri qui pendait de la poitrine de la vieille dame. (Elle avait été écrasée par un camion de vingt-cinq tonnes en traversant la rue.) Ce truc n'a pas servi depuis des jours, et même s'il a marché avant, ce n'était sûrement pas en battant, sacré bon sang ! A la limite, en sursautant, une fois de temps en temps, et encore... Je ne donnerais à manger un cœur pareil à personne, pas même à un chien affamé. Alors pour ce qui est de le mettre dans le corps de ce maniaque !

Il s'assit et se mit à pleurer.

Pendant une demi-heure, la morgue fut fouillée de fond en comble, puis les chirurgiens désespérés et toujours masqués se ruèrent tels des prédateurs dans les salles de l'hôpital au chevet de plusieurs donneurs éventuels, les fixant dans les yeux et prenant leur pouls avec espoir, ce qui eut pour effet de précipiter leur mort. Le docteur Erasmus se ressaisit alors, et, après avoir pris une lampée d'éther, il s'adressa à l'équipe.

— Messieurs et mesdames, fit-il. Ce dont nous avons été témoins cet après-midi est si effroyable, si terrible, que le plus tôt nous l'oublierons, le mieux nous nous porterons. Comme vous le savez, je n'ai jamais été partisan de cette transplantation. C'est ce fou qui nous y a forcés.

Il désigna le corps inerte du kommandant van Heerden.

— Nous avons agi sous une énorme pression, mais Dieu merci, dans le secret le plus absolu. Et maintenant, à cause du retard des autorités carcérales à nous livrer le donneur — et au vu de ses blessures, je puis parfaitement en apprécier la raison —, nous nous trouvons dans l'impossibilité de procéder à l'opération. J'ai donc l'intention de refermer la poitrine du patient et d'y laisser battre son propre cœur, qui est en parfait état au demeurant.

Les autres membres de l'équipe de transplantation émirent des murmures de protestation.

— Je comprends ce que vous ressentez, et si j'avais à subir d'autres provocations, je serais d'accord pour enlever le cœur de ce salaud et le laisser pourrir. Mais j'en ai décidé autrement. Le secret qui entoure cette affaire irrégulière me donne une bien meilleure idée : je pense qu'il serait bon de laisser le kommandant ignorer la bonne fortune qui lui a évité de recevoir ceci.

Et le docteur Erasmus frappa à nouveau le cœur de la vieille.

— Il nous suffit de faire semblant que la transplantation a eu lieu avec succès et je fais confiance à sa bêtise colossale. Il ne lui viendra jamais à l'esprit de mettre en doute notre parole.

Une heure plus tard, le kommandant se réveilla dans sa chambre. Il se sentait assez mal et la blessure de sa poitrine le faisait souffrir quand il bougeait, mais il ne semblait ressentir aucun effet secondaire. Il fit l'essai d'inspirer un grand coup et écouta son cœur. Il faisait un bruit parfait.

20

Tandis que le grand nuage de poussière noire se gonflait au centre de la cour de la prison et que le dernier morceau de maçonnerie pourrie s'effondrait dans un grondement sourd, un silence terrifiant s'installa parmi les condamnés noirs qui tremblaient dans leur cellule. Le konstable Els, écrasant le scrotum du gouverneur Schnapps en guise d'ultime hommage à l'homme qui avait ruiné sa carrière de bourreau, se hissa péniblement sur l'amas de débris et scruta l'obscurité. L'ex-bourreau Els était fier de lui. Au centre même du brouillard de poussière noire qui s'étirait lentement, il savait qu'une fois encore il avait utilisé à bon escient ses dons inestimables d'annihilation. Sous lui se trouvaient les corps du gouverneur Schnapps et du chapelain, ainsi que celui (il l'espérait bien) de l'homme qu'il avait tenté de pendre. Lui, Els, les avait tous eus, et il était sûr qu'on n'oublierait jamais le jour où il avait pendu quelqu'un dans la prison de Piemburg. Il venait de se faire plus qu'une réputation, un nom, un nom glorieux. Tout en descendant péniblement du monticule de débris et alors qu'il émergeait, ahuri, du nuage noir, il n'éprouvait aucun remords.

Nu, couvert de bleus, et noir comme l'as de pique, il avança à l'encontre du monde. Il traversa lentement et en titubant la grande cour, et, au fur et à mesure qu'il avançait, des hommes sortaient de leurs cellules où ils avaient attendu la peur au ventre tout le temps du déroulement de la première pendaison que Piemburg ait connue depuis vingt ans. Des détenus se déversaient dans la cour de chacune des portes qui y donnaient, pour voir la scène du désastre.

Au début, ils ne bougèrent pas et se contentèrent d'observer dans un silence lourd de questions, mais tout à coup une clameur éclata, suivie de cris de joie, et un homme se mit à chanter. Et aussitôt la grande cour se transforma en une foule chantante et dansante, battant la mesure des mains et des pieds dans une danse d'extase et de triomphe. Un millier de prisonniers noirs zoulous, comme un seul homme, dansaient comme ils ne l'avaient jamais fait encore, autour du monticule qui avait été la Maison de la Mort qu'ils redoutaient tant. Rang après rang, ils frappaient des pieds et se balançaient, et, alors que la terre et la poussière noire vibraient de leur danse, ils chantaient.

Et leur chant était celui d'un requiem de joie pour la mort de Els, le Tueur de Cafres, le Bourreau Els, le Fléau des Zoulous. En plein milieu de leurs rythmes, de leur danse et de leur hymne à la vie si chère, nu et aussi noir que le plus noir d'entre eux, se trouvait Els.

Quelqu'un lança une allumette sur le tas de maçonnerie et de bois pourri et aussitôt les restes de l'échafaud prirent feu. Tandis que la poussière retombait lentement, un panache de fumée noire s'éleva dans le ciel sans nuage. Montant presque à la verticale dans l'air tranquille, la colonne signala partout et à tous que quelque chose d'exceptionnel venait de se passer.

Les prisonniers, avançant en oscillant, les genoux bien hauts pour mieux marteler avec emphase le sol de leurs pieds, puis, se redressant dans un sursaut triomphant, accompagnèrent de leur chant ininterrompu les flammes et le ronflement du feu.

Els est mort, Els le Tueur de Cafres,
Il est en enfer, où son âme a sa place,
Ce violeur de Cafres, ce Tueur de Cafres.
Nous ne verrons plus ce porc ni sa face.

La chanson arriva jusqu'aux oreilles de Zoulous qui passaient dans la rue, à l'extérieur de la prison. Ils en reprirent le refrain. De maison en maison, de rue en rue, le chant gagna du terrain tel un feu de broussailles, les domestiques ayant envahi les rues pour voir la fumée s'élever du bûcher funéraire de la prison de Piemburg. Dans l'heure qui suivit, tout Piemburg résonnait du chant zoulou. Le refrain atteignit le kommandant van Heerden qui sommeillait sur son lit d'hôpital. Il sourit. C'était un bon présage. Il se mit à le fredonner avec plaisir. Cela lui fit chaud au cœur.

Quand le soir tomba, les détenus chantaient et dansaient toujours. Dans le quartier administratif, les gardiens, eux, se terraient et jetaient un œil craintif à travers les barreaux sur les silhouettes noires qui se profilaient devant les flammes. Le vieux gardien maudit Els et sa saloperie de pendaison, mais il n'était pas assez idiot pour essayer de mettre un terme à la célébration. Il n'était pas dans ses intentions de se faire mettre en pièces en intervenant. Il téléphona donc au commissariat de police pour demander du secours, mais le lieutenant Verkramp lui annonça que le commissariat lui-même était assiégé et qu'il lui fallait attendre et prier dans l'espoir que l'excitation tombe d'elle-même. Verkramp n'exagérait pas. Les rues de la ville, livrées à la danse, étaient noires de monde. La circulation fut totalement interrompue et les conducteurs blancs préférèrent rentrer chez eux à pied ou passer la nuit dans leur bureau plutôt que de risquer de traverser la foule excitée avec leur voiture. Non qu'il y eût la moindre manifestation de colère. Seulement un immense sentiment de libération et de joie.

Quand cette nuit-là l'avion de Londres survola Piemburg, un grand et joyeux pasteur attira l'attention de sa compagne sur le feu et la foule qui dansait dans les rues.

Sa compagne reposa le catalogue de produits de caoutchouc qu'elle était en train de feuilleter.

— Je suis persuadée que tu feras un excellent chapelain de collège, dit-elle, puis elle soupira. Mais je doute de trouver un cuisinier zoulou à Londres.

Le kommandant van Heerden dut attendre un mois avant de pouvoir quitter l'hôpital. Son nouveau cœur n'avait montré aucun signe de rejet, et les médecins étaient enchantés des progrès qu'il faisait. Hormis le petit problème des piqûres pour lesquelles il avait fallu à six infirmiers toute leur énergie afin de maîtriser le kommandant, ce dernier avait été un patient modèle. Le lendemain de l'opération, il avait été autorisé à se lever, et ce ne fut qu'alors qu'il apprit tous les détails de la tragédie de la prison de Piemburg.

— C'est miracle si les ambulanciers sont arrivés à dégager le corps à temps, expliqua-t-il au docteur Erasmus. Une minute de plus, et je ne serais pas là.

Le docteur Erasmus se devait d'en convenir.

— Un vrai miracle, effectivement.

— Vous êtes tout à fait sûr qu'il ne peut plus y avoir de rejet ? demanda le kommandant, soulagé par l'assurance du médecin.

— Je peux sincèrement dire à toutes fins utiles que le cœur qui bat dans votre poitrine pourrait être celui avec lequel vous êtes né.

Rassuré sur la question du rejet, le kommandant prit un mois de congé qu'il passa sur la plage de Umhloti où il se fit sainement bronzer et où il lut des ouvrages sur la famille Hazelstone. Pendant un certain temps, il avait caressé l'idée de changer son nom pour van Heerden-Hazelstone.

« Après tout, je fais presque partie de la famille », pensa-t-il.

Mais finalement, il laissa tomber l'idée qu'il trouvait de mauvais goût. En contrepartie, il développa une attitude arrogante qui irritait le lieutenant Verkramp mais que tous les autres ignoraient. Les médecins avaient conseillé beaucoup d'exercices pour son cœur, aussi le kommandant quittait-il son bureau pour se promener dans les rues de la ville aussi souvent que possible. Sa promenade favorite le menait en haut de la colline, à Jacaranda, où il déambulait dans l'allée. La résidence était toujours vide, et le bruit courait qu'elle allait être transformée en musée, voire en parc national. En attendant, le kommandant van Heerden aimait à s'asseoir sur le porche où il évoquait les événements de cette semaine qui avait si fondamentalement changé sa vie.

Il pensait souvent au konstable Els, et depuis sa mort avec nostalgie. Il reconnaissait qu'il y avait du bon dans la nature de Els, et il devait admettre qu'il lui avait sauvé la vie plus d'une fois.

« Sans Els et ce damné fusil, je ne serais pas là », pensait-il avant de se rappeler que c'était la folie de Els qui était à l'origine de sa maladie de cœur.

Mais il pouvait se permettre d'être magnanime, maintenant. Els était mort comme il avait vécu, en tuant son prochain dans l'allégresse.

« Parti sans laisser d'adresse... »

Il se remémorait avec nostalgie la lutte épique entre le konstable et le doberman. Cela lui rappela une affaire qu'il avait lue récemment dans les journaux. Elle concernait un prisonnier noir d'un centre de réadaptation à la ferme du nord du Zoulouland. Il avait mordu à mort un chien de garde avant de le pendre. Le nom du type était Présage, et le kommandant lui trouva quelque chose de familier. Bref, on lui avait administré vingt coups de fouet et le kommandant trouvait que c'était mérité.

Il s'installa confortablement dans un fauteuil de rotin et admira le nouveau buste de sir Theophilius qu'il avait fait ériger sur la pelouse à ses frais, ou plutôt avec l'argent de la récompense dont Els n'avait plus besoin. Il avait aussi défrayé le taxidermiste pour son travail et mis le chien empaillé dans son bureau au commissariat. Cela lui donnait la possibilité de faire éloquemment, devant les nouveaux konstables, l'étalage des vertus de Els qui avait tué le chien pour le sauver.

Le kommandant pensa que, dans l'ensemble, il avait de bonnes raisons d'être heureux. La vie était belle. L'Afrique du Sud était toujours blanche et le resterait. Mais surtout, il avait la certitude de mériter la place privilégiée qu'il occupait à Piemburg, et d'avoir réalisé sa plus grande ambition. Dans sa poitrine battait le cœur d'un gentleman anglais.

Impression réalisée sur Presse Offset par

BRODARD & TAUPIN

GROUPE CPI

La Flèche (Sarthe), 37472
N° d'édition : 1982
Dépôt légal : janvier 1990
Nouveau tirage : septembre 2006

Imprimé en France